PAI RICO PAI POBRE

NOVA EDIÇÃO ATUALIZADA E AMPLIADA – COM 9 SEÇÕES DE ESTUDO INÉDITAS

PAI RICO PAI POBRE

Nova Edição Atualizada e Ampliada – com 9 Seções de Estudo Inéditas

Robert T. Kiyosaki

ALTA BOOKS
EDITORA
Rio de Janeiro, 2017

Pai Rico, Pai Pobre — O que os Ricos Ensinam a Seus Filhos sobre Dinheiro
Copyright © 2017 da Starlin Alta Editora e Consultoria Eireli. ISBN: 978-85-508-0148-3

Impresso no Brasil — 2017 - Edição revisada conforme o Acordo Ortográfico da Língua Portuguesa de 2009.

Publique seu livro com a Alta Books. Para mais informações envie um e-mail para autoria@altabooks.com.br

Obra disponível para venda corporativa e/ou personalizada. Para mais informações, fale com projetos@altabooks.com.br

Produção Editorial Editora Alta Books **Produtor Editorial** Claudia Braga Thiê Alves	**Gerência Editorial** Anderson Vieira **Supervisão de Qualidade Editorial** Sergio de Souza	**Produtor Editorial (Design)** Aurélio Corrêa **Editor de Aquisição** José Rugeri j.rugeri@altabooks.com.br	**Marketing Editorial** Silas Amaro marketing@altabooks.com.br **Vendas Corporativas** Sandro Souza sandro@altabooks.com.br	**Vendas Atacado e Varejo** Daniele Fonseca Viviane Paiva comercial@altabooks.com.br **Ouvidoria** ouvidoria@altabooks.com.br
Equipe Editorial	Bianca Teodoro Christian Danniel	Ian Verçosa Illysabelle Trajano	Juliana de Oliveira Renan Castro	
Tradução (1ª edição) Maria José Cyhlar Monteiro	**Copidesque (atualização)** Carolina Gaio	**Revisão Gramatical (atualização)** Thamiris Leiroza Wendy Campos	**Diagramação (atualização)** Luisa Maria Gomes	

Dados Internacionais de Catalogação na Publicação (CIP)
Vagner Rodolfo CRB-8/9410

K46p Kiyosaki, Robert T.

Pai rico, pai pobre: o que os ricos ensinam a seus filhos sobre dinheiro / Robert T. Kiyosaki ; traduzido por Maria José Cyhlar Monteiro. - 2. ed. - Rio de Janeiro : Alta Books, 2017.
336 p. : il. ; 17cm x 24cm.

Tradução de: Rich dad, poor dad
ISBN: 978-85-508-0148-3

1. Economia. 2. Finanças pessoais. I. Monteiro, Maria José Cyhlar. II. Título.

CDD 332.024
CDU 330.567.2

ALTA BOOKS
EDITORA

Rua Viúva Cláudio, 291 — Bairro Industrial do Jacaré
CEP: 20.970-031 — Rio de Janeiro (RJ)
Tels.: (21) 3278-8069 / 3278-8419
www.altabooks.com.br — altabooks@altabooks.com.br
www.facebook.com/altabooks — www.instagram.com/altabooks

"*Pai Rico, Pai Pobre* é o ponto de partida para todos que queiram assumir o controle do seu futuro financeiro."

— *USA TODAY*

Outros Best-sellers da Série *Pai Rico*
por Robert T. Kiyosaki

Independência Financeira

O Poder da Educação Financeira

O Guia de Investimentos

Filho Rico, Filho Vencedor

Aposentado Jovem e Rico

Profecias do Pai Rico

Histórias de Sucesso

Escola de Negócios

Quem Mexeu no Meu Dinheiro?

Pai Rico, Pai Pobre para Jovens

Pai Rico em Quadrinhos

Empreendedor Rico

Nós Queremos que Você Fique Rico

Desenvolva Sua Inteligência Financeira

Mulher Rica

O Segredo dos Ricos

Empreendedorismo Não Se Aprende na Escola

O Toque de Midas

O Negócio do Século XXI

Imóveis: Como Investir e Ganhar Muito Dinheiro

Irmão Rico, Irmã Rica

Como Comprar e Vender Empresas e Ganhar Muito Dinheiro

Dedicatória

Aos pais de todos os lugares,
primeiros e mais importantes professores de uma criança,
e a todos os que educam, influenciam
e lideram sendo um exemplo.

Agradecimentos

Como dizer "obrigado" quando há tantos a quem agradecer? Obviamente, este livro é um agradecimento aos meus dois pais, modelos poderosos de vida, e à minha mãe, que me ensinou o amor e a bondade.

A principal responsável por este livro ter se tornado realidade é a minha mulher, Kim — minha parceira no casamento, nos negócios e na vida. Ela faz a minha vida ser completa.

SUMÁRIO

20 Anos... Retrospectiva

20 ANOS ATRÁS...

Os Beatles lançaram o álbum *Sgt. Pepper's Lonely Hearts Club Band* em primeiro de junho de 1967. Foi um sucesso imediato de público e crítica, permanecendo por 27 semanas no topo das listas de álbuns mais vendidos no Reino Unido e 15 semanas como o primeiro nos Estados Unidos. A revista *Time* declarou:

Sgt. Pepper's "descortina a história da evolução da música". Ele ganhou quatro Grammys em 1968, incluindo Álbum do Ano — o primeiro álbum de rock a receber esse prêmio.

Pai Rico, Pai Pobre foi lançado 20 anos atrás, no meu aniversário de cinquenta anos, em oito de abril de 1997. Diferentemente dos Beatles, o livro não foi um sucesso instantâneo de público. Ele não foi aclamado pela crítica. Na verdade, o lançamento do livro e a tempestade de críticas que se seguiu foram exatamente o oposto.

Pai Rico, Pai Pobre, originalmente, foi uma publicação independente, porque todas as editoras o recusaram. Algumas cartas de recusa que recebi tinham comentários como: "Você não sabe do que está falando." Aprendi que a maioria dos editores se parece mais com o meu pai pobre, altamente educado, do que com o pai rico. A maioria das editoras discordou das lições financeiras do meu pai rico... assim como o pai pobre fez.

De 20 Anos para Cá

Em 1997, *Pai Rico, Pai Pobre* era um aviso, um livro de ensinamentos sobre o futuro.

Vinte anos atrás, milhões de pessoas ao redor do mundo estavam mais conscientes dos avisos do meu pai rico e das suas lições sobre o futuro. Olhando o passado, vemos o futuro, muitos disseram que suas lições eram proféticas e de fato as previsões se tornaram reais. Algumas dessas lições são:

A Principal Lição do Pai Rico: "Os ricos não trabalham por dinheiro."

Vinte anos atrás, algumas editoras recusaram o meu livro por não concordarem com a principal lição do pai rico.

Hoje, as pessoas estão mais atentas à crescente distância entre os ricos e todos os outros. Entre 1993 e 2010, o acréscimo de mais de 50% da renda nacional norte-americana se destinou a 1% das pessoas, que são as mais ricas. Desde então, as coisas só pioraram.

Economistas da Universidade da Califórnia descobriram que 95% da renda percebida entre os anos 2009 e 2012 também foi para aquele 1%.

A lição: O aumento na renda está indo para os empresários e investidores, não para os empregados — não para aqueles que trabalham por dinheiro.

Lição do Pai Rico: "Poupadores são perdedores."

Há vinte anos, a maioria dos editores discordou veementemente das lições do pai rico. Para as classes médias e baixas, "poupar dinheiro" é uma religião, a salvação financeira da pobreza e a proteção frente a um mundo cruel. Para muitas pessoas, dizer que poupadores são "perdedores" é como falar o santo nome de Deus em vão.

A lição: Uma imagem vale mais do que mil palavras. Veja o gráfico dos 120 anos da média industrial do Dow Jones e entenderá por que os poupadores se tornam perdedores.

A imagem mostra como foram as três grandes quebras do mercado de ações nos primeiros dez anos deste novo século. O gráfico na próxima página ilustra essas crises.

120 Anos de Dow Jones

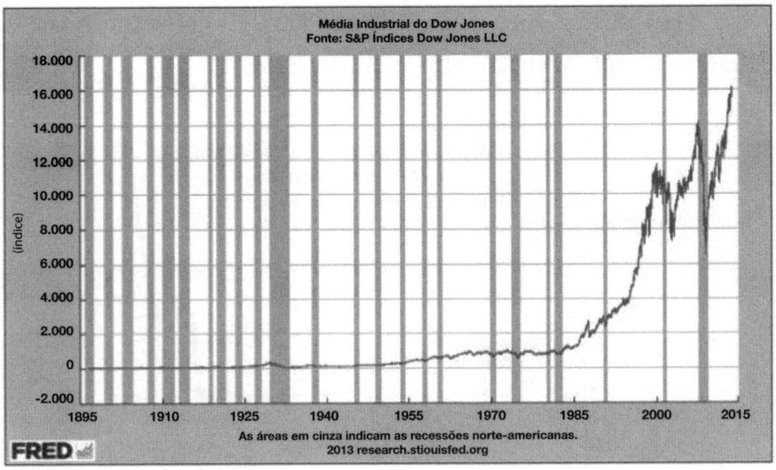

Período de 1895 a 2015

A primeira quebra foi a crise pontocom, por volta do ano 2000. A segunda e a terceira foram a crise do mercado imobiliário de 2007, seguida pela dos bancos, de 2008.

A Grande Crise de 1929

Ao comparar as três primeiras crises do século XXI à de 1929, você tem a dimensão do quão "gigantes" elas foram.

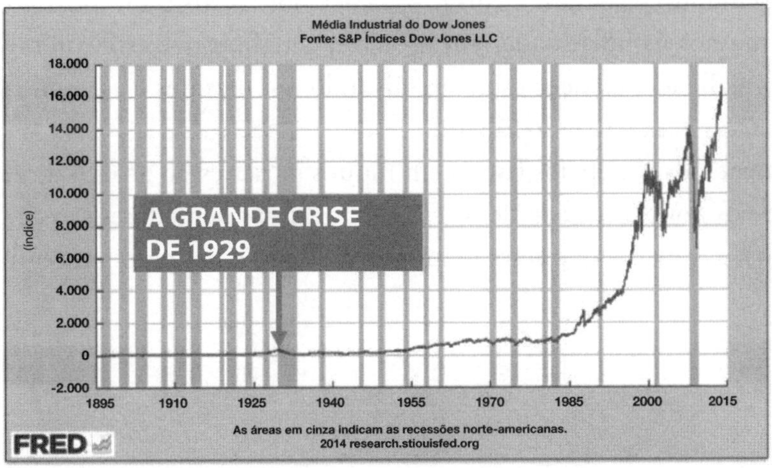

Imprimir Dinheiro

O gráfico abaixo mostra que, depois de cada crise, o governo norte-americano e o *Federal Reserve*[1] começaram a "imprimir dinheiro".

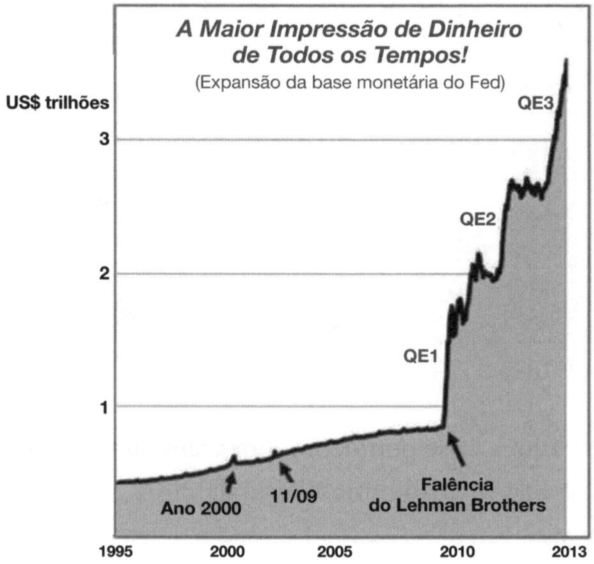

Salvem os Ricos

Entre os anos 2000 e 2016, como tábua de salvação da economia, os bancos ao redor do mundo passaram a cortar os benefícios fiscais e a imprimir dinheiro.

Enquanto nossos líderes queriam nos fazer acreditar que estavam salvando o mundo, na realidade, os ricos estavam salvando a si mesmos e varrendo as classes médias e baixas para baixo do tapete.

Atualmente, os benefícios fiscais em muitos países estão abaixo de zero, e é por isso que os poupadores perdem. Hoje, os grandes perdedores são os pobres e a classe média, as pessoas que trabalham por dinheiro e poupam para o futuro.

[1] Ou Fed, o Federal Reserve é a instituição norte-americana equivalente ao Banco Central do Brasil. (N. E.)

Lição do Pai Rico: "Sua casa não é um ativo."

Vinte anos atrás, em 1997, toda editora que recusou o meu original criticou a lição do pai rico segundo a qual "sua casa não é um ativo".

Dez anos depois, em 2007, quando os credores começaram a inadimplir os empréstimos de alto risco para financiamento, a bolha imobiliária explodiu e milhões de proprietários descobriram do pior jeito que essa lição é verdadeira. Suas casas não eram "um ativo".

O Problema Real

Muitas pessoas não sabem que a crise do mercado imobiliário não é uma crise imobiliária de fato.

Os pobres não causaram a crise, mas sim os ricos. Estes criaram produtos de engenharia financeira, conhecidos como derivativos — produtos que Warren Buffett chamou de "armas de destruição financeira em massa". Quando eles começaram a explodir, o mercado imobiliário quebrou... e, os pobres, credores de alto risco foram responsabilizados.

Em 2007, foram estimados US$700 trilhões em derivativos financeiros.

Hoje, a estimativa é de US$1,2 quatrilhão. Em outras palavras, o problema real se tornou maior, não melhor.

Lição do Pai Rico: "O motivo de os ricos pagarem menos impostos."

Há vinte anos, alguns editores criticaram *Pai Rico, Pai Pobre* por levar a público como e por que os ricos pagam menos impostos. Um deles afirmou que isso era ilegal.

Dez anos mais tarde, em 2007, o presidente Barack Obama concorreu à reeleição contra o ex-governador Mitt Romney. Quando foi divulgado que o presidente Obama pagava aproximadamente 30% de sua renda em impostos e o ex-governador Romney, menos de 13%, Mitt Romney entrou no declive que lhe custaria a eleição. Os impostos, mais uma vez, foram o foco das eleições presidenciais norte-americanas de 2016.

Em vez de entender por que pessoas como Mitt Romney e o presidente Donald Trump pagam menos impostos *legalmente*, as classes médias e baixas sentiram raiva.

Mesmo que o presidente Trump prometa reduzir os impostos para os pobres e a classe média, a realidade é que os ricos sempre terão benefícios fiscais. A razão pela qual os ricos pagam menos impostos decorre da principal lição do pai rico: "Os ricos não trabalham por dinheiro." Enquanto as pessoas trabalharem por dinheiro, pagarão impostos.

Quando a presidenciável Hillary Clinton prometeu reduzir os impostos para os ricos, ela se referia àqueles com rendas altas — como médicos, atores e advogados — não aos realmente ricos.

Vinte Anos Atrás

Embora não tenha sido um sucesso imediato, como o álbum *Sgt. Pepper's*, dos Beatles, *Rich Dad Poor Dad* entrou para a lista de best-sellers do *New York Times* no ano 2000 e ali permaneceu pelos sete anos seguintes. Ainda em 2000, Oprah Winfrey me fez um convite. Eu estava na *Oprah!* por uma hora inteira, e, como dizem: "O resto é história."

Pai Rico, Pai Pobre se tornou o principal livro de finanças pessoais da história, e as vendas da série *Pai Rico* foram estimadas em torno de 40 milhões de cópias ao redor do mundo.

O Pai Rico Realmente Existiu?

Milhares de pessoas já me perguntaram: "O pai rico realmente existiu?" Para responder a essa pergunta, você pode ouvir o filho do pai rico, Mike... quando ele foi convidado ao programa *Rich Dad Radio Show*. Você pode encontrá-lo em Richdadradio.com (conteúdo em inglês).[2]

[2] A Editora Alta Books não se responsabiliza pela manutenção e conteúdo no ar de eventuais websites indicados pelo autor deste livro. (N. E.)

Universidade do Pai Rico

Pai Rico, Pai Pobre foi escrito da forma mais simples possível, então quase todo mundo consegue entender as lições do meu pai rico.

Para aqueles que quiserem aprender mais, como parte dessa celebração de 20 anos, eu escrevi *Why the Rich Are Getting Richer — What Is Financial Education... Really?* ("Por que os Ricos Estão Ficando Mais Ricos — O que É Educação Financeira... Realmente?", em tradução livre).

Why the Rich Are Getting Richer detalha em pormenores o que o pai rico realmente ensinou a seu filho e a mim sobre dinheiro e investimentos.

Why the Rich Are Getting Richer é o *Pai Rico, Pai Pobre* para estudantes de nível superior... é a universidade dos alunos da *Rich Dad.*

Um Aviso... e um Convite

Embora eu tenha feito o meu melhor para manter *Why the Rich Are Getting Richer* o mais acessível possível, o que os ricos fazem de fato já não é tão simples ou fácil de explicar. Entender como eles atuam requer uma educação financeira sólida, que não é ensinada nas escolas.

Sugiro ler *Pai Rico, Pai Pobre* primeiro e, então, se quiser aprender ainda mais, *Why the Rich Are Getting Richer* talvez seja para você.

Obrigado... por 20 Anos Incríveis

Para todos os nossos leitores, do passado, presente e futuro...
todos nós da *Rich Dad* dizemos:
"Obrigado... por 20 anos incríveis."

A nossa missão é *elevar o bem-estar financeiro da humanidade...*
e isso começa com uma vida e uma pessoa de cada vez.

Introdução

PAI RICO, PAI POBRE

Tendo dois pais, tive a escolha entre pontos de vista contrastantes: a visão de um homem rico e a de um pobre.

Tive dois pais, um rico e outro pobre. Um era muito instruído e inteligente. Tinha Ph.D. e fizera um curso universitário de graduação, com duração de quatro anos, em menos de dois. Foi então para a Universidade de Stanford, para a Universidade de Chicago e para a Northwestern University, sempre com bolsa de estudos. O meu outro pai nunca concluiu o ensino médio.

Ambos foram homens bem-sucedidos em suas carreiras e trabalharam arduamente durante toda a vida. Ambos auferiam rendas consideráveis. Contudo, um sempre enfrentou dificuldades financeiras. O outro se tornou o homem mais rico do Havaí. Um morreu deixando milhões de dólares para sua família, para instituições de caridade e para sua igreja. O outro deixou contas a pagar.

Ambos eram homens fortes, carismáticos e influentes. Os dois me ofereceram conselhos, mas não me recomendaram as mesmas coisas. Ambos acreditavam firmemente na instrução, mas não sugeriram o mesmo tipo de estudo.

Se eu tivesse tido um único pai, teria que ter aceitado ou rejeitado seus conselhos. Tendo dois pais, tive a escolha entre pontos de vista contrastantes: a visão de um homem rico e a de um pobre.

Em vez de simplesmente aceitar ou rejeitar um desses pontos de vista, me descobri pensando mais, comparando-os e escolhendo por mim mesmo.

O problema é que o homem rico ainda não era rico, e o pobre ainda não era pobre. Ambos estavam no início de suas carreiras e lutavam por dinheiro e pela família. Mas tinham ideias muito diferentes sobre o dinheiro.

Por exemplo, um dos meus pais dizia: "O amor ao dinheiro é a raiz de todo o mal." O outro: "A falta de dinheiro é a causa de todos os problemas."

Quando garoto, a influência de dois pais, ambos homens fortes, gerava uma situação complicada. Eu queria ser um bom filho e os ouvia, mas os dois pais não falavam a mesma língua. O contraste entre suas ideias, especialmente no que se referia ao dinheiro, era tão extremo que eu ficava curioso e intrigado. Comecei a pensar profundamente sobre o que cada um deles dizia.

Muito do meu tempo era gasto refletindo, fazendo-me perguntas como: "Por que ele fala isso?", a respeito das afirmações dos meus pais. Teria sido muito mais simples falar: "Sim, ele está certo. Concordo com isso." Ou simplesmente rejeitar um ponto de vista, dizendo: "O velho não sabe do que está falando." Porém, tendo dois pais que eu amava, fui forçado a pensar e a escolher um dos caminhos por mim mesmo. Esse processo de escolher sozinho se mostrou muito valioso em longo prazo, não se tratou simplesmente da aceitação ou rejeição de um único ponto de vista.

Uma das razões pelas quais os ricos ficam mais ricos, os pobres, mais pobres e a classe média luta com as dívidas é que o dinheiro não é um tema ensinado em casa ou na escola. Muitos de nós aprendemos sobre dinheiro com nossos pais. O que um pai pobre pode dizer a respeito de finanças para seu filho? Ele diz simplesmente: "Fique na escola e estude muito." O filho pode se formar com ótimas notas; mas terá uma programação financeira e uma mentalidade de pessoa pobre.

Infelizmente, lidar com o dinheiro não é ensinado nas escolas. Elas se concentram nas habilidades acadêmicas e profissionais, mas não nas financeiras. Isso explica por que médicos, gerentes de banco e contadores versados, que tiveram ótimas notas enquanto estudantes, terão problemas

20 Anos Atrás...

O RELÓGIO DA DÍVIDA

Avance 20 anos rapidamente... e a dívida norte-americana está assustadora. Segundo a imprensa, está próxima de US$20 trilhões. Isso são trilhões... com T maiúsculo.

financeiros durante toda sua vida. Nossa dívida nacional alarmante se deve em boa medida a políticos e funcionários públicos muito instruídos, mas que tomam decisões financeiras com pouco ou nenhum treinamento nessa área.

Atualmente, fico pensando o que acontecerá quando houver milhões de pessoas precisando de assistência médica e financeira. Elas se tornarão dependentes do apoio financeiro de suas famílias ou do governo. O que acontecerá quando o Medicare[3] e a Previdência Social ficarem sem dinheiro? Como uma nação sobreviverá se ensinar sobre dinheiro continuar sendo tarefa dos pais — cuja maioria será ou já é pobre?

Como tive dois pais para me influenciar, aprendi com ambos. Tive que refletir sobre os conselhos de cada um deles e, ao fazê-lo, percebi o poder e o impacto dos nossos pensamentos sobre a nossa própria vida. Por exemplo, um pai costumava falar: "Não posso comprar isso." O outro proibia o uso dessas palavras. Insistia em que eu falasse: "O que posso fazer para comprar isso?" Em um caso, temos uma afirmação, no outro, uma pergunta. Um deixa você sem alternativa, o outro o obriga a refletir. Meu "pai que logo ficaria rico" explicava que ao falar automaticamente "Não posso comprar isso" seu cérebro para de se esforçar. Ao perguntar: "O que posso fazer para comprar isso?", você mantém seu cérebro trabalhando. Ele não estava dizendo que comprava tudo o que desejasse. Ele incentivava enfaticamente que eu treinasse a minha mente, o computador mais poderoso do mundo. "Meu cérebro fica mais forte a cada dia porque eu o exercito. Quanto mais forte ele fica, mais dinheiro ganho." Ele acreditava que repetir mecanicamente "Não posso comprar isso" era um sinal de preguiça mental.

Embora ambos os meus pais trabalhassem com afinco, observei que um deles tinha o hábito de pôr seu cérebro para dormir quando o assunto era dinheiro, e o outro tinha o costume de exercitá-lo. O resultado era que, ao longo do tempo, um dos meus pais ficava financeiramente mais forte, e o outro, enfraquecido. Isso não é muito diferente do que ocorre quando uma pessoa faz exercícios físicos regulares, enquanto outra senta no sofá e assiste à televisão. O exercício físico adequado aumenta suas chances de ter uma boa saúde, e o mental amplia suas chances de ficar rico. A preguiça reduz tanto a saúde quanto a riqueza.

[3] O Medicare, bem como o Medicaid, é um programa norte-americano de assistência aos idosos. (N. E.)

Meus dois pais tinham atitudes mentais diferentes. Um acreditava que os ricos deviam pagar mais impostos para atender aos menos afortunados. O outro dizia: "Os impostos punem os que produzem e recompensam os que não o fazem."

Um dos meus pais recomendava: "Estude arduamente para poder trabalhar em uma boa empresa." O outro falava: "Dedique-se aos estudos para conseguir comprar uma boa empresa."

Um dos meus pais dizia: "Não sou rico porque tenho filhos." O outro: "Tenho que ser rico por causa de vocês, meus filhos."

Um incentivava as conversas sobre dinheiro e negócios na hora do jantar. O outro proibia que se falasse do assunto durante as refeições.

Um recomendava: "Com questões financeiras, seja cuidadoso, não se arrisque." O outro: "Aprenda a administrar o risco."

Um afirmava: "Nossa casa é nosso maior investimento e patrimônio." O outro: "A minha casa é uma dívida e, se sua casa for seu maior investimento, você terá problemas."

Ambos os meus pais pagavam suas contas no prazo, mas um deles as pagava em primeiro lugar, enquanto o outro as deixava para a última hora.

Um deles acreditava que a empresa ou o governo deveria cuidar de você e de suas necessidades. Estava sempre preocupado com aumentos salariais, planos de aposentadoria, benefícios médicos, licenças, férias e outros benefícios. Ele ficava impressionado com dois de seus tios que foram para o exército e se aposentaram com vários benefícios após vinte anos de serviço ativo. Ele adorava a ideia de assistência médica e outros benefícios concedidos a veteranos aposentados. Ele também

20 Anos Atrás...

SUA CASA NÃO É UM ATIVO

A crise do mercado imobiliário de 2008 foi uma mensagem clara de que sua casa não é um ativo. Ela não só não coloca dinheiro no seu bolso, como não podemos contar que se valorizará. Muitos imóveis em 2017 valem ainda menos do que valiam em 2007.

se empolgava com as cátedras vitalícias do sistema universitário. A ideia de estabilidade no emprego e benefícios trabalhistas lhe parecia, às vezes, mais importante do que o próprio emprego. Dizia frequentemente: "Trabalhei muito para o governo, mereço essas mordomias."

O meu outro pai acreditava na total autossuficiência financeira. Ele sempre se manifestava contra a mentalidade de direito adquirido e falava que isso criava pessoas financeiramente fracas e necessitadas. Ele dava muita ênfase à competência financeira.

Um dos meus pais lutava para poupar alguns poucos dólares. O outro simplesmente criava investimentos. Um pai me ensinou a escrever um currículo impressionante para que eu pudesse encontrar um bom emprego. O outro, a fazer planos financeiros e corporativos consistentes, de modo que eu pudesse criar empregos.

Ser o resultado da criação de dois pais fortes me proporcionou o luxo de observar o impacto de diferentes formas de pensar sobre a própria vida. Observei que as pessoas moldam suas vidas por meio de seus pensamentos.

Por exemplo, meu pai pobre sempre me dizia: "Nunca vou ficar rico." E isso acabou acontecendo. Meu pai rico, por outro lado, sempre se referia a si próprio como sendo rico. Ele dizia coisas como: "Sou um homem rico e pessoas ricas não fazem isso." Mesmo que estivesse totalmente quebrado após um revés financeiro, ele continuava a se considerar um homem rico. Ele se justificava, dizendo: "Há uma diferença entre ser pobre e estar quebrado. Estar quebrado é temporário. A pobreza é eterna."

Meu pai pobre dizia: "Não ligo para dinheiro" ou "O dinheiro não é importante". Meu pai rico sempre dizia: "Dinheiro é poder."

A força dos nossos pensamentos nunca poderá ser medida ou avaliada, mas desde jovem se tornaram óbvias para mim a tomada de consciência dos meus pensamentos e a forma como eu me expressava. Observei que meu pai pobre não era pobre por causa do dinheiro que ganhava — que era bastante —, mas por causa de seus pensamentos e ações. Quando garoto, tendo dois pais, me tornei consciente de que deveria ser cuidadoso com os pensamentos que decidisse adotar como meus. A quem ouviria, a meu pai rico ou a meu pai pobre?

Embora ambos tivessem um enorme respeito pela educação e pelo aprendizado, eles discordavam quanto ao que era importante aprender. Um queria que eu estudasse arduamente, me formasse e conseguisse um bom emprego para trabalhar por dinheiro. Ele queria que eu estudasse para me tornar um profissional, um advogado ou um contador, ou que fosse para uma faculdade de administração para obter um MBA. O outro me incentivava a estudar para ficar rico, para entender como funciona o dinheiro e para aprender como fazê-lo trabalhar para mim. "Não trabalho por dinheiro!", costumava repetir. "O dinheiro trabalha para mim!"

Há uma diferença entre ser pobre e estar quebrado. Estar quebrado é temporário. A pobreza é eterna.

Com nove anos, resolvi ouvir e aprender com meu pai rico tudo sobre dinheiro. Optei por não dar ouvidos a meu pai pobre, mesmo que fosse ele quem possuísse todos os títulos universitários.

Uma Lição de Robert Frost

Robert Frost é o meu poeta favorito. Embora goste de muitas de suas poesias, a minha preferida é *A Estrada Não Trilhada*. Quase todos os dias recorro a suas lições.

A Estrada Não Trilhada

Num bosque, em pleno outono, a estrada bifurcou-se,
Mas, sendo um só, só um caminho eu tomaria.
Assim, por longo tempo eu ali me detive,
E um deles observei até um longe declive
No qual, dobrando, desaparecia.
Porém, tomei o outro, igualmente viável,
E, tendo mesmo um atrativo especial,
Pois mais ramos possuía e talvez mais capim,
Embora, quanto a isso, o caminhar, no fim,
Os tivesse marcado por igual.

E ambos, nessa manhã, jaziam recobertos
De folhas que nenhum pisar enegrecera.
O primeiro deixei, oh, para um outro dia!
E, intuindo que um caminho outro caminho gera,
Duvidei se algum dia eu voltaria.
Isto eu hei de contar mais tarde, num suspiro,
Nalgum tempo ou lugar desta jornada extensa:
A estrada divergiu naquele bosque, e eu —
Segui pela que mais ínvia me pareceu,
E foi o que fez toda a diferença.

E foi o que fez toda a diferença.

No decorrer dos anos, pensei muitas vezes no poema de Robert Frost. Ao escolher não dar atenção aos conselhos e às atitudes quanto ao dinheiro de meu pai muito instruído, tomei uma decisão dolorosa; mas ela determinou o resto da minha vida.

Com a decisão de a quem dar ouvidos, teve início a minha educação financeira. Meu pai rico me deu lições ao longo de um período de trinta anos, até que cheguei aos 39 anos de idade. Suas lições pararam quando ele percebeu que eu conhecia e entendia plenamente o que ele estava tentando martelar na minha cabeça, às vezes, bastante fechada.

O dinheiro é uma forma de poder. Mais poderosa ainda, entretanto, é a educação financeira. O dinheiro vem e vai, mas, se tiver sido educado quanto ao seu funcionamento, você adquire poder sobre ele e começa a construir riqueza. O motivo pelo qual o simples pensamento positivo não é eficaz é que a maioria das pessoas foi à escola e nunca aprendeu como o dinheiro funciona, e, assim, passa sua vida trabalhando por ele.

Como comecei com apenas nove anos, as lições que meu pai rico me ensinou foram simples. E quando tudo foi dito e feito, encontramos apenas seis lições, repetidas ao longo de trinta anos. Este livro trata dessas seis lições, expostas da maneira mais simples possível, da forma como meu pai rico as passou para mim. Essas lições não se pretendem ser respostas, mas, sim, marcos. Referências que ajudarão você e seus filhos a enriquecer, não importa o que aconteça em um mundo de crescente mudança e incerteza.

Capítulo 1

LIÇÃO #1: OS RICOS NÃO TRABALHAM POR DINHEIRO

As classes média e baixa trabalham por dinheiro. Os ricos fazem com que o dinheiro trabalhe para eles.

"Pai, como é que se fica rico?"

Meu pai largou o jornal. "Por que quer ficar rico, filho?"

"Porque a mãe do Jimmy chegou hoje em um Cadillac novo, e eles iam passar o final de semana na praia. Ele chamou três amiguinhos, mas o Mike e eu não fomos convidados. Eles disseram que não nos chamaram porque somos garotos pobres."

"Eles falaram isso mesmo?", perguntou meu pai, incrédulo.

"Disseram, sim", respondi, em um tom magoado.

Meu pai balançou a cabeça em silêncio, ajeitou os óculos e voltou para a leitura do jornal. Fiquei esperando a resposta.

Era o ano de 1956. Eu tinha nove anos. Por um golpe de sorte, eu frequentava a mesma escola pública em que estudavam os filhos dos ricos. A cidade vivia especialmente em função das usinas de açúcar. Os gerentes das usinas e outras pessoas influentes da cidade, como médicos, proprietários de estabelecimentos comerciais e gerentes de bancos, matriculavam os filhos nessa escola. Terminado o ensino fundamental, em geral, eles iam para colégios particulares. Eu estudava naquela escola, simplesmente porque morava de um lado da rua. Se morasse do outro, teria ido para uma escola diferente e meus colegas seriam de famílias mais parecidas com a minha. Concluído o ensino fundamental, estes garotos e eu cursaríamos o ensino médio também em escolas públicas. Não havia colégios particulares para eles ou para mim.

Meu pai finalmente largou o jornal. Senti que estava pensando.

"Filho", começou, lentamente. "Se quiser ficar rico, tem que aprender a ganhar dinheiro."

"E como faço isso?", perguntei.

"Use sua cabeça, filho", respondeu, sorrindo. O que, na verdade, ele queria dizer era: "Isso é tudo o que vou lhe dizer" ou "Não sei a resposta, então não me perturbe".

Uma Parceria É Formada

Na manhã seguinte, contei para meu melhor amigo, Mike, o que meu pai tinha falado. Tenho a impressão de que Mike e eu éramos os únicos garotos pobres da escola. Mike também estava naquela escola por um golpe de sorte. Alguém tinha traçado aleatoriamente a linha divisória dos distritos escolares, e acabamos na escola dos garotos ricos. Não éramos pobres de verdade, mas sentíamos como se fôssemos porque os demais garotos tinham luvas de beisebol e bicicletas novas, tudo novo.

Nossos pais nos davam o básico: comida, teto e vestimenta. Mas isso era tudo. Meu pai costumava falar: "Se quiser alguma coisa, trabalhe para obtê-la." Queríamos muitas coisas, mas não havia muito trabalho disponível para garotos de nove anos.

"E então, como ganhamos dinheiro?", perguntou Mike.

"Não sei", respondi. "Mas você quer ser meu sócio?"

Ele concordou e, naquele sábado de manhã, Mike se tornou meu primeiro sócio nos negócios. Passamos a manhã toda imaginando formas de ganhar dinheiro. De vez em quando, falávamos dos "caras legais" que estavam se divertindo na casa de praia de Jimmy. Sentíamos uma certa mágoa, mas era uma mágoa boa, pois nos inspirou a pensar em como ganhar dinheiro. Finalmente, nessa tarde, um lampejo surgiu em nossas mentes. Era uma ideia que Mike havia tirado de um livro de ciências que lera. Empolgados, demos um aperto de mão e a sociedade agora tinha um objetivo.

Durante as semanas seguintes, Mike e eu percorremos a vizinhança pedindo aos vizinhos que guardassem para nós os tubos vazios de pasta de dentes. Intrigados, muitos adultos concordavam, sorrindo. Alguns perguntavam o que estávamos fazendo. Respondíamos: "Não dá para contar, é um segredo de negócios."

Conforme as semanas passavam, mamãe ficava nervosa. Tínhamos escolhido um lugar perto da máquina de lavar roupas para estocar nossa matéria-prima. Em uma caixa de papelão, que contivera vidros de molho de tomate, acumulava-se agora a nossa pilha de tubos de pasta de dentes usados.

Finalmente, mamãe deu uma bronca. Não aguentava mais ver aquele monte de tubos espremidos na maior confusão. "O que estão fazendo, meninos?", perguntou. "E não me venham novamente com a desculpa de que é um segredo de negócios. Deem um jeito nesta bagunça ou jogo tudo fora."

Mike e eu argumentamos, explicamos que em breve teríamos o suficiente para começar a produção. Dissemos que estávamos esperando alguns vizinhos acabarem de usar suas pastas para que pudéssemos recolher os tubos. Mamãe nos deu uma semana de prazo.

Antecipamos a data do início da produção. A pressão aumentava. Minha primeira sociedade já estava sendo ameaçada por uma notificação de despejo do nosso depósito, feita pela minha própria mãe. Mike se encarregou de apressar o consumo das pastas, informando que os dentistas recomendavam escovação mais frequente dos dentes. Comecei a instalar a linha de produção.

Um dia, meu pai chegou em casa com um amigo para mostrar como aqueles garotos de nove anos operavam a linha de produção a todo vapor, perto da garagem. Por todo o lugar havia uma fina poeira branca. Em uma mesa comprida, se alinhavam embalagens de leite oriundas da escola, e, no forno japonês da família, as brasas do carvão brilhavam gerando o máximo de calor.

Papai caminhava com cuidado, o carro fora estacionado próximo ao portão da rua, porque a linha de produção estava na frente da porta da garagem. Quando ele e seu amigo se aproximaram, viram uma vasilha de aço em cima das brasas e dentro dela os tubos de pasta de dentes derretiam. Naquela época, não havia tubos de pasta de dentes de plástico, eram de chumbo. Por isso, depois que a pintura queimava, os tubos dentro da vasilha derretiam até virar líquido. Com a ajuda do pegador de panela da mamãe, despejávamos o chumbo derretido através de um pequeno furo nas embalagens de leite, que estavam recheadas de gesso.

O pó branco do gesso que ainda não tinha sido misturado à água estava por toda parte. Na pressa, tínhamos derrubado o saco de gesso e parecia que toda a área fora atingida por uma nevasca. As embalagens de leite vazias serviam para fazer os moldes.

Meu pai e seu amigo nos observavam enquanto vertíamos o chumbo derretido em um pequeno buraco no topo de um cubo de gesso.

"Cuidado", disse meu pai.

Fiz que sim com a cabeça, sem olhar para cima.

Finalmente, quando terminei de colocar o chumbo derretido, larguei a vasilha e sorri para o meu pai.

"O que estão fazendo?", questionou, com um sorriso cauteloso.

"O que você mandou. Estamos nos tornando ricos", respondi.

"Isso aí", disse Mike, sorrindo e balançando a cabeça. "Somos sócios."

"E o que há nesses moldes de gesso?", perguntou papai.

"Veja", falei. "Essa vai ser uma boa fornada."

Com um pequeno martelo, bati no lacre que dividia o cubo em dois. Com cuidado, puxei a parte de cima do molde de gesso e uma moedinha de chumbo caiu.

"Minha nossa!", falou papai. "Vocês estão cunhando moedinhas de chumbo!"

"Isso mesmo", disse Mike. "Estamos fazendo o que o senhor falou. Fazendo dinheiro."

O amigo do meu pai se virou e caiu na gargalhada. Meu pai sorriu e balançou a cabeça. À sua frente, estavam, além do fogo e da caixa de tubos de pasta de dentes vazios, dois garotos cobertos por uma poeira branca rindo de orelha a orelha.

Meu pai pediu que largássemos tudo e nos sentássemos com ele no degrau da frente de casa. Sorrindo, nos explicou carinhosamente o que significava a palavra "falsificação".

Nossos sonhos estavam desfeitos. "Quer dizer que isso é ilegal?", perguntou Mike, com um soluço na voz.

"Deixa eles", disse o amigo do meu pai. "Podem estar desenvolvendo um talento natural."

Meu pai o fuzilava com o olhar.

"Sim, é ilegal", falou papai, calmamente. "Mas vocês demonstraram muita criatividade e ideias originais. Continuem, estou orgulhoso de vocês!"

Desapontados, Mike e eu ficamos sentados uns vinte minutos antes de começarmos a arrumar a bagunça. O negócio se encerrou no próprio dia da inauguração. Varrendo a poeira, olhei para Mike e disse: "Acho que Jimmy e os amigos dele estavam certos. Somos pobres."

Quando falei isso, meu pai já estava saindo. "Garotos", falou, "vocês só serão pobres se desistirem. O mais importante é que fizeram alguma coisa. Muitas pessoas falam e sonham em ficar ricas. Vocês agiram. Estou muito orgulhoso de vocês. Repito. Continuem. Não desistam."

Mike e eu ficamos quietos, calados. Eram palavras amigáveis, mas ainda não sabíamos o que fazer.

"Então por que você não é rico, papai?", perguntei.

"Porque resolvi ser professor. Os professores não estão muito preocupados em ficar ricos. Gostamos de ensinar. Queria poder ajudar vocês, mas na verdade não sei como ganhar dinheiro."

Mike e eu voltamos à arrumação.

"É", falou meu pai, "se quiserem aprender e enriquecer, não perguntem a mim. Falem com o seu pai, Mike."

"Meu pai?", perguntou Mike, surpreso.

"Sim, seu pai", repetiu, com um sorriso. "Seu pai e eu temos conta no mesmo banco e o gerente está impressionado com ele. Disse várias vezes que o seu pai é brilhante quando se trata de ganhar dinheiro."

"Meu pai?", insistiu Mike, incrédulo. "Então por que não temos uma casa bonita e um carrão como os garotos ricos da escola?"

"Um carrão e uma casa bonita não querem necessariamente dizer que você é rico ou que tem muito dinheiro", respondeu papai. "O pai de Jimmy trabalha na usina. Ele não é muito diferente de mim. Trabalha para uma empresa, e eu, para o governo. A empresa compra o carro para ele. Se a usina tiver problemas financeiros, o pai de Jimmy pode acabar sem nada. Seu pai é diferente, Mike. Ele parece estar construindo um império e desconfio de que em alguns anos será um homem muito rico."

Ao ouvir isso, Mike e eu nos empolgamos novamente. Mais dispostos, limpamos a confusão provocada por nosso finado negócio. Enquanto limpávamos, fazíamos planos sobre quando e onde falar com o pai de Mike. O problema era que ele trabalhava muito e, às vezes, chegava muito tarde em casa. Era dono de armazéns, de uma empresa de construção, de uma cadeia de lojas e de três restaurantes. Eram os restaurantes que o faziam voltar para casa tarde.

Acabada a limpeza, Mike se despediu. Falaria com o seu pai à noite, para perguntar se podia nos ensinar a ficar ricos. Mike prometeu me ligar assim que tivesse uma resposta, mesmo que fosse tarde.

Às 20h30, o telefone tocou.

"Ok", falei. "Sábado que vem", e desliguei. O pai de Mike concordara em conversar conosco.

Às 7h30 de sábado, peguei o ônibus para o lado pobre da cidade.

As Lições Começam

Mike e eu encontramos o seu pai às 8h daquela manhã. Ele estava ocupado e trabalhava há mais de uma hora. Seu supervisor de construções já estava saindo na caminhonete quando entrei naquela casa simples, pequena e arrumada. Mike me esperava na porta.

"Papai está no telefone e falou para esperar na varanda dos fundos", disse Mike ao abrir a porta.

O antigo assoalho de madeira chiou quando passei pela soleira da casa já velha. Do lado de fora, havia um capacho simples escondendo os muitos anos de uso e os incontáveis passos que suportara. Apesar de limpo, precisava ser substituído.

Quando entrei na sala estreita, senti falta de ar. O cômodo estava mobiliado com peças que hoje seriam objeto de colecionador. Duas mulheres estavam sentadas no sofá, eram um pouco mais velhas do que a minha mãe. Em frente às mulheres, estava um homem em trajes de operário. Vestia calça e camisa cáqui, bem passadas, mas não engomadas, e calçava botas de trabalho bem engraxadas. Deveria ser uns dez anos mais velho que papai. Eles sorriram quando Mike e eu passamos em direção à cozinha, que dava para um pátio nos fundos. Timidamente, devolvi o sorriso.

"Quem são essas pessoas?", perguntei.

"Ah, eles trabalham para papai. O mais velho dirige seus armazéns e as mulheres são gerentes dos restaurantes. E você já viu o supervisor das construções, que está trabalhando em um projeto rodoviário, a uns 80km daqui. O outro supervisor, que cuida da construção das casas, saiu antes de você chegar."

"Isso acontece o tempo todo?", perguntei.

"Nem sempre, mas muitas vezes", disse Mike, sorrindo, enquanto puxava uma cadeira para sentar perto de mim.

"Perguntei a meu pai se ele vai nos ensinar a ganhar dinheiro", disse Mike.

"E o que ele respondeu?", questionei, com uma curiosidade cautelosa.

"Bom, primeiro me encarou com uma expressão engraçada e, então, falou que nos faria uma proposta."

"Ah", respondi, balançando a cadeira para trás em direção à parede; a cadeira em que estava se sustentava nos pés de trás.

Mike fazia o mesmo.

"Você sabe o que ele vai nos oferecer?", perguntei.

"Não, mas a gente já vai descobrir."

De repente, o pai de Mike passou pela porta de tela e pisou no alpendre. Mike e eu pulamos, ficando em pé não por respeito, mas pelo susto que levamos.

"Prontos, garotos?", perguntou o pai de Mike, puxando uma cadeira para se sentar perto de nós.

Fizemos que sim com a cabeça e aproximamos as cadeiras para sentarmos de frente para ele.

Ele era um homem grande, com cerca de 1,80m e 100kg. Meu pai era mais alto, pesava mais ou menos o mesmo e era cinco anos mais velho que ele. Eles eram de certo modo parecidos, embora de origens étnicas diferentes. Talvez tivessem energias semelhantes.

"Mike falou que você quer aprender a ganhar dinheiro? É isso mesmo, Robert?"

Rapidamente, assenti com a cabeça, não sem uma pequena sensação de intimidação. Senti muito poder por trás das suas palavras e do seu sorriso.

"Muito bem, eis a minha oferta. Vou ensinar a vocês, mas não como em uma sala de aula. Vocês trabalham para mim, e eu ensino. Vocês não trabalham, e não ensino. Posso ensinar mais rápido se trabalharem, em vez de perder o meu tempo com vocês só sentados escutando, como fazem na escola. Esta é minha oferta. É pegar ou largar."

"Posso fazer uma pergunta antes?", falei.

"Não. É pegar ou largar. Tenho trabalho demais para perder tempo. De qualquer modo, se não puder se decidir logo, não vai aprender nunca a ganhar dinheiro. As oportunidades vêm e vão. Ser capaz de tomar decisões rápidas é uma habilidade importante. Você tem a oportunidade que pediu. As aulas começam em dez segundos", respondeu o pai de Mike, com um sorriso incentivador.

"Tô dentro", respondi.

"Topo", disse Mike.

"Bom", falou o pai de Mike, "a sra. Martin vai chegar daqui a dez minutos. Depois que eu conversar com ela, vocês a acompanham até minha lojinha e já podem começar. Vou lhes pagar dez centavos por hora e terão que trabalhar três horas todo sábado."

20 Anos Atrás...

DETERMINAÇÃO

O mundo se move cada vez mais rápido. Ações são negociadas em milissegundos. Ofertas vêm e vão na internet em questão de minutos. Mais e mais pessoas competem por bons negócios. Assim, quanto mais rápido tomar uma decisão, mais chances você tem de aproveitar as oportunidades — antes que outra pessoa o faça.

"Mas hoje tenho jogo de beisebol", falei.

O pai de Mike abaixou a voz e falou, com seriedade: "É pegar ou largar", falou.

"Eu pego", respondi, decidindo trabalhar em vez de jogar.

Trinta Centavos Depois

Às 9h de uma bela manhã de sábado, Mike e eu estávamos trabalhando para a sra. Martin. Era uma mulher bondosa e paciente. Sempre dizia que Mike e eu lembrávamos seus dois filhos, que já estavam crescidos e não moravam com ela. Apesar de bondosa, ela acreditava no trabalho árduo e nos ensinou a executá-lo. Era uma chefe rigorosa. Passávamos três horas pegando latas das prateleiras e espanando-as para depois recolocá-las no lugar. Era uma tarefa incrivelmente monótona.

O pai de Mike, que eu chamo de meu pai rico, era dono de nove dessas lojinhas com amplos estacionamentos. Eram as primeiras versões das lojas de conveniência da 7-Eleven, pequenos armazéns provincianos em que as pessoas compram artigos como leite, pão, manteiga e cigarros. O problema é que isso aconteceu no Havaí antes de os ares-condicionados serem amplamente usados, então não dava para fechar a porta por causa do calor. Nos dois lados da loja, havia duas portas grandes que davam para a rua e para o estacionamento. Sempre que um carro passava ou estacionava, a poeira rodopiava e se acumulava nas prateleiras da loja. Sabíamos que o nosso trabalho estava garantido enquanto não houvesse ar-condicionado.

Durante três semanas, Mike e eu comparecíamos à loja da sra. Martin e trabalhávamos durante três horas. Ao meio-dia, terminava o trabalho, e ela colocava três moedinhas nas nossas mãos. Mas nem aos nove anos, em meados da década de 1950, trinta centavos eram muito empolgantes. Na época, um gibi custava dez centavos, então eu costumava gastar o dinheiro com revistas em quadrinhos e voltava para casa.

Na quarta-feira da quarta semana, eu já estava a fim de desistir. Tinha concordado em trabalhar só porque queria aprender a ganhar dinheiro com o pai de Mike, mas agora era um escravo por dez centavos a hora. E, ainda por cima, não tinha voltado a ver o pai de Mike desde aquele sábado.

"Desisto", falei para Mike, na hora do almoço. O almoço da escola era horrível. A escola era monótona e agora já não tinha nem os meus sábados para me animar. Mas o que estava me perturbando eram os trinta centavos.

Desta vez, Mike sorriu.

"Do que está rindo?", perguntei, zangado e frustrado.

"Papai falou que isso ia acontecer. Ele disse para você procurá-lo quando estivesse a fim de desistir."

"O quê?", falei, indignado. "Ele está esperando que eu fique saturado?"

"Por aí", falou Mike. "O papai é meio peculiar, ensina de maneira diferente do seu pai. Os seus pais falam bastante. Meu pai é tranquilo e caladão. Espere até sábado. Vou falar para ele que você está pronto."

"Quer dizer que fui enrolado?"

"Não, não é isso, mas pode ser. Papai vai explicar no sábado."

Fazendo Fila no Sábado

Estava pronto e preparado para enfrentá-lo. Até meu pai de verdade estava furioso com ele. Meu verdadeiro pai, aquele que chamo de pai pobre, pensou que meu pai rico estava infringindo a legislação quanto ao trabalho de menores e que deveria ser investigado.

Meu pai pobre, que era altamente instruído, disse que eu deveria exigir o que merecia — pelo menos 25 centavos por hora. Falou ainda que se não conseguisse o aumento deveria me demitir imediatamente.

"De qualquer maneira, você não precisa dessa droga de emprego", falou meu pai pobre, indignado.

Às 8h da manhã de sábado, eu estava entrando pela velha porta da casa de Mike, quando o pai rico a abriu.

"Sente e espere na fila", falou o pai de Mike quando entrei. Ele então se virou e foi para o pequeno escritório que ficava ao lado de um dormitório.

Olhei em volta e não vi Mike em lugar algum. Achando tudo meio esquisito, sentei perto daquelas duas mulheres, as mesmas que estavam lá três semanas antes. Elas sorriram e me deram um lugar no sofá.

Passaram-se 45 minutos e eu estava possesso. As duas mulheres já tinham falado com ele e saído há meia hora. Um senhor mais velho ficou lá vinte minutos e foi embora.

A casa estava vazia, e eu, sentado na sala antiquada, escura, em uma bela manhã do Havaí, esperando para falar com um explorador de menores avarento. Podia ouvi-lo se movimentando no escritório, falando ao telefone e me ignorando. Queria sair dali, mas, por alguma razão, fiquei.

Finalmente, quinze minutos depois, exatamente às 9h, o pai rico apareceu sem dizer nada e me fez um sinal com a mão para entrar no modesto escritório.

"Parece que você está querendo um aumento ou vai se demitir", falou o pai rico, rodando a cadeira giratória.

"Bem, o senhor não está cumprindo sua parte do acordo", falei, quase aos prantos. Para um garoto de nove anos, era de fato apavorante confrontar um adulto.

"O senhor falou que, se eu trabalhasse, me ensinaria. Eu trabalhei. Dei o meu melhor. Larguei meus jogos de beisebol para trabalhar. E o senhor não cumpriu sua palavra. Não me ensinou nada. É um desonesto, como todo mundo fala. É ganancioso. Só quer todo o dinheiro e não se preocupa com seus empregados. O senhor me deixou esperando e não me respeita. Eu sou apenas um garoto e mereço ser tratado melhor."

Da sua cadeira giratória, as mãos no queixo, o pai rico me fitava. Parecia que estava me estudando.

"É, nada mau", falou. "Em menos de um mês, você já se parece com a maioria dos meus empregados."

"O quê?!", exclamei. Como não entendia o que estava falando, continuei reclamando. "Pensei que o senhor ia cumprir sua parte do acordo e me ensinar. Em vez disso, quer me torturar? Isso é cruel. Muito cruel."

"Estou lhe ensinando", falou, calmamente, o pai rico.

"O que o senhor me ensinou? Nada!", repliquei furioso. "Nem falou comigo depois que eu aceitei trabalhar por uma merreca. Dez centavos por hora. Eu devia denunciar o senhor ao governo. Existem leis sobre o trabalho infantil, o senhor sabe disso. Meu pai trabalha para o governo."

"Nossa!", disse o pai rico. "Agora você parece com a maioria das pessoas que trabalharam para mim — que eu mandei embora ou se demitiram."

"O que o senhor tem a me dizer?", questionei, sentindo-me muito corajoso para um moleque. "Mentiu para mim. Trabalhei e o senhor não manteve sua palavra. Não me ensinou nada."

"E como sabe que não lhe ensinei nada?", perguntou, calmamente, o pai rico.

"Bom, o senhor nunca falou comigo. Trabalhei três semanas e o senhor não me ensinou nada", falei, com cara de zangado.

"Ensinar significa falar ou dar uma aula?", perguntou o pai rico.

"Bem, sim", retruquei.

"É assim que a escola ensina", disse ele sorrindo. "Mas não é assim que a vida ensina, e eu diria que a vida é o melhor dos mestres. Na maioria das vezes, a vida não fala com você. É mais como se lhe batesse. Cada pancada significa dizer: 'Acorde. Quero que aprenda alguma coisa.'"

Do que esse cara está falando?, perguntei a mim mesmo. *A vida me bate e fala comigo?* Agora tinha certeza de que deveria largar o emprego. Eu estava falando com alguém que não regulava bem.

"Se aprender as lições da vida, você vai se dar bem. Se não, a vida não vai economizar as pancadas. Alguns apenas deixam a vida bater neles. Outros ficam zangados e batem de volta. Mas eles devolvem para o patrão ou o emprego, o marido ou a mulher. Eles não sabem que é a vida que está batendo."

Eu não tinha a menor ideia do que ele estava falando.

---

20 Anos Atrás...

CONE DE APRENDIZAGEM

É de Edgar Dale o crédito por nos fazer entender que aprendemos melhor na prática — na execução ou em uma simulação. Isso se chama empiria. Dale e seu Cone de Aprendizagem nos mostram que ler e escrever são as formas menos eficazes de aprender. Porém, todos sabemos como a maioria das escolas ensina: lendo e escrevendo.

Cone de Aprendizagem

Depois de duas semanas, tendemos a nos lembrar de		Natureza do envolvimento
90% do que dizemos e fazemos	Colocando em prática	Ativa
	Simulando a experiência real	
	Fazendo uma representação dramática	
70% do que dizemos	Conversando	
	Participando de um debate	
50% do que ouvimos e vemos	Presenciando uma atividade	Passiva
	Assistindo a uma demonstração	
	Assistindo a uma apresentação	
	Assistindo a um filme	
30% do que vemos	Olhando fotos	
20% do que ouvimos	Ouvindo	
10% do que lemos	Lendo	

Fonte: Cone de Aprendizagem adaptado de Dale, 1969.

"A vida bate em todos nós. Alguns desistem. Outros lutam. Alguns aprendem a lição e seguem em frente. Recebem satisfeitos os trancos da vida. Para esses, isso significa que precisam e querem aprender alguma coisa. Então aprendem e continuam o seu caminho. A maioria desiste e uns poucos, como você, lutam."

O pai rico ficou em pé e fechou a velha janela de madeira que precisava de conserto.

"Se aprender esta lição, se tornará um jovem sábio, rico e feliz. Se não aprender, passará a vida culpando um emprego, um baixo salário ou o seu chefe pelos seus problemas. Passará sua vida esperando por um golpe de sorte que resolva seus problemas financeiros."

Meu pai rico olhou para mim a fim de verificar se eu ainda estava ouvindo. Seus olhos encontraram os meus. Estabeleceu-se uma comunicação entre nossos olhares. Finalmente, me afastei ao perceber que tinha assimilado esta última mensagem. Sabia que ele estava certo. Eu o culpava, mas eu tinha pedido para aprender. Eu estava lutando.

O pai rico continuou: "Se for o tipo de pessoa que não tem garra, desistirá toda vez que a vida bater em você. Se for assim, passará sua vida buscando segurança, fazendo as coisas certas, esperando por algo que nunca vai acontecer. E, então, morrerá como um velho tedioso. Terá um monte de amigos que gostam de você, porque é um cara trabalhador. Mas a verdade é que a vida o leva à submissão. No fundo, você tem pavor de se arriscar. Queria, na verdade, vencer, mas o medo de perder é maior do que o prazer da vitória. No seu íntimo, só você saberá que não foi atrás disso. Escolheu a segurança."

20 Anos Atrás...

A VIDA COMO MESTRE

As gerações de hoje estão aprendendo os fatos complexos da vida. Empregos são difíceis de se encontrar. Os robôs substituem os trabalhadores aos milhões. Aprender na prática, cometendo erros, é cada vez mais importante. O estudo se mostra pouco valioso no mundo real. A educação universitária não garante mais uma carreira.

Nossos olhos voltaram a se encontrar.

"Você está me batendo, como a vida?", perguntei.

"Algumas pessoas achariam isso", sorriu o pai rico. "Eu diria que apenas lhe mostrei o gostinho da vida."

"Que gostinho?", perguntei, ainda zangado, mas agora curioso e pronto para aprender.

"Vocês dois, garotos, foram as primeiras pessoas na vida que me pediram para ensinar a ganhar dinheiro. Tenho mais de 150 empregados e nenhum deles me perguntou o que sei sobre dinheiro. Eles me pedem um emprego e um salário, mas nunca que lhes ensine sobre o dinheiro. Desse jeito, a maioria deles passará os melhores anos de suas vidas trabalhando pelo dinheiro, sem entender realmente por que trabalham."

Eu ouvia atentamente.

"Assim, quando Mike falou que você queria aprender a ganhar dinheiro, resolvi planejar um curso que se aproximasse da vida real. Eu poderia falar horas, mas você não escutaria nada. Portanto, deixei que a vida batesse um pouco em você para que pudesse me escutar. É por isso que só pago dez centavos."

"E qual é a lição que aprendi trabalhando por dez centavos a hora?", perguntei. "Que você é mesquinho e explora seus empregados?"

O pai rico se inclinou para trás e soltou uma gargalhada. Finalmente, quando parou de rir, falou: "É melhor que você mude seu jeito de pensar. Pare de me culpar, pensando que sou o problema. Se pensa que eu sou o problema, então terá que me transformar. Se perceber que o problema é você, então poderá modificar a si mesmo, aprender alguma coisa e tornar-se mais sábio. A maioria das pessoas quer que todos no mundo mudem, menos elas próprias. Mas eu lhe digo: é mais fácil mudar a si próprio que a todos os demais."

20 Anos Atrás...

MUDE O QUE PUDER

Aprendi a verdade e a sabedoria nas palavras do pai rico. Não temos como controlar muitas coisas da vida. Aprendi a me concentrar, então, no que tenho controle: eu mesmo. E, se as coisas mudarem, eu tenho que me adaptar.

"Não entendo", falei.

"Não me culpe pelos seus problemas", falou o pai rico, dando sinais de impaciência.

"Mas o senhor só me paga dez centavos."

"E então, o que está aprendendo?", perguntou pai rico, com um sorriso.

"Que o senhor é mesquinho", respondi, com uma risadinha.

"Está vendo, você acha que eu sou o problema", retrucou o pai rico.

"Mas o senhor é."

"Bem, continue assim e não aprenderá nada. Pense que sou o problema; então, quais são as suas escolhas?"

"Bem, se o senhor não me pagar mais ou não me respeitar e me ensinar, eu largo tudo."

"Muito bem", disse o pai rico. "E isso é exatamente o que a maioria das pessoas faz. Elas se demitem e começam a procurar outro emprego, uma oportunidade melhor e um salário mais alto, pensando que isso vai resolver o problema. Não é o que acontece na maioria dos casos."

"Então, qual é a solução?", perguntei. "Pegar esses míseros dez centavos por hora e assentir?"

O pai rico sorriu: "Isso é o que as outras pessoas fazem. Mas para por aí, elas esperam um aumento na ilusão de que mais dinheiro resolverá o problema. A maioria se conforma e alguns procuram um segundo emprego, trabalhando mais, mas continuam aceitando um pagamento ínfimo."

Fiquei olhando para o chão, começando a entender a lição que o pai rico me apresentava. Podia sentir que tinha um gosto de vida. Finalmente, olhei para cima e repeti a pergunta: "Então, o que resolve o problema?"

"Isso", disse ele me dando um ligeiro tapa na cabeça. "Essa coisa que está entre as suas orelhas."

Foi nesse momento que o pai rico me mostrou o ponto de vista central que o separava de seus empregados e do meu pai pobre — e que mais tarde o levou a se tornar um dos homens mais ricos do Havaí; enquanto meu pai, muito instruído, mas pobre, lutou com problemas financeiros durante toda sua vida. Era um ponto de vista singular, que faz toda a diferença durante uma vida inteira.

O pai rico repetia esse ponto de vista exaustivamente, a que eu chamo de Lição #1: *As classes média e baixa trabalham por dinheiro. Os ricos fazem com que o dinheiro trabalhe para eles.*

Naquela bela manhã de sábado, eu estava aprendendo um ponto de vista diferente daquele que o meu pai pobre me ensinara. Aos nove anos, percebia que ambos os meus pais queriam que eu aprendesse. Ambos me incentivavam a estudar, mas não as mesmas coisas.

Meu pai instruído recomendava que fizesse o mesmo que ele: "Filho, quero que estude muito e tenha boas notas, para que consiga um bom emprego, seguro, em uma grande empresa, que lhe dará grandes benefícios." Meu pai rico queria que eu aprendesse como o dinheiro funciona, para que pudesse colocá-lo para trabalhar para mim.

20 Anos Atrás...

ATIVOS SOBRE A RENDA

A aquisição e a construção de ativos que geram fluxo de caixa colocam o dinheiro para trabalhar para você. Empregos altamente remunerados significam duas coisas: trabalhar por dinheiro e pagar mais impostos. Aprendi a fazer o dinheiro trabalhar para mim e a desfrutar dos benefícios fiscais da renda não proveniente de um salário.

Essas lições eu aprenderia ao longo da vida, sob sua orientação, e não em uma sala de aula.

Meu pai rico continuou a primeira lição: "Fico contente em ver que se enfureceu por trabalhar por dez centavos a hora. Se não tivesse se zangado e tivesse aceitado de bom grado, teria que lhe dizer que não poderia lhe ensinar nada. Veja, aprender de verdade exige energia, paixão e uma motivação ferrenha. A raiva é uma grande parte desta fórmula, pois a paixão é uma combinação de raiva e amor. No caso do dinheiro, a maioria das pessoas prefere não arriscar e se sentir segura. Elas não são conduzidas pela paixão. Mas pelo medo."

"É por isso que elas aceitam um emprego com salário baixo?", perguntei.

"Sim", respondeu o pai rico. "Algumas pessoas dizem que exploro os empregados porque não pago tanto quanto a usina de açúcar ou o governo. Eu digo que as pessoas exploram a si mesmas. O medo é delas, não meu."

"Mas o senhor não acha que deveria pagar mais para elas?", indaguei.

"Não tenho que fazê-lo. E, além disso, mais dinheiro não vai resolver o problema. Veja o seu pai. Ele ganha bastante dinheiro e ainda assim não dá conta das despesas. A maioria das pessoas, se receber mais dinheiro, apenas se endividará mais."

"Daí os dez centavos por hora", falei, rindo. "É parte da lição."

"Certo", sorriu o pai rico. "Você vê, seu pai estudou muito, de modo que conseguiu um salário alto. Mas ele ainda tem problemas financeiros porque nunca aprendeu nada sobre dinheiro na escola. E, ainda por cima, acredita em trabalhar por dinheiro."

"E você não acredita?", perguntei.

"Não, de verdade, não", disse o pai rico. "Se quiser aprender a trabalhar pelo dinheiro, então fique na escola. É um bom lugar para isso. Mas se quiser aprender a fazer o dinheiro trabalhar para você, vou lhe ensinar. Mas só se quiser aprender."

"E todo mundo não quer aprender isso?", indaguei.

20 Anos Atrás...

IR PARA A ESCOLA?

Mesmo sendo um defensor ferrenho da educação por toda a vida, "ir à escola" — especialmente à faculdade — se tornou um pesadelo financeiro. São 44 milhões de norte-americanos devendo quase US$1,3 trilhão em financiamento estudantil. Novamente: isso é trilhão... com T maiúsculo.

"Não", respondeu o pai rico. "Simplesmente porque é mais fácil aprender a trabalhar pelo dinheiro, em especial se o medo é a principal emoção quando o assunto é dinheiro."

"Não estou entendendo", retruquei, franzindo as sobrancelhas.

"Não se preocupe com isso, por enquanto. Saiba apenas que é o medo que faz a maioria das pessoas trabalhar em um emprego. O medo de não pagar as contas. De ser mandado embora. De não ter dinheiro suficiente. De começar de novo. Esse é o preço de aprender uma profissão ou habilidade e então trabalhar pelo dinheiro. A maioria das pessoas se torna escrava dele — e fica zangada com o patrão."

"Aprender a pôr o dinheiro para trabalhar é um tipo de estudo totalmente diferente?", perguntei.

"Absolutamente", respondeu o pai rico. "Absolutamente."

Ficamos sentados em silêncio, contemplando a bela manhã. Meus amigos deviam estar começando seu jogo de beisebol infantil. E, por alguma razão, agora eu estava feliz de ter decidido trabalhar por dez centavos a hora. Sentia que estava a ponto de aprender alguma coisa que meus colegas não aprenderiam na escola.

"Pronto para aprender?", perguntou o pai rico.

"Absolutamente", respondi, com um risinho.

"Estou cumprindo minha promessa. Estive lhe ensinando de longe", falou o pai rico. "Aos nove anos, você teve um gostinho do que é trabalhar pelo dinheiro. Multiplique seu mês passado por quinze anos e terá uma ideia do que muitas pessoas passam a vida fazendo."

"Não entendo", falei.

"Como você se sentiu esperando na fila para falar comigo? Uma vez para ser contratado e outra para pedir um aumento?"

"Péssimo", falei.

"Quando se opta por trabalhar pelo dinheiro, essa é a vida que muitas pessoas levam", disse o pai rico. "E como se sentiu quando a sra. Martin pôs na sua mão trinta centavos por três horas de trabalho?"

"Achei que não eram suficientes. Parecia que não valia nada. Fiquei desapontado", respondi.

"É assim que a maioria dos empregados se sente quando recebe seus contracheques. Especialmente com todos os descontos de impostos e análogos. Pelo menos você recebeu 100%."

"O senhor está dizendo que a maioria dos empregados não recebe tudo?", perguntei, espantado.

"Claro que não!", disse o pai rico. "O governo sempre tira sua parte antes."

"Como?", perguntei.

"Impostos", disse o pai rico. "Você paga impostos quando ganha. Paga quando gasta. Quando poupa. Você paga impostos quando morre."

"Por que as pessoas deixam que o governo faça isso com elas?"

"Os ricos não deixam", disse o pai rico, com um sorriso. "Os pobres e a classe média deixam. Aposto que ganho mais que seu pai e, apesar disso, ele paga mais impostos."

"E como isso é possível?", perguntei. Naquela idade, não fazia sentido para mim. "Por que alguém deixaria o governo fazer isso consigo?"

O pai rico ficou sentado em silêncio na sua cadeira, apenas me encarando.

20 Anos Atrás...

IMPOSTOS... IMPOSTOS... IMPOSTOS

Conforme os governos crescem e precisam de dinheiro, o lugar para obtê-lo é a classe média. Ou seja, os trabalhadores. Todo governo favorece investidores profissionais e empresários. Os assalariados pagam impostos; mas aqueles pagam bem pouco, quando usam a lei fiscal como se deve — uma ferramenta para estruturar a economia.

"Pronto para aprender?", perguntou.

Fiz que sim com a cabeça, lentamente.

"Como já falei, há muito a aprender. E aprender como se faz o dinheiro trabalhar para a gente é estudo para uma vida inteira. A maioria das pessoas fica quatro anos em uma faculdade e aí encerra os estudos. Eu sei que meu estudo sobre finanças vai continuar por toda a minha vida, simplesmente porque quanto mais sei, mais descubro que ainda tenho que aprender. As pessoas em geral nunca estudam o assunto. Trabalha-se, recebe-se o salário, confere-se os canhotos do talão de cheques e isso é tudo. E ainda se espantam porque têm problemas de dinheiro. Então pensam que mais dinheiro vai resolver a situação e não percebem que o problema é a falta de instrução financeira."

"Então papai tem dificuldade com os impostos porque não entende de dinheiro?", perguntei, confuso.

"Olha", disse o pai rico. "Os impostos são apenas uma pequena parte do aprendizado para fazer o dinheiro trabalhar para você. Hoje, eu só queria descobrir se você ainda tem a paixão de aprender sobre dinheiro. A maioria das pessoas não tem. Elas querem ir para a escola, aprender uma profissão, divertir-se no trabalho e ganhar rios de dinheiro. Um dia acordam com sérios problemas financeiros e então não podem parar de trabalhar. Esse é o preço de só saber como trabalhar pelo dinheiro em vez de estudar para saber como fazê-lo trabalhar para você. E, então, você continua apaixonado por aprender?", perguntou o pai rico.

Acenei afirmativamente com a cabeça.

"Bom", disse o pai rico. "Agora, de volta ao trabalho. Desta vez, não vou lhe pagar nada."

"O quê?", perguntei espantado.

"Você ouviu. Nada. Trabalhará as mesmas três horas no sábado, mas desta vez não receberá os dez centavos por hora. Você disse que queria aprender a não trabalhar pelo dinheiro; sendo assim, não vou pagar nada."

Eu não podia acreditar no que estava ouvindo.

"Já conversei sobre isso com Mike. Ele já está trabalhando, tirando a poeira e arrumando as latas para mim. Melhor você se apressar e correr para lá."

"Não é justo!", gritei. "O senhor tem que pagar alguma coisa!"

"Você disse que queria aprender. Se não aprender isso agora, será como aquelas duas mulheres e o homem que estavam sentados na minha sala: trabalham pelo dinheiro e esperam que eu não os mande embora. Ou como seu pai, ganhando rios de dinheiro apenas para ficar endividado até o pescoço e esperando que mais dinheiro resolva o problema. Se é isso o que deseja, então volte para aqueles dez centavos a hora. Ou você pode ainda fazer aquilo que muitas pessoas acabam fazendo: reclamar que o salário não é suficiente, demitir-se e procurar outro emprego."

"O que eu faço?", perguntei.

O pai rico deu um tapinha na minha cabeça. "Use isto", falou. "Se usar bem, logo estará me agradecendo por ter lhe dado uma oportunidade de se tornar um homem rico."

Fiquei parado, sem acreditar que estava embarcando naquela canoa. Queria conseguir um aumento e acabei sendo convencido a trabalhar de graça.

Meu pai rico voltou a dar um tapinha na minha cabeça e disse: "Use isto. Agora, fora daqui, de volta ao trabalho."

Lição #1: Os Ricos Não Trabalham por Dinheiro

Não contei para o meu pai pobre que não estava mais sendo pago. Ele não teria entendido e eu não queria tentar explicar algo que eu próprio ainda não entendia.

Durante três semanas, Mike e eu trabalhamos três horas, todo sábado, sem ganhar nada. O trabalho não me preocupava, e a rotina se tornou mais fácil. O que me deixava danado era perder os jogos de beisebol e não poder comprar os gibis.

Na terceira semana, por volta do meio-dia, o pai rico apareceu. Ouvimos seu caminhão chegar ao estacionamento e fazer um barulhão quando o motor foi desligado. Ele entrou na loja e cumprimentou a sra. Martin com um abraço. Depois de verificar como a loja estava indo, abriu o freezer dos sorvetes, pegou dois picolés, pagou e chamou Mike e a mim.

"Vamos dar uma voltinha, moçada."

Atravessamos a rua e fomos para um amplo gramado, em que alguns adultos jogavam beisebol. Sentando em uma mesa de piquenique afastada, ele deu os picolés para mim e para Mike.

"Como as coisas estão indo, garotos?"

"Ok", respondeu Mike.

Concordei com ele.

"Aprenderam alguma coisa?", perguntou o pai rico.

Mike e eu olhamos um para o outro, levantamos os ombros e balançamos a cabeça ao mesmo tempo.

Evitando uma das Maiores Armadilhas da Vida

"Bom, garotos, precisam começar a pensar. Vocês estão observando uma das maiores lições da vida. Se a aprenderem, terão uma vida de grande segurança e independência financeira. Se não aprenderem, acabarão como a sra. Martin e a maioria das pessoas que joga beisebol aqui no parque. Elas trabalham muito, por um salário baixo, agarrando-se à ilusão da segurança no emprego, esperando pelas três semanas de férias anuais e pela reduzida aposentadoria depois de 45 anos de trabalho. Se isso os empolga, vou dar-lhes um aumento para 25 centavos a hora."

"Mas estas pessoas são boas e trabalhadoras. Por que o senhor está debochando delas?", indaguei.

O pai rico abriu um sorriso.

"A sra. Martin é como uma mãe para mim. Eu nunca seria tão cruel. Posso parecer desalmado pois estou me esforçando para lhes mostrar um fato. Quero que expandam seus pontos de vista para enxergar algo que a maioria das pessoas não tem a felicidade de perceber, graças às suas visões limitadas. Muitas pessoas não percebem a armadilha em que caíram."

Mike e eu ficamos sentados sem captar totalmente a mensagem. Ele parecia cruel; contudo, sentíamos que desejava desesperadamente que percebêssemos algo.

Sorrindo, o pai rico continuou: "Não estão gostando desses 25 centavos a hora? O coração de vocês não bate um pouquinho mais rápido?"

Fiz um "não" com a cabeça, mas na realidade o meu coração batia mais rápido. Para mim, 25 centavos a hora representavam uma fortuna.

"Ok, vou pagar um dólar a hora", prosseguiu o pai rico, com um sorriso malicioso.

Agora o meu coração acelerou de verdade. Meu cérebro gritava: "Topa. Topa." Eu não podia acreditar no que estava ouvindo. Ainda assim, fiquei calado.

"Ok, dois dólares a hora."

Meu pequeno cérebro e coração quase explodiram. Afinal, estávamos em 1956 e receber dois dólares a hora teria me tornado o garoto mais rico do mundo. Não podia me imaginar ganhando esse dinheiro todo. Eu queria dizer "sim". Queria fechar o negócio. E podia ver a bicicleta e a luva de beisebol novas e a adoração dos meus colegas quando eu mostrasse algum dinheiro. E, ainda por cima, Jimmy e seus amigos ricos nunca poderiam voltar a me chamar de pobre. Mas consegui me manter em silêncio.

O sorvete estava derretendo e escorrendo pela minha mão. O pai rico olhava para dois garotos que o olhavam de volta estarrecidos, de olhos arregalados e mente vazia. Ele sabia que estava nos testando e que parte das nossas emoções queria topar a negociação. Sabia que todo ser humano tem uma parte fraca e necessitada em suas almas que pode ser comprada, e que também tem uma parte forte, que jamais se deixaria comprar. A questão era saber qual prevaleceria.

"Ok, cinco dólares a hora."

De repente, fez-se um silêncio dentro de mim. Alguma coisa tinha mudado. A oferta era grande demais e se tornara ridícula. Nem muitos adultos ganhavam cinco dólares por hora em 1956. A tentação se esvaiu e a calma se instalou. Lentamente, me virei para a esquerda para olhar Mike. Ele devolveu meu olhar. A parte da minha alma que era fraca e necessitada estava calada. A parte que não se vendia estava à frente. Então uma calma e uma certeza sobre o dinheiro invadiram meu cérebro e minha alma. Sabia que Mike também chegara a esse ponto.

A vida das pessoas é eternamente controlada por duas emoções: medo e ambição.

"Muito bem", disse o pai rico, suavemente. "A maioria das pessoas tem um preço. E isso por causa de duas emoções humanas, o medo e a ambição. Primeiro, o medo de não ter dinheiro as leva a trabalhar arduamente e, quando recebem o pagamento, a ambição ou o desejo as leva a pensar nas coisas maravilhosas que podem ser compradas. Então se define o padrão."

"Que padrão?", perguntei.

"Acordar, ir para o trabalho, pagar contas, acordar, ir para o trabalho, pagar contas. A vida das pessoas é eternamente controlada por duas emoções: medo e ambição. Ofereça-lhes mais dinheiro e elas continuarão o ciclo, aumentando também as despesas. É a isso que chamo de Corrida dos Ratos."

"E há outro jeito?", perguntou Mike.

"Sim", disse o pai rico. "Mas poucas pessoas o descobrem."

"E qual é?", questionou Mike.

"É o que espero que vocês descubram enquanto trabalham e estudam comigo. É por isso que acabei com todas as formas de pagamento."

"Alguma dica?", perguntou Mike. "Estamos um pouco cansados de trabalhar muito, especialmente sem receber."

"Bem, o primeiro passo é falar a verdade", disse o pai rico.

"Nós não mentimos", falei.

"Não disse que estavam mentindo. Disse para falarem a verdade", retrucou o pai rico.

"A verdade sobre o quê?", perguntei.

"Sobre como estão se sentindo", respondeu o pai rico. "Vocês não precisam falar para mais ninguém. Só para vocês mesmos."

"O senhor está dizendo que as pessoas que estão no parque, as pessoas que trabalham para o senhor, a sra. Martin, não fazem isso?", perguntei.

"Duvido", disse o pai rico. "Elas têm medo de ficar sem dinheiro. Em vez de enfrentar o medo, resistem em vez de pensar. Elas reagem emocionalmente e não usam as suas mentes", disse o pai rico, batendo nas nossas cabeças. "Então, elas se veem com alguns dólares na mão e novamente as emoções da alegria, do desejo e da ambição se apossam delas, e novamente reagem, e não pensam."

"São suas emoções que pensam por elas", falou Mike.

"Exatamente", falou o pai rico. "Em vez de falar a verdade sobre como se sentem, reagem a seus sentimentos, sem refletir. Elas sentem o medo, vão para o trabalho esperando que ele aplaque esse medo, mas não é isso o que acontece. Esse medo antigo as assombra, e elas voltam ao trabalho esperando novamente que o dinheiro acalme seu temor, mas, novamente, nada. O receio as leva a essa armadilha de trabalhar, ganhar dinheiro, trabalhar, ganhar dinheiro, esperando que o medo vá embora. Mas a cada dia elas acordam, e o velho medo acorda com elas. Para milhões de pessoas, esse velho temor as mantém acordadas de noite, perturbando-as com ansiedade e preocupação. De modo que se levantam e vão para o trabalho esperando que o contracheque mate esse pavor que lhes rói a alma. O dinheiro conduz suas vidas e elas se recusam a aceitar essa verdade. Ele controla suas emoções e suas almas."

20 Anos Atrás...

O PRINCIPAL MEDO

À medida que a população mundial envelhece e mais e mais pessoas se aposentam, o principal medo, segundo relatos, é o associado às finanças. Quase 50% dos entrevistados temem que vivam mais do que seu dinheiro... ficando sem ele na "melhor idade".

O pai rico ficou sentado, quieto, deixando que assimilássemos suas palavras. Mike e eu havíamos escutado o que ele disse, mas na verdade não entendemos o que falou. Eu só sabia que muitas vezes ficava pensando em por que os adultos corriam para o trabalho. Não parecia ser algo muito divertido e eles não aparentavam estar muito felizes, mas alguma coisa os impelia a correr para o trabalho.

Percebendo que tínhamos absorvido o que era possível das suas palavras, o pai rico falou: "E quero que vocês, garotos, evitem essa armadilha. É isso que quero ensinar a vocês. Não apenas a ser rico, porque ser rico não resolve o problema."

"Não resolve?", perguntei, surpreso.

"Não, não resolve. Deixem-me falar desta outra emoção, que é o desejo. Alguns a chamam de ganância, mas eu prefiro desejo. É perfeitamente normal querer coisas melhores, mais bonitas, mais divertidas ou empolgantes. Portanto, as pessoas também trabalham por dinheiro por causa do desejo. Elas desejam o dinheiro pela alegria que, acreditam, ele pode comprar. Mas a alegria que o dinheiro traz muitas vezes tem curta duração e é preciso mais dinheiro para adquirir mais alegria, mais satisfação, mais conforto, mais segurança. Assim, continua-se trabalhando, pensando que o dinheiro um dia acalmará suas almas perturbadas pelo medo e pelo desejo. Mas o dinheiro não pode fazer isso."

"Mesmo para as pessoas ricas?", perguntou Mike.

"Incluindo os ricos", respondeu o pai rico. "De fato, a razão pela qual muitas pessoas são ricas não é o desejo, mas o medo. Elas pensam que o dinheiro pode acabar com o receio de ficarem sem dinheiro, de serem pobres, de modo que acumulam fortunas para descobrirem que esse temor só fica pior. Agora elas receiam perdê-lo. Tenho amigos que continuam trabalhando mesmo quando já têm muito. Sei de pessoas que têm milhões e estão mais apavoradas do que quando eram pobres. Estão aterrorizadas com a possibilidade de perder todo o seu dinheiro. Os medos que as levaram a se tornar ricas ficam maiores. Essa parte fraca e necessitada de suas almas na verdade grita ainda mais forte. Não querem perder suas mansões, seus carros, a vida de luxo que o dinheiro pode comprar. Preocupam-se com o que seus amigos dirão se perderem todo o seu dinheiro. Muitos estão emocionalmente desesperados e neuróticos, embora pareçam ricos e tenham grandes fortunas."

"Então um homem pobre é mais feliz?", perguntei.

"Não, não acho", replicou o pai rico. "Evitar o dinheiro é tão neurótico quanto ser apegado a ele."

Como se isso tivesse sido uma deixa, o mendigo da cidade passou perto da nossa mesa, parou junto ao cesto de lixo e começou a vasculhar. Nós três observamos com grande interesse, talvez antes o tivéssemos ignorado.

O pai rico tirou da carteira uma nota de um dólar e fez um gesto para o velho. Ao ver o dinheiro ele se aproximou imediatamente, pegou a nota, agradeceu profusamente e saiu encantado com sua boa sorte.

"Ele não é muito diferente da maioria dos meus empregados", disse o pai rico. "Muitas pessoas dizem: 'Ah, o dinheiro não importa', mas trabalham oito horas diárias. Isso é uma negação da verdade. Se não estão interessados no dinheiro, por que trabalham? Esse tipo de pensamento é possivelmente mais neurótico do que o de uma pessoa que junta dinheiro."

Enquanto eu estava ali sentado, ouvindo meu pai rico, minha mente recordava as inúmeras vezes em que meu próprio pai dizia: "Não estou interessado no dinheiro." Ele falava isso frequentemente. Também se justificava dizendo sempre: "Trabalho porque gosto do que faço."

Muitas pessoas dizem: 'Ah, o dinheiro não importa', mas trabalham oito horas diárias.

"Então, o que temos que fazer?", perguntei. "Não trabalhar pelo dinheiro até perder todos os resquícios de medo e ganância?"

"Não, isso seria uma perda de tempo", falou o pai rico. "As emoções são o que nos torna humanos. Elas nos tornam reais. A palavra 'emoção' representa 'a energia em ação'. Seja sincero a respeito de suas emoções e use sua mente e suas emoções a seu favor, não contra você."

"Nossa!", exclamou Mike.

"Não se preocupe com o que acabei de falar. Daqui a alguns anos você entenderá melhor. Observe suas emoções, não reaja a elas. A maioria das pessoas não percebe que está pensando com as emoções. Suas emoções são suas emoções, mas você precisa aprender a pensar por si próprio."

"O senhor poderia dar um exemplo?", pedi.

"Lógico", retrucou o pai rico. "Quando uma pessoa fala: 'Preciso procurar um emprego', o mais provável é que esteja pensando com a emoção. O medo de não ter dinheiro é que gera esse pensamento."

"Mas as pessoas precisam de dinheiro se têm contas a pagar", falei.

"Sem dúvida", disse o pai rico, sorrindo. "Tudo o que estou dizendo é que na maioria das vezes são as emoções que comandam o pensamento."

"Não estou entendendo", disse Mike.

"Por exemplo", continuou o pai rico, "se existe o medo de não ter dinheiro suficiente, em vez de sair correndo para procurar um emprego a fim de adquiri-lo, as pessoas poderiam se perguntar: 'Um emprego seria, em longo prazo, a melhor solução para este medo?' Na minha opinião, a resposta é 'não'. Um emprego é na verdade uma solução de curto prazo para um problema contínuo."

"Mas meu pai sempre fala: 'Vá para a escola, tire boas notas para que possa conseguir um emprego bom e seguro'", falei, um pouco confuso.

"Sim, entendo o que ele diz", afirmou o pai rico, sorrindo. "A maioria das pessoas aconselha isso e costuma considerar uma boa ideia. Mas, em geral, é o medo que leva as pessoas a darem esse conselho."

"O senhor quer dizer que o meu pai fala isso porque tem medo?"

"Sim", respondeu o pai rico. "Seu pai está apavorado com a possibilidade de você não ser capaz de ganhar dinheiro e se enquadrar na sociedade. Não me entenda mal. Ele o ama e quer o melhor para você. E eu acho que o seu receio se justifica. Instrução e emprego são coisas importantes. Mas elas não resolvem a questão do medo. Veja, é esse mesmo temor que o faz levantar todas as manhãs para ganhar alguns dólares e o que o leva a se preocupar tanto que vá para a escola."

20 Anos Atrás...

DOMINANDO O DINHEIRO

Com o advento dos derivativos e uma economia cada vez mais complexa, dominar o dinheiro é essencial para sobreviver na economia mundial. Com baixas taxas de juros e um mercado de ações oscilante, os antigos adágios de poupança e investimento em longo prazo não fazem sentido.

"E o senhor aconselha o quê?", perguntei.

"Quero ensiná-los a dominar o poder do dinheiro. A não ter medo dele. E isso não é ensinado na escola. Se não aprenderem isso, se tornarão escravos do dinheiro."

Começava, finalmente, a fazer sentido. Ele queria abrir nossos horizontes. Mostrar-nos o que pessoas como a sra. Martin não viam. Ele usava exemplos que pareciam cruéis na época, mas nunca os esqueci. Naquele dia, a minha visão se ampliou e comecei a vislumbrar a armadilha que aguardava tanta gente.

"Vejam, em última análise, somos todos empregados. Só que trabalhamos em níveis diferentes", disse o pai rico. "Eu só quero que vocês tenham a chance de escapar da armadilha. A armadilha criada por essas duas emoções, o medo e o desejo. Usem-nas a seu favor, não contra. Isso é o que quero ensinar. Não estou interessado em ensinar apenas a ganhar rios de dinheiro. Isso não vai cuidar do medo e do desejo. Se, primeiramente, vocês não dominarem essas emoções e ficarem ricos, serão apenas escravos bem pagos."

"E como escapar da armadilha?", perguntei.

"A causa principal da pobreza ou das dificuldades financeiras está no medo e na ignorância, não na economia, no governo ou nos ricos. É o medo que instalamos em nós mesmos e a ignorância que mantêm as pessoas presas na armadilha. Então vocês, garotos, vão para a escola e se formem. Eu lhes ensinarei como não cair na armadilha."

As peças do quebra-cabeça começavam a se encaixar. Meu pai instruído tinha uma ótima formação e carreira. Mas a escola nunca lhe dissera como lidar com o dinheiro ou com seus medos. Tornava-se claro que eu poderia aprender coisas diferentes e importantes com os dois pais.

"O senhor está falando do medo de não ter dinheiro. Como o desejo por dinheiro afeta nosso pensamento?", perguntou Mike.

"Como se sentiu quando eu o provoquei com um aumento no pagamento? Notou que o seu desejo crescia?"

Balançamos a cabeça afirmativamente.

"Ao não ceder a suas emoções, vocês foram capazes de adiar suas reações e pensar. Isso é o mais importante. Sempre sentiremos emoções de medo e ambição. Daqui para frente, o mais importante será usar essas emoções a seu favor e em longo prazo e não apenas deixar que os conduzam e controlem seus pensamentos. A maioria das pessoas usa o medo e a ambição contra si mesmas. Isso é o começo da ignorância. Grande parte das pessoas passa a vida atrás de contracheques, aumentos salariais e segurança no emprego por causa dessas emoções de desejo e medo, sem se questionar realmente para onde esses pensamentos conduzidos pela emoção as estão levando. É como a história do burro que movimenta a carroça enquanto seu dono fica balançando uma cenoura à frente do seu nariz. O dono do burro vai aonde deseja ir, mas o burro corre atrás de uma ilusão. Amanhã só haverá outra cenoura para o burro."

"O senhor quer dizer que no momento em que imaginei a nova luva de beisebol, os doces e os brinquedos, isso era como a cenoura para o burro?", perguntou Mike.

"Isso mesmo! E quando crescer, os brinquedos serão mais caros — um carro novo, uma lancha e uma casa grande para impressionar seus amigos", disse o pai rico, com um sorriso. "O medo o empurra para fora da porta e o desejo o atrai. Esta é a armadilha."

"E qual é a resposta?", perguntou Mike.

"O que aumenta o medo e o desejo é a ignorância. Por isso que pessoas ricas com muito dinheiro muitas vezes têm mais medo à medida que ficam mais ricas. O dinheiro é a cenoura, a ilusão. Se o burro pudesse entender todo o contexto, pensaria duas vezes antes de sair correndo atrás da cenoura."

Meu pai rico passou a explicar que a vida humana é uma luta entre a ignorância e o esclarecimento.

Explicou que ao deixarmos de buscar informação e conhecimento sobre nós mesmos, instala-se a ignorância. A luta é uma decisão feita momento a momento — de aprender a abrir ou fechar a própria mente.

"Veja, a escola é muito importante. Vocês vão à escola para aprender uma habilidade ou uma profissão e a se tornar um membro útil da sociedade. Toda cultura necessita de professores, médicos, artistas, cozinheiros, homens de negócios, policiais, bombeiros, soldados. A escola os treina de modo que nossa cultura possa florescer", disse o pai rico. "Infelizmente, para muita gente a escola é o fim e não o início."

Fez-se um longo silêncio. O pai rico sorria. Não entendi tudo o que dissera naquele dia. Mas, como ocorre com a maioria dos grandes mestres, suas palavras são ensinamentos atemporais.

"Hoje me mostrei um pouco cruel", disse o pai rico. "Cruel por um motivo. Queria que vocês sempre se lembrassem desta conversa. Quero que pensem sempre na sra. Martin. Pensem sempre no burro. Não esqueçam nunca, porque as duas emoções, medo e desejo, podem levá-los à maior armadilha da vida, se não tiverem consciência de que estão controlando o seu pensamento. Passar a vida com medo, sem jamais explorar os seus sonhos, é cruel. Trabalhar arduamente por dinheiro, pensando que comprará aquilo que lhes trará felicidade, é também cruel. Acordar no meio da noite apavorado com as contas a pagar é uma forma de vida horrível. Viver uma vida determinada pelo valor em seu contracheque não é realmente viver. Pensar que um emprego os fará se sentir seguros é mentir para vocês mesmos. É cruel e é a armadilha que quero que evitem, se possível. Vi como o dinheiro conduz a vida das pessoas. Não deixem que isso aconteça com vocês. Não deixem o dinheiro dominar as suas vidas."

Uma bola de beisebol rolou para a nossa mesa. O pai rico a pegou e a lançou de volta.

"O que a ignorância tem a ver com a ambição e o medo?", perguntei.

"É a ignorância sobre o dinheiro que causa tanta ambição e tanto medo", disse o pai rico. "Vou dar alguns exemplos. Um médico, querendo mais dinheiro para sustentar melhor sua família, aumenta o preço de suas consultas. Aumentar os honorários torna os cuidados com a saúde mais caros para todos. Isso prejudica principalmente os mais pobres e faz com que tenham menos saúde do que aqueles que têm dinheiro. Conforme os médicos encarecem suas consultas, os advogados também aumentam seus honorários. Como os honorários dos advogados subiram, os professores querem um aumento, o que provoca a elevação dos impostos, e assim por diante. Logo, logo, a disparidade entre ricos e pobres será tão grande que se instalará o caos e outra civilização entrará em colapso. As grandes civilizações entraram em colapso porque a distância entre os privilegiados e os desvalidos era grande demais. Infelizmente, os Estados Unidos estão seguindo o mesmo caminho, provando mais uma vez que a história se repete, porque não aprendemos com ela. Só decoramos mecanicamente datas e nomes, e não a lição."

"E os preços não aumentam?", perguntei.

"Não em uma sociedade instruída, com um bom governo; os preços, na verdade, deveriam cair. Naturalmente, isso às vezes só é verdadeiro na teoria. Os preços sobem devido ao medo e à ambição gerados

---

20 Anos Atrás...

RENDA DESIGUAL

Em 2016, em sua candidatura presidencial nos EUA, o senador Bernie Sanders declarou: "A desigualdade de riqueza e renda é a maior crise moral que os norte-americanos enfrentam hoje."

---

pela ignorância. Se as escolas ensinassem às pessoas sobre finanças, haveria mais dinheiro e preços mais baixos, mas as escolas estão preocupadas em ensinar as pessoas a trabalharem pelo dinheiro e não a controlarem o seu poder."

"Mas não existem faculdades de administração?", perguntou Mike. "O senhor não está incentivando que eu faça o meu mestrado em uma faculdade de administração?"

"Sim", falou o pai rico. "Mas na maioria das vezes as faculdades de administração treinam empregados que são profissionais sofisticados. Que os céus não permitam que um contador administre uma empresa! Tudo o que fazem é olhar para os números, demitir gente e aniquilar o negócio. Sei disso porque contrato contadores. Tudo o que pensam é em cortar custos e aumentar os preços, o que causa mais problemas. A contabilidade é importante. Gostaria que mais gente a conhecesse; mas, ao mesmo tempo, ela não mostra tudo", acrescentou o pai rico, furioso.

"Existe, então, uma resposta?", questionou Mike.

"Sim", disse o pai rico. "Aprenda a usar suas emoções para pensar e não a pensar com elas. Quando vocês, garotos, dominaram suas emoções, concordando em trabalhar de graça para mim, eu sabia que havia esperança. Quando novamente resistiram a suas emoções, quando os provoquei com mais dinheiro, vocês estavam novamente aprendendo a pensar em vez de se render às emoções. Este é o primeiro passo."

"Por que esse primeiro passo é tão importante?", perguntei.

"Isso vocês terão que descobrir. Quero que aprendam. Vou levá-los pelo caminho dos espinhos. É um lugar que quase todos evitam. Vou conduzi-los para esse lugar a que a maioria das pessoas tem medo de ir. Se forem comigo, abandonarão a ideia de trabalhar por dinheiro e aprenderão a fazer o dinheiro trabalhar para vocês."

"E o que receberemos se formos com o senhor? O que acontecerá se concordarmos em aprender? O que obteremos?", perguntei.

"O mesmo que o Irmão Coelho obteve"[1], disse o pai rico, referindo-se à clássica história infantil.

---

[1] *Uncle Remus* (1881), de Joel C. Harris, é uma história infantil tradicional norte-americana, que se passa no Sul dos Estados Unidos. Com base nela, a Disney lançou o filme *A Canção do Sul* (1946). A boneca de piche, altamente pegajosa, é usada pela raposa como isca para capturar e livrar-se de seu inimigo, o coelho. (N. E.)

"Existe um caminho de espinhos?", perguntei.

"Sim", disse o pai rico. "O caminho de espinhos representa nosso medo e ambição. Confrontar os temores, fraquezas e carência, selecionando os nossos pensamentos, é a saída."

"Selecionar os nossos pensamentos?", perguntou Mike, intrigado.

"Sim. Escolher o que pensamos em vez de reagir a nossas emoções. Em vez de levantar da cama e ir para o trabalho para resolver os problemas, porque está assombrado pelo medo de não ter dinheiro para pagar suas contas, pergunte-se: 'Trabalhar com mais afinco seria a melhor solução para este problema?' A maioria das pessoas tem muito medo de racionalizar as coisas e acaba correndo porta afora para um trabalho que odeia. A Boneca de Piche está no controle. Isso é o que quero dizer quando falo em escolher os pensamentos."

"E como fazemos isso?", perguntou Mike.

"Isso é o que vou ensinar a vocês. Vou lhes ensinar como escolher seus pensamentos, em vez de reagir apavorados, tomando o café da manhã afobadamente e disparando porta afora."

"Lembrem-se do que disse antes: um emprego é apenas uma solução de curto prazo para um problema de longo prazo. A maioria das pessoas só tem um problema em mente e é de curto prazo. São as contas do fim do mês, a Boneca de Piche. O dinheiro passa a conduzir suas vidas, ou, melhor dizendo, o medo e a ignorância em relação ao dinheiro. Seguindo o passo dos pais, elas acordam toda manhã e vão trabalhar por dinheiro, não têm tempo de se perguntar: 'Há outra maneira?' Suas emoções estão no controle do seu pensamento, não a razão."

---

20 Anos Atrás...

EMOÇÕES... E INTELIGÊNCIA

Trabalho constantemente para controlar meus pensamentos e emoções. Vi este jogo se repetir na minha vida: quando a emoção é intensa, a inteligência sai de cena.

"O senhor pode distinguir entre pensar com as emoções e com a cabeça?", perguntou Mike.

"Sim, eu ouço isso o tempo todo", respondeu o pai rico. "Ouço coisas como: 'Bem, todo mundo deve trabalhar', 'Os ricos são desonestos', 'Vou procurar outro emprego. Mereço esse aumento. Eles não vão me passar para trás' ou 'Gosto deste emprego porque é seguro'. Ninguém se pergunta: 'O que estou perdendo aqui?', o que interromperia o pensamento emocional e daria tempo de pensar com clareza."

Enquanto caminhávamos de volta à loja, o pai rico explicou que os ricos realmente "faziam dinheiro". Eles não trabalhavam por ele. E continuou explicando que quando Mike e eu estávamos cunhando moedas de cinco centavos com o chumbo, pensando que estávamos fazendo dinheiro, pensávamos quase como os ricos. O problema é que estávamos praticando um ato ilegal. Era legal quando o governo e os bancos faziam isso, mas não quando nós o fazíamos. Ele explicou que havia formas legais e ilegais de fazer dinheiro.

O pai rico continuou explicando que os ricos sabiam que o dinheiro era uma ilusão, como a cenoura para o burro. É em virtude do medo e da ambição que milhões de pessoas aceitam a ilusão de que o dinheiro é real. Não é. Ele é uma ficção. Somente a ilusão da confiança e a ignorância das massas permitem que o castelo de cartas fique em pé.

Ele falou do padrão-ouro que vigorava nos Estados Unidos e que, na verdade, cada nota de dólar era um certificado de prata. O que o preocupava é que algum dia o país pudesse abandonar o padrão-ouro e os dólares deixassem de ser certificados por algo tangível.

"O que aconteceria, garotos, seria uma grande confusão. Os pobres, a classe média e os ignorantes teriam suas vidas arruinadas simplesmente porque continuariam acreditando que o dinheiro é real e que a empresa para a qual trabalham, ou o governo, cuidaria deles."

Naquele dia não entendemos do que ele estava falando, mas com o decorrer dos anos isso passou a fazer cada vez mais sentido.

Vendo o que os Outros Não Veem

Ao entrar em sua caminhonete, no estacionamento da pequena loja de conveniência, ele disse: "Continuem trabalhando, meninos, mas quanto mais cedo se esquecerem de que precisam de um contracheque, mais fácil se tornará sua vida adulta. Continuem usando seu cérebro, trabalhem de graça e logo sua mente lhes mostrará formas de ganhar muito mais dinheiro do que eu poderia lhes pagar. Vocês verão o que outras pessoas nunca percebem. Oportunidades que estão na frente do seu nariz. A maioria jamais enxerga essas oportunidades porque busca dinheiro e segurança e é isso o que recebe. No momento em que vislumbrarem uma oportunidade, vocês a reconhecerão pelo resto de suas vidas. Quando conseguirem isso, vou lhes ensinar outra coisa. Aprendam essa lição e evitarão uma das maiores armadilhas da vida."

Mike e eu pegamos nossas coisas na loja e nos despedimos da sra. Martin. Voltamos ao parque, ao mesmo banco da área de piquenique, e passamos várias horas pensando e conversando.

Passamos a semana seguinte na escola, pensando e conversando. Durante outras duas semanas, pensamos, conversamos e trabalhamos de graça.

No fim do segundo sábado, estava eu, outra vez, me despedindo da sra. Martin e lançando um olhar sonhador para a estante das revistas em quadrinhos. O problema de não ganhar nem mesmo trinta centavos aos sábados era que eu não tinha dinheiro para comprar gibis. De repente, enquanto a sra. Martin se despedia de Mike e de mim, vi que fazia algo que eu nunca a vira fazer antes.

A sra. Martin estava arrancando a metade superior da capa do gibi. Ela guardava essa metade e jogava, em uma caixa de papelão, o resto da revistinha. Quando perguntei o que estava fazendo, ela falou: "Estou jogando fora. Devolvo a parte de cima da capa para o distribuidor das revistas, que me dá um crédito quando traz os novos gibis. Ele vai chegar daqui a uma hora."

Mike e eu esperamos uma hora. Quando ele chegou, perguntei se podíamos ficar com os gibis velhos. Ele respondeu: "Vocês podem ficar se trabalharem nesta loja e não os revenderem."

Lembram-se da nossa antiga parceria? Bem, Mike e eu a ressuscitamos. Usando um quarto vazio no porão de Mike, começamos a empilhar ali centenas de gibis. Em pouco tempo, nossa biblioteca de gibis estava aberta ao público. Contratamos a irmã caçula de Mike, que adorava estudar, para ser bibliotecária. Ela cobrava de cada criança um ingresso de dez centavos e a biblioteca permanecia aberta, depois das aulas, das 14h30 às 16h30, todos os dias. Os frequentadores, as crianças da vizinhança, podiam ler quantos gibis conseguissem nessas duas horas. Era uma pechincha, pois cada gibi custava dez centavos e era possível ler cinco ou seis nessas duas horas.

A irmã de Mike controlava a saída da garotada para se assegurar de que ninguém estivesse levando uma revista emprestada. Ela também controlava os livros, registrava quantas crianças compareciam diariamente, quem eram elas e os comentários que faziam. Mike e eu recebemos uma média de US$9,50 por semana durante um período de três meses. Pagávamos um dólar por semana à sua irmã e deixávamos que lesse de graça quantos gibis desejasse, o que ela raramente fazia, porque estava sempre estudando.

Mike e eu mantivemos o acordo de trabalhar todo sábado na loja e arrecadávamos os gibis descartados. Mantivemos nosso acordo com o distribuidor, pois não revendíamos nenhum gibi. Quando eles ficavam muito rasgados, os queimávamos. Tentamos abrir uma filial, mas nunca encontramos alguém tão dedicado e confiável quanto a irmã de Mike para cuidar dela. Nessa idade precoce, descobrimos como era difícil conseguir bons funcionários.

20 Anos Atrás...

O PODER DA CRIATIVIDADE

Na Era da Informação e da internet, milhões de pessoas com menos de trinta anos enriquecem usando a imaginação para criar aplicativos que mudam o mundo — do Facebook e Uber ao Snapchat e muito mais. Os criativos prosperam, enquanto os outros procuram empregos... uma vaga que em breve será ocupada por robôs e tecnologia.

Três meses depois da inauguração da biblioteca, houve uma briga na sala. Alguns garotos de outro bairro a invadiram e começaram a confusão. O pai de Mike sugeriu que fechássemos o negócio. Nossa biblioteca deixou de existir e paramos de trabalhar aos sábados na loja de conveniência. De qualquer forma, o pai rico estava entusiasmado e queria nos ensinar mais. Ele estava feliz porque tivemos muito êxito na primeira lição: aprendemos a fazer o dinheiro trabalhar para nós. Como não tínhamos recebido pagamento pelo trabalho na loja, forçamos nossa imaginação, identificando uma oportunidade de ganhar dinheiro. Ao começar nosso próprio negócio, a biblioteca de gibis, estávamos controlando nossas próprias finanças e não dependíamos de um empregador. A melhor parte é que nosso negócio rendia dinheiro para nós, mesmo que não estivéssemos fisicamente presentes. Nosso dinheiro trabalhava para nós.

Em vez de nos pagar em dinheiro, o pai rico tinha nos dado muito mais.

SEÇÃO DE ESTUDO

Capítulo 1

LIÇÃO #1: OS RICOS NÃO TRABALHAM POR DINHEIRO

CAPÍTULO 1

LIÇÃO #1: OS RICOS NÃO TRABALHAM POR DINHEIRO

Resumo

Quando estava com nove anos, Robert Kiyosaki e seu amigo de infância não foram convidados para a praia pelos seus colegas de classe porque eram "garotos pobres" em uma escola abastada. Depois de seu pai pobre — que era professor e construiu uma vida confortável, mas sempre lutou para pagar suas contas — lhe falar que ele simplesmente devia "fazer dinheiro", ele e seu amigo, Mike, fizeram o seguinte: coletaram tubos vazios de pasta de dentes, que naquela época eram feitos de chumbo. Eles os fundiram e usaram moldes de gesso para fazer moedas falsas.

Eles foram rapidamente repreendidos pelo pai de Robert, que disse a eles que deveriam conversar com o pai de Mike, que, apesar de nunca ter terminado o ensino médio, administrava vários negócios bem-sucedidos.

O pai de Mike, o "pai rico" do título deste livro, concordou em ensiná-los, mas sob os seus termos. Ele os colocou para trabalhar por três horas todas as manhãs dos sábados em uma loja de conveniências, espanando as comidas empacotadas e fazendo a limpeza. Ele pagava dez centavos por hora, que Robert geralmente gastava em revistas em quadrinhos.

Rapidamente, Robert ficou frustrado com o trabalho entediante e a baixa remuneração. Quando falou que pretendia parar, Mike disse a ele que o seu pai já previra que aquilo aconteceria e que Robert precisava encontrá-lo. O pai de Robert era um professor universitário letrado, mas o pai de Mike era um homem de poucas palavras, que ensinava de uma maneira muito diferente, que Robert estava prestes a descobrir.

Na manhã do sábado seguinte, Robert foi encontrar o pai de Mike, mas ficou esperando-o por uma hora em uma sala escura e empoeirada. Ele estava entediado e irritado quando o pai de Mike chegou e o acusou de ser arrogante e desrespeitoso. Quando Robert lhe disse que não havia aprendido nada, o pai de Mike calmamente discordou.

Seu pai rico o explicou que a vida não ensina com palavras, mas batendo em você. Algumas pessoas apenas se deixam levar; outras descontam isso em seu chefe ou nos entes queridos. Mas algumas pessoas aprendem uma lição com isso e recebem bem as pancadas da vida, porque representam aprendizado.

Os que não entendem a lição desperdiçam suas vidas culpando os outros e esperando pelo pote de ouro no final do arco-íris — ou decidem torná-las seguras e nunca assumir grandes riscos ou vitórias.

O pai rico disse a Robert que ele e Mike foram as primeiras pessoas que lhe pediram para ensinar como fazer dinheiro. Ele tinha mais de 150 empregados, que embora já tivessem lhe pedido emprego, nunca pediram a orientação que Robert e Mike queriam.

Então o pai rico decidiu criar um curso inspirado no mundo real, para simular para os meninos as pancadas da vida. Robert questionou que lição havia aprendido além de que o pai de Mike era mesquinho e explorava seus funcionários. O pai rico o desafiou, dizendo que a maioria das pessoas culpava os outros, quando, na verdade, suas atitudes eram o problema.

Como solucionar o problema? Sua mente, o pai de Mike disse a ele. Ele queria que Robert aprendesse como o dinheiro funciona, para fazê-lo trabalhar para ele. Ele ainda ficou feliz que Robert estivesse irritado, porque a raiva, combinada ao amor, cria a paixão — um componente-chave do aprendizado.

O dinheiro não resolve os problemas das pessoas, ele continuou. Muitas pessoas que têm um emprego bem-remunerado lutam com problemas financeiros — como o pai pobre de Robert — porque não sabem como fazer o dinheiro trabalhar para elas.

Ele disse que as emoções que Robert sentiu ao trabalhar por dez centavos a hora — frustração e impotência — o acompanhariam por toda sua vida se não aprendesse logo aquelas lições. Ele apresentou Robert ao conceito de impostos, mostrando que as classes média e baixa permitem que o governo as tribute, mas os ricos não.

Ele perguntou se Robert ainda tinha paixão pelo aprendizado. Quando respondeu que sim, seu pai rico disse que pararia de pagá-lo pelo trabalho na loja. Ele falou a Robert para refletir e tentar compreender.

Robert e Mike trabalharam de graça por três semanas. O pai de Mike apareceu e os chamou para uma conversa, perguntando se ainda não haviam aprendido nada. Eles não tinham. O pai rico disse a eles que se não aprendessem a lição, seriam como a maioria das pessoas, que trabalha arduamente por pouquíssimo dinheiro durante toda uma vida. Ele lhes ofereceu 25 centavos por hora, mas eles hesitaram. Ele subiu a oferta para US$1 a hora, e então para US$2. Mas Robert permaneceu em silêncio. A oferta final, de US$5 a hora — uma quantia homérica para a época —, corroborou para Robert que ele não era comprável.

O pai rico disse que era bom que eles não tivessem um preço. A maioria das pessoas tem, porque suas vidas são controladas pelo medo e pela ganância. O medo as faz trabalhar com afinco por um salário, mas, uma vez que recebam esse dinheiro, a ganância as faz pensar sobre tudo o que é possível comprar. O que faz com que precisem de mais dinheiro e gastem cada vez mais. Isso é o que o pai rico chama de Corrida dos Ratos.

Ele disse para os meninos que o primeiro passo era admitir como se sentiam. Muitas vezes, as pessoas agiam com emoção, em vez de pensar de maneira lógica. Tinham medo de admitir que o dinheiro conduzia suas vidas, e então as controlava.

Não são apenas os pobres que enfrentam esse medo; os ricos eventualmente operam a partir do medo. Ele queria ensinar aos meninos a não ser apenas ricos, pois o dinheiro não soluciona o problema.

A escola é importante, disse a eles, mas, para a maioria das pessoas, ela é o fim, e não o começo. E o segredo para os meninos era aprender a usar as emoções para pensar, e não pensar com as emoções. Eles deviam aprender a selecionar seus pensamentos.

Ele disse a eles para ficar de olho em maneiras de ganhar dinheiro, dizendo: "No momento em que identificarem oportunidades, sempre as reconhecerão pelo resto de suas vidas."

Os meninos concordaram, e logo perceberam uma oportunidade para criar uma biblioteca em que crianças poderiam pagar uma taxa fixa e ler quantas revistas em quadrinhos pudessem em duas horas — gibis não vendidos que de outra forma teriam sido jogados fora daquela loja de conveniência.

Eles tiveram um bom lucro, e o negócio foi muito bem-sucedido durante três meses, até que uma briga na biblioteca acabasse com tudo. Mas eles aprenderam a primeira lição sobre fazer o dinheiro trabalhar para eles, mesmo que não estivessem fisicamente presentes. Eles estavam prontos para aprender mais, e o pai de Mike, para ensiná-los.

Momento do hemisfério esquerdo: Apesar de ter um trabalho bem-remunerado, as pessoas como o pai pobre de Robert lutam para sobreviver.

Momento do hemisfério direito: Olhar de uma forma diferente e criativa para os quadrinhos descartados levou a uma oportunidade de negócio.

Momento subconsciente: As pessoas permitem que emoções como o medo e a ganância ditem as regras sobre as suas vidas.

O que Robert Quer Dizer

Agora é hora de refletir. Pergunte a si mesmo: "*O que* Robert quer dizer nesta citação?" E: "*Por que* ele diz isso?" Nesta seção, você não precisa concordar ou discordar dele. O objetivo é *entender* o que Robert está dizendo.

Lembre-se, esta seção de estudo é projetada para ser coadjuvante e de apoio. Duas cabeças pensam melhor do que uma. Se você não entende o que Robert está dizendo, não desista da lição. Peça ajuda. Aproveite o tempo para discutir cada citação até compreendê-las:

> "As classes média e baixa trabalham por dinheiro. Os ricos fazem com que o dinheiro trabalhe para eles."

> "A vida bate em todos nós. Alguns desistem. Outros lutam. Alguns aprendem a lição e seguem em frente. Recebem satisfeitos os trancos da vida."

> "Pare de me culpar, pensando que sou o problema. Se pensa que eu sou o problema, então terá que me transformar. Se perceber que o problema é você, então poderá modificar a si mesmo, aprender alguma coisa e tornar-se mais sábio."

> "No caso do dinheiro, a maioria das pessoas prefere não arriscar e se sentir segura. Elas não são conduzidas pela paixão. Mas pelo medo."

> "A maioria das pessoas, se receber mais dinheiro, apenas se endividará mais."

"Saiba apenas que é o medo que faz a maioria das pessoas trabalhar em um emprego. O medo de não pagar as contas. De ser mandado embora. De não ter dinheiro suficiente. De começar de novo. Esse é o preço de aprender uma profissão ou habilidade e então trabalhar pelo dinheiro. A maioria das pessoas se torna escrava dele — e fica zangada com o patrão."

"Tudo o que estou dizendo é que na maioria das vezes são as emoções que comandam o pensamento."

"Um emprego é apenas uma solução de curto prazo para um problema de longo prazo."

"É como a história do burro que movimenta a carroça enquanto seu dono fica balançando uma cenoura à frente do seu nariz. O dono do burro vai aonde deseja ir, mas o burro corre atrás de uma ilusão. Amanhã só haverá outra cenoura para o burro."

Questões Adicionais

Agora é o momento de usar as histórias deste capítulo para entender o que Robert estava dizendo, e aplicá-las a você e sua vida. Faça a si mesmo as perguntas abaixo e as discuta com seu parceiro de estudos. Seja honesto consigo mesmo e com seu parceiro. Se não gostar das respostas que der, pergunte a si mesmo se está disposto a mudar e aceitar o desafio de transformar seus pensamentos e mentalidade:

1. Quão comum é a abordagem do dinheiro do pai pobre de Robert?
2. O pai rico de Robert disse que o verdadeiro aprendizado requer energia, paixão e uma motivação ferrenha. Quais exemplos da sua vida provaram que isso é verdade? De quais lições você nunca se esqueceu, e por quê?
3. Será que o valor de dez centavos a hora — e, então, nenhum pagamento — instigaria você a mesma reação que Robert teve?
4. O medo é o que motiva a maioria das pessoas a trabalhar? Existem outros fatores em jogo?

5. A tentação de pensar que mais dinheiro aliviaria este medo é forte? Por que essa é uma opção tão comum?
6. Em qual momento da sua vida você agiu com as emoções? Quando foi capaz de observar as suas emoções e em vez delas optar pela lógica?
7. Os ricos ou os pobres são mais suscetíveis a ser controlados por emoções como medo e ganância? Por que acha isso?
8. Você acha que a maioria das pessoas percebe que está presa na Corrida dos Ratos? Se sim ou não, por quê?

NOTAS

NOTAS

Capítulo 2

LIÇÃO #2: POR QUE POSSIBILITAR A PROFICIÊNCIA FINANCEIRA?

Não importa quanto dinheiro você faz. Mas quanto conserva.

Em 1990, Mike assumiu o império do seu pai e está fazendo, de fato, um trabalho melhor do que o dele. Encontramo-nos uma ou duas vezes ao ano, no campo de golfe. Ele e sua mulher são muito mais ricos do que você possa imaginar. O império do pai rico está em excelentes mãos, e Mike está agora preparando seu filho para ocupar seu lugar, tal como seu pai nos preparou.

Em 1994, me aposentei. Eu estava com 47 anos, e minha mulher, Kim, com 37. A aposentadoria não significa deixar de trabalhar. Para minha mulher e para mim, quer dizer que, se não houver mudanças cataclísmicas inesperadas, podemos trabalhar ou não, e nossa riqueza continuará aumentando automaticamente, ficando bem à frente da inflação. Acho que isso representa liberdade. Nossos ativos são suficientemente grandes para crescer por si próprios. É como plantar uma árvore. Você a rega durante anos e, então, um dia, ela não precisa mais disso. Suas raízes são suficientemente profundas. Então, a árvore lhe proporciona sombra ao seu bel-prazer.

Mike optou por dirigir seu império, e eu, por me aposentar.

Sempre que faço palestras, as pessoas perguntam o que lhes aconselho ou o que deveriam fazer: "Como começar?", "Há algum bom livro que possa recomendar?", "O que deveria fazer para preparar meus filhos?", "Qual é o segredo do sucesso?", "Como ganho milhões?".

A cada vez que ouço essas questões, lembro-me da seguinte história:

O Homem de Negócios Mais Rico

Em 1923, um grupo dos nossos maiores e mais ricos líderes do mundo dos negócios participou de um encontro no Hotel Edgewater Beach, em Chicago. Entre eles, estavam Charles Schwab, presidente da maior siderúrgica independente; Samuel Insull, presidente da maior empresa de energia elétrica; Howard Hopson, presidente da maior empresa fornecedora de gás; Ivar Kreuger, presidente da Internacional Match Co., uma das maiores empresas da época; Leon Fraser, presidente do Banco de Compensações Internacionais (BIS); Richard Whitney, presidente da Bolsa de Valores de Nova York; Arthur Cotton e Jesse Livermore, dois dos maiores especuladores de ações, e Albert Fall, um membro do gabinete do presidente Harding. E, 25 anos depois, nove deles terminaram da seguinte forma: Schwab morreu sem um centavo, depois de viver cinco anos à custa de empréstimos. Insull morreu falido, em um país estrangeiro. Kreuger e Cotton também morreram falidos. Hopson ficou louco. Whitney e Albert Fall tinham acabado de sair da cadeia, e Fraser e Livermore cometeram suicídio.

Duvido que alguém possa dizer o que realmente aconteceu com esses homens.

Se olhar a data da reunião, 1923, foi antes da crise da bolsa de 1929 e da Grande Depressão, o que, desconfio, deve ter provocado um grande impacto sobre esses homens e suas vidas. O interessante é: hoje, vivemos em tempos de mudanças maiores e mais aceleradas do que esses homens experienciaram. Suspeito que nos próximos anos haverá muitos auges e quedas como os enfrentados por eles. Estou muito preocupado com o fato de que as pessoas se preocupam excessivamente com dinheiro e não com sua maior riqueza, a educação. Se as pessoas estiverem preparadas para ser flexíveis, mantiverem suas mentes abertas e aprenderem, se tornarão cada vez mais ricas durante essas mudanças. Se pensarem que o dinheiro resolverá seus problemas, receio que terão dias difíceis. A inteligência resolve problemas e gera dinheiro. Dinheiro sem inteligência financeira desaparece depressa.

A maioria das pessoas não percebe que na vida não importa quanto dinheiro você faz. Mas quanto conserva. Todos ouvimos histórias de ganhadores de prêmios na loteria que eram pobres, enriqueceram subitamente e voltaram a ser pobres. Ganham milhões e logo voltam à estaca zero. Ou histórias de atletas profissionais que, aos 24 anos, ganham milhões de dólares ao ano e que, aos 34, apenas dez anos depois, estão dormindo embaixo da ponte.

Eu me lembro da história de um jovem jogador de basquete que há um ano ganhou milhões. Hoje, com apenas 29 anos, ele diz que seus amigos, advogado e contador levaram seu dinheiro, e foi forçado a trabalhar lavando carros por um salário mínimo. Ele foi demitido do lava a jato porque se recusou a tirar o seu anel de campeão enquanto lavava os carros. Sua história virou notícia em rede nacional, com ele apelando contra a rescisão, alegando dificuldades e discriminação. Argumentava que o anel era tudo o que tinha, e que, se fosse forçado a tirá-lo, se sentiria despedaçado.

Conheço muitas pessoas que se tornaram milionárias instantaneamente. E, embora fique feliz de ver as pessoas enriquecendo, só posso advertir que, em longo prazo, não importa muito o quanto você ganhou. Mas o quanto conservou e por quantas gerações isso pode ser mantido.

Assim, quando as pessoas perguntam: "Como devo começar?" ou "Diga-me como enriquecer rapidamente", frequentemente ficam muito desapontadas com a minha resposta. Eu simplesmente lhes digo o que meu pai rico me falou quando eu era um moleque: "Se quiser ficar rico, você precisa se tornar financeiramente proficiente."

A ideia era martelada na minha cabeça toda vez que nos encontrávamos. Como já disse, meu pai instruído destacava a importância da leitura de livros, enquanto meu pai rico ressaltava a necessidade de ser financeiramente proficiente.

Se quiser construir um *Empire State Building*, a primeira coisa a fazer é cavar profundamente o terreno e construir alicerces sólidos. Se for construir uma casa na periferia, tudo o que tem a fazer é assentá-la em uma laje de concreto de 15cm.

A maioria das pessoas, em sua ânsia de enriquecer, tenta construir um *Empire State Building* sobre uma laje de 15cm.

Nosso sistema escolar, por ter sido criado na Era Agrícola, ainda acredita em casas sem alicerces. Chão de terra batida ainda está na moda. Assim, a garotada sai da escola sem qualquer arcabouço financeiro. Um dia, insones e endividados no subúrbio, vivendo o Sonho Americano, decidem que a resposta para seus problemas financeiros está em achar um meio de enriquecer rapidamente.

Começam a construção do arranha-céu. Ele sobe rapidamente, mas, logo, em vez de um *Empire State Building*, temos a Torre Inclinada dos Subúrbios. De volta às noites insones.

No meu caso e no de Mike, quando adultos, as nossas escolhas foram possíveis porque fomos ensinados a construir sólidos alicerces quando éramos apenas crianças.

A contabilidade possivelmente é um dos assuntos mais confusos e enfadonhos do mundo, mas se quiser ser rico em longo prazo, ela pode ser crucial. Para o pai rico, a questão é como pegar uma questão tediosa e caótica e ensiná-la às crianças. A solução é ensiná-la de forma simples, por meio de imagens.

Os ricos adquirem ativos. As classes média e baixa adquirem passivos pensando que são ativos.

Meu pai rico construiu um sólido alicerce financeiro para Mike e para mim. Já que éramos apenas crianças, ele criou uma forma muito simples de ensinar.

Durante anos, ele apenas fazia desenhos e usava palavras. Mike e eu entendíamos os desenhos simples, o jargão, o movimento do dinheiro e, então, anos mais tarde, o pai rico começou a incluir os números. Hoje, Mike domina uma análise contábil muito mais complexa e sofisticada porque precisa controlar o seu império. Eu não sou tão sofisticado porque o meu império é menor; contudo, ambos partimos do mesmo alicerce básico.

Nas páginas que se seguem, apresento as mesmas figuras simples que o pai de Mike criou para nós. Embora simples, esses desenhos ajudaram a orientar dois garotos na construção de uma grande riqueza embasada em uma fundação sólida e profunda.

Regra #1: Você precisa entender a diferença entre um ativo e um passivo e comprar ativos.

Se deseja ser rico, isso é tudo o que precisa saber. É a regra principal. É a única regra. Isso pode parecer absurdamente simples, porque não se tem ideia do quanto é complexa. A maioria das pessoas tem dificuldades financeiras porque não conhece a diferença entre um ativo e um passivo.

"Os ricos adquirem ativos. As classes média e baixa adquirem passivos pensando que são ativos", disse o pai rico.

Quando pai rico explicou isso para Mike e para mim, pensamos que estivesse brincando. Lá estávamos, quase adolescentes, esperando pelo segredo do enriquecimento, e essa era a resposta. Era tão simples que precisamos parar um longo tempo para pensar a respeito.

"O que é um ativo?", perguntou Mike.

"Não se preocupe agora", disse o pai rico. "Deixe a ideia amadurecer. Se puder entender a simplicidade, sua vida terá um rumo e será fácil do ponto de vista financeiro. É simples. É por isso que não costumam prestar atenção."

"O senhor quer dizer que tudo o que precisamos conhecer são ativos, comprá-los e então ficaremos ricos?", perguntei.

O pai rico balançou a cabeça afirmativamente. "É simples assim."

"Se é tão simples, por que todos não ficam ricos?", perguntei.

Meu pai rico sorriu: "Porque as pessoas não sabem distinguir um ativo de um passivo."

Lembro-me de ter perguntado: "Como os adultos podem ser tão ignorantes. Se é tão simples, tão importante, por que todo mundo não procura descobrir a diferença?"

O pai rico levou apenas alguns minutos para explicar o que eram ativos e passivos.

Já adulto, tive dificuldade em explicar isso a outros adultos. A simplicidade da ideia escapa aos adultos porque eles foram educados de maneira diferente. Eles foram ensinados por outros profissionais instruídos, como banqueiros, contadores, agentes imobiliários, planejadores financeiros e assim por diante. A dificuldade está em levar os adultos a desaprender ou torná-los outra vez crianças. Um adulto inteligente frequentemente se sente diminuído ao prestar atenção em definições simplistas.

O que provoca a confusão? Ou como algo tão simples pode parecer tão enrolado? Por que alguém compraria um ativo que na verdade era um passivo? A resposta se fundamenta na instrução básica.

O que define se algo é um ativo, ou um passivo, não são as palavras. De fato, se quiser ficar realmente confuso, procure as palavras "ativo" e "passivo" no dicionário. Sei que um contador pode achar boa a definição, porém para a pessoa mediana não faz sentido. E nós adultos muitas vezes somos orgulhosos demais para admitir que algo não faz sentido.

Um ativo coloca dinheiro no meu bolso. Um passivo o tira.

Quando éramos garotos, o pai rico falava: "O que define um ativo não são as palavras, mas os números. E se não puder entendê-los, você não pode distinguir um ativo de um buraco no chão. Na contabilidade," dizia o pai rico, "não importam os números, mas o que eles contam. Assim como as palavras. Elas não importam. Mas, sim, as histórias que elas nos contam."

"Se quiser ficar rico, você tem que ler e entender os números." Ouvi meu pai rico repetir isso mil vezes. E também aprendi: "Os ricos adquirem ativos e os pobres e a classe média, passivos."

20 Anos Atrás...

APRENDER... DESAPRENDER... REAPRENDER

Esta citação do visionário Alvin Toffler reflete o que o pai rico me disse há duas décadas: "Os iletrados do século XXI não serão os que não leem ou escrevem, mas os que não conseguem aprender, desaprender e reaprender."

Aqui está a maneira de distinguir ativos de passivos. A maioria dos contadores e profissionais de finanças não concorda com as definições, mas estes desenhos simples foram o início de uma base financeira sólida para dois garotos.

Este é o fluxo de caixa padrão de um ativo:

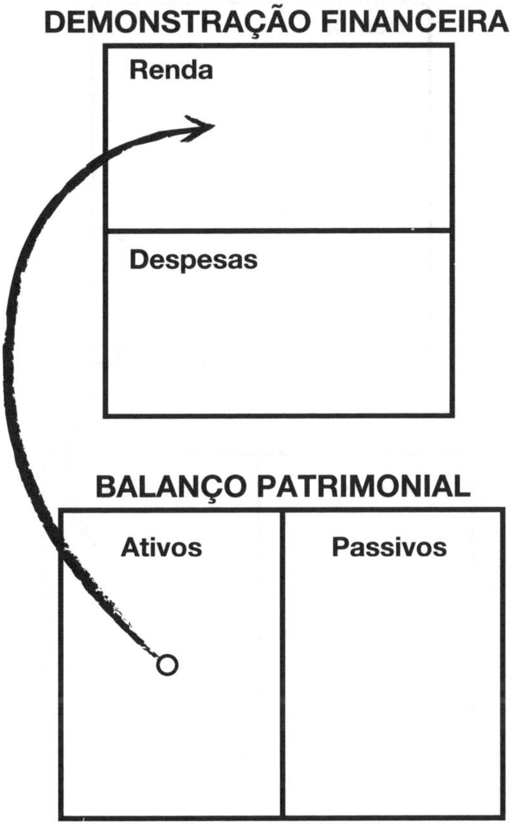

A caixa de cima é uma demonstração financeira, muitas vezes chamada de demonstração de lucros e perdas. Mede a renda e as despesas. O dinheiro que entra e que sai. O diagrama inferior é um balanço patrimonial. É assim chamado porque representa o equilíbrio entre ativos e passivos. Muitos novatos nas finanças não conhecem a relação entre a demonstração financeira e o balanço patrimonial, e o entendimento dessa relação é vital.

Como disse anteriormente, meu pai rico dizia para os dois garotos que "ativos põem dinheiro no seu bolso". Prático, simples e funcional.

Este é o fluxo de caixa padrão de um passivo:

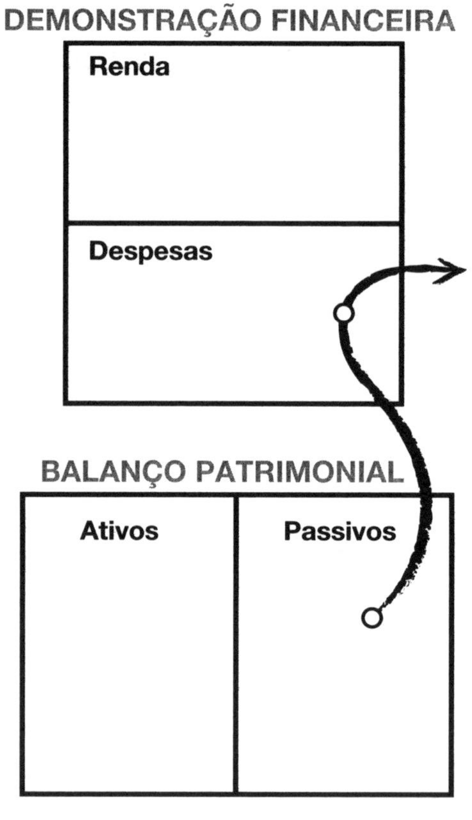

Agora que ativos e passivos foram definidos em diagramas, pode ficar mais fácil o entendimento das palavras. Um ativo coloca dinheiro no meu bolso, independentemente de eu trabalhar ou não.

Um passivo o tira. Isso é o que você realmente precisa saber. Se quer ser rico, simplesmente passe sua vida comprando ativos. Se quer ser pobre ou pertencer à classe média, adquira passivos.

A improficiência, tanto de palavras quanto de números, é a base das dificuldades financeiras. Se as pessoas têm problemas com as finanças, existem dados que não podem ler, sejam palavras ou números. Os ricos são ricos porque possuem um nível de proficiência superior ao das pessoas com dificuldades financeiras. Se quer ficar rico e conservar sua fortuna, é importante ser proficiente do ponto de vista financeiro, tanto em palavras quanto em números.

As setas nos diagramas representam o movimento do dinheiro ou "fluxo de caixa". Números dizem pouco. Palavras também. É a história que conta. Nas demonstrações financeiras, a leitura dos números é a busca pelo enredo, pela trama, a história de para onde o dinheiro está indo. Em 80% das famílias, a trajetória financeira é um percurso de trabalho árduo na tentativa de progredir. Não porque não ganhem dinheiro. Mas porque passam suas vidas comprando passivos em vez de ativos.

Este é o fluxo de caixa padrão de uma pessoa pobre:

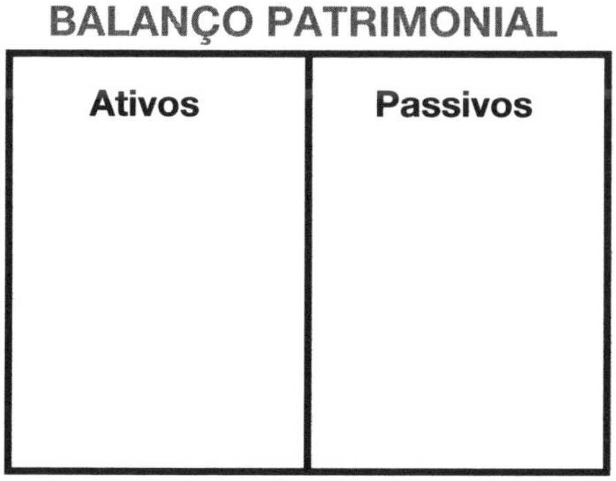

Este é o fluxo de caixa padrão de uma pessoa de classe média:

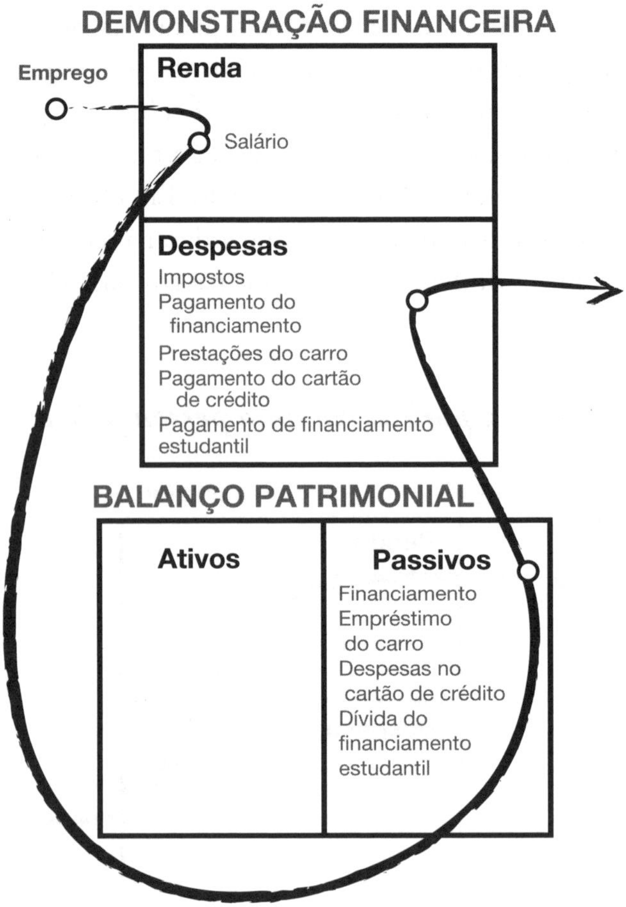

Este é o fluxo de caixa padrão de uma pessoa rica:

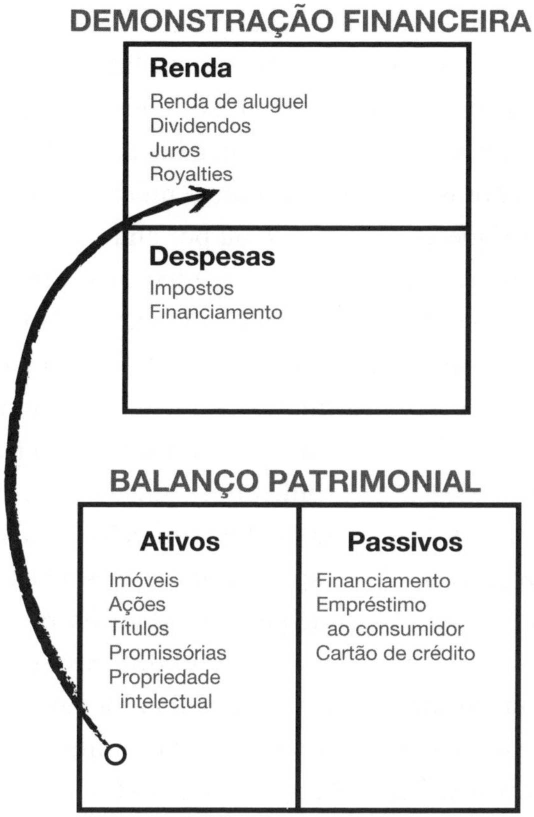

Esses diagramas estão obviamente bastante simplificados. Todos têm despesas de subsistência, necessidades de alimentação, moradia e vestuário. Os diagramas mostram o fluxo de caixa na vida de pessoas pobres, de classe média e ricas. O fluxo de caixa conta a história de como uma pessoa lida com o dinheiro.

A razão por que eu comecei com a história dos homens mais ricos nos Estados Unidos é ilustrar a falha quando se acredita que o dinheiro vai resolver todos os problemas. É por isso que me encolho sempre que ouço as pessoas me perguntarem como enriquecer mais rápido ou por onde devem começar. Muitas vezes, ouço: "Estou em dívida, então preciso ganhar mais dinheiro."

Porém, mais dinheiro nem sempre resolve o problema. Na verdade, pode até aumentá-lo. O dinheiro muitas vezes expõe nossas falhas humanas, é como um holofote sobre aquilo que desconhecemos. É por isso que, com muita frequência, uma pessoa que tem um ganho súbito de dinheiro — uma herança, um aumento salarial ou um prêmio na loteria — volta rapidamente ao mesmo caos financeiro, ou, até pior, que se encontrava antes de receber o montante. O dinheiro só acentua o padrão de fluxo de caixa que está em sua mente. Se seu padrão for gastar tudo o que ganha, o mais provável é que um aumento de renda apenas resulte em mais despesas. Como se diz popularmente: "Um tolo e seu dinheiro fazem uma grande festa."

O fluxo de caixa conta a história de como uma pessoa lida com o dinheiro.

Repeti inúmeras vezes que vamos à escola para adquirir habilidades acadêmicas e profissionais, ambas muito importantes. Aprendemos a ganhar dinheiro com elas. Na década de 1960, quando eu frequentava o ensino médio, se alguém fosse bem-sucedido academicamente, quase imediatamente imaginava-se que esse estudante brilhante se tornaria um médico, porque era uma profissão que prometia a maior recompensa financeira.

Hoje, os médicos enfrentam dificuldades financeiras que eu não desejaria aos meus piores inimigos: seguradoras controlando os negócios, cuidados de saúde administrados, intervenção governamental e processos por erro médico. Atualmente, as crianças querem ser atletas famosos, estrelas de cinema e de rock, misses ou CEOs porque a fama, o dinheiro e o reconhecimento estão nessas carreiras. Eis o motivo por que é tão difícil motivar a garotada na escola. Eles sabem que o sucesso profissional já não depende apenas do êxito acadêmico, como em outros tempos.

Como os estudantes deixam a escola sem habilidades financeiras, milhões de pessoas instruídas alcançam o sucesso em suas profissões, mas depois se deparam com dificuldades financeiras. Trabalham muito, mas não progridem. O que falta em sua educação não é saber como ganhar dinheiro, mas como gastá-lo, o que fazer com ele depois de ganhá-lo. É o que se chama aptidão financeira — o que você faz com o dinheiro depois que o ganha, como evitar que as pessoas lhe tomem o dinheiro, quanto tempo você o conserva e o quanto dele trabalha para você. A maioria das pessoas não descobre o motivo das suas dificuldades financeiras porque não entende os fluxos de caixa. Uma pessoa pode ser muito instruída, bem-sucedida profissionalmente e ser improficiente do ponto de vista financeiro. Essas pessoas muitas vezes trabalham mais do que seria necessário porque aprenderam a trabalhar arduamente, mas não a fazer o dinheiro trabalhar para elas.

Como a Conquista de um Sonho Financeiro Se Torna um Grande Pesadelo

A visão cinematográfica de pessoas trabalhadoras tem um padrão definido. Recém-casados, jovens altamente instruídos, felizes, mudam-se para um de seus pequenos apartamentos alugados. Imediatamente, percebem que estão poupando dinheiro, porque dois podem viver com quase a mesma despesa de um.

O problema é que o apartamento é apertado. Decidem, então, economizar para comprar a casa de seus sonhos e ter filhos. Eles têm duas rendas e se concentram em suas carreiras. Suas rendas começam a aumentar.

Conforme suas rendas aumentam, suas despesas também.

DEMONSTRAÇÃO FINANCEIRA

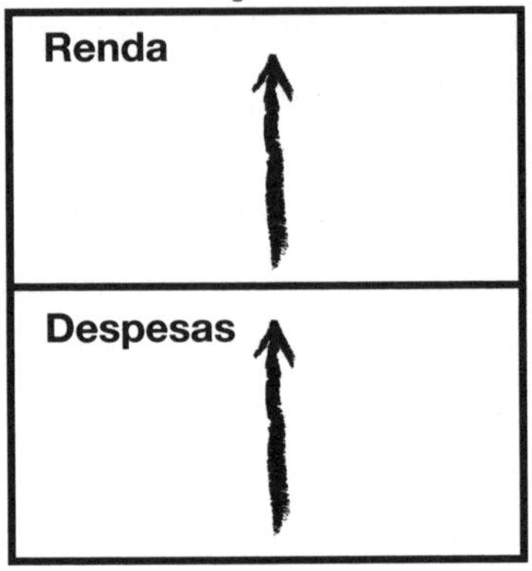

BALANÇO PATRIMONIAL

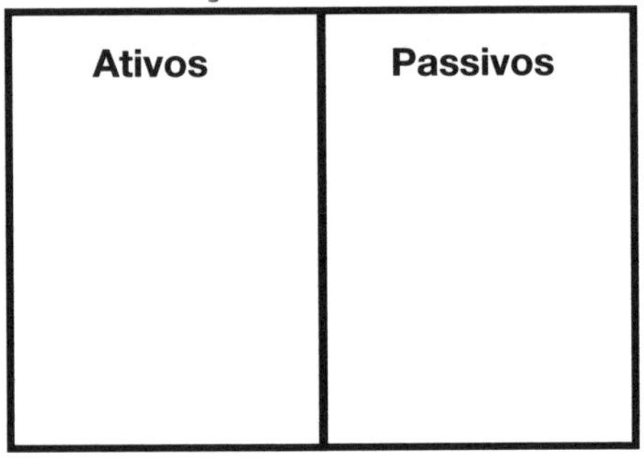

A principal despesa, para a maioria, são os tributos. Muitas pessoas pensam que se trata do imposto de renda, mas para grande parte dos norte-americanos o que pesa mais é a Previdência Social. Para o empregado, parece que a contribuição para a Previdência Social combinada com a do Medicare é de cerca de 7,5%, mas na verdade é de 15%, porque o empregador deve dar uma contrapartida do mesmo montante. Essencialmente, esse é um dinheiro que o empregador não pode pagar a você. Além disso, você ainda paga imposto de renda sobre a quantia deduzida do seu salário para a Previdência Social, renda essa que você nunca recebeu, porque foi transferida ainda na fonte.

Voltando ao caso do jovem casal, em consequência do aumento de suas rendas, eles resolvem comprar a casa de seus sonhos. Uma vez adquirida através de financiamento, eles pagam um novo imposto, o chamado imposto sobre a propriedade. Então, eles compram um carro novo, novos móveis e novos eletrodomésticos para montar o novo lar. E de repente acordam e a coluna dos passivos está atulhada de dívidas do financiamento imobiliário e do cartão de crédito. Os seus passivos cresceram.

---

20 Anos Atrás...

PROGRAMAS DE IMPOSTOS E DIREITOS

Os impostos em todo o mundo estão cada vez mais altos, uma vez que as demandas sociais exigem tributos maiores sobre propriedade, renda e vendas (valor agregado). As rendas mais elevadas criam ainda um "escalonamento da alíquota sem aumento real", à medida que as taxas se tornam progressivas (acentuadas) para arcar com os serviços sociais (ou direitos). Hoje, o governo enfrenta sérios desafios com programas assistencialistas, como a Previdência Social e o Medicare, indo à insolvência.

DEMONSTRAÇÃO FINANCEIRA

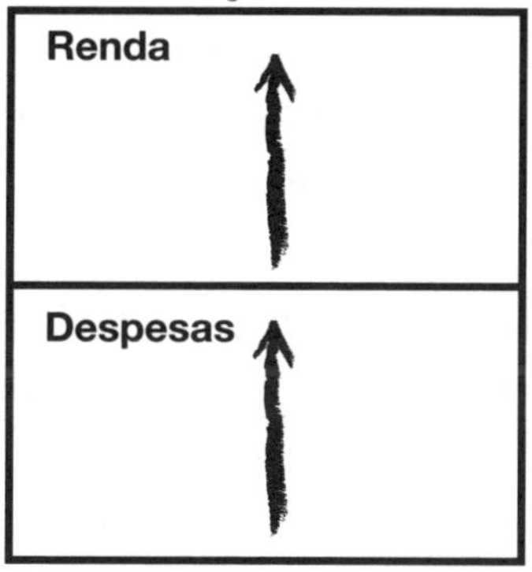

BALANÇO PATRIMONIAL

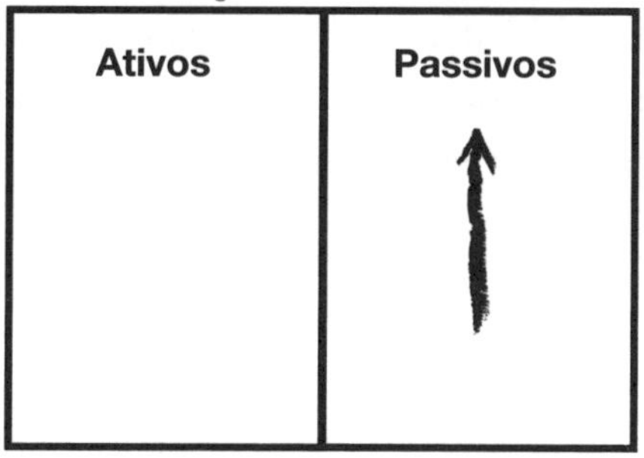

20 Anos Atrás...

DÍVIDA DO CARTÃO DE CRÉDITO

Com base nas estatísticas de 2016, hoje a dívida do cartão de crédito está mais alta do que nunca nos EUA: US$779 bilhões. São todas dívidas ruins... ou boas? Sabe a diferença?

Agora eles estão aprisionados na Corrida dos Ratos. Logo chega o primeiro filho e eles trabalham ainda mais. O processo se repete: mais dinheiro e mais impostos, o chamado "escalonamento da alíquota sem aumento real". Um cartão de crédito chega pelo correio. Eles o utilizam até estourar o limite. Uma financeira telefona e diz que seu maior "ativo", sua casa, teve seu valor aumentado. A empresa oferece um refinanciamento imobiliário para quitar as dívidas, porque sua ficha é tão boa, e lhes diz que o mais inteligente a fazer é zerar os altos juros ao consumidor liquidando seu débito junto ao cartão de crédito. E, além de tudo, os juros pagos sobre o financiamento imobiliário podem ser deduzidos do imposto de renda. Eles aceitam e zeram os débitos de seus cartões de crédito onerados pelos elevados juros ao consumidor. Suspiram aliviados. A dívida com o cartão de crédito está encerrada. Agora suas dívidas de consumo estão somadas ao financiamento de sua casa própria. As prestações mensais são reduzidas porque ampliaram o financiamento para trinta anos. É o melhor a fazer.

O vizinho os convida para ir às compras. A liquidação do Memorial Day[1] está começando. Eles prometem a si mesmos que só vão olhar as vitrines, mas levam o cartão de crédito, só por desencargo de consciência.

Encontro este jovem casal a toda hora. Seus nomes mudam, mas seu dilema financeiro é o mesmo. Eles vão às minhas palestras para ouvir o que tenho a dizer. Perguntam-me: "O senhor pode nos dizer como ganhar mais dinheiro?"

Eles nem sabem que o problema está na forma que escolheram gastar o dinheiro que têm. São prejudicados por sua improficiência financeira e por não entenderem a diferença entre um ativo e um passivo.

[1] Feriado norte-americano em que se homenageia os mortos nas guerras. É comemorado na última segunda-feira de maio. (N. E.)

Os problemas financeiros das pessoas não são resolvidos com mais dinheiro, mas com inteligência. Um amigo meu costuma repetir uma frase para as pessoas endividadas: "Se você descobrir que se enterrou em um buraco... pare de cavar."

Quando criança, meu pai pobre dizia frequentemente que os japoneses conheciam três poderes: o da espada, o das joias e o do espelho.

A espada simboliza o poder das armas. Os Estados Unidos têm gastado trilhões de dólares em armamento e, por isso, são a presença militar suprema do mundo.

As joias representam o poder do dinheiro. Há uma certa verdade no ditado: "Lembre-se da regra de ouro. Quem tem o ouro faz as regras."

O espelho significa o poder do autoconhecimento. Esse poder, de acordo com a lenda nipônica, era o mais apreciado dos três.

Com muita frequência, os pobres e a classe média permitem que o poder do dinheiro os controle. Ao simplesmente acordar e trabalhar mais arduamente, deixando de perguntar a si mesmos se isso tem sentido, dão um tiro no próprio pé na hora em que saem de casa todos os dias. Por não entendê-lo plenamente, a maioria das pessoas permite que o enorme poder do dinheiro exerça o controle sobre elas.

Se usassem o poder do espelho, teriam se perguntado: "Isso tem sentido?" Com muita frequência, em vez de confiar em sua sabedoria íntima, a maioria das pessoas acompanha a multidão. Fazem apenas o que todos fazem. Conformam-se em vez de questionar. Muitas vezes, repetem sem pensar o que lhes foi dito: "Diversifique", "Sua casa é um ativo", "Sua casa é o seu maior investimento", "Você terá uma redução nos impostos endividando-se mais", "Consiga um emprego seguro", "Não assuma riscos".

Uma pessoa pode ser altamente instruída e bem-sucedida em sua carreira, mas financeiramente improficiente.

Diz-se que, para muitas pessoas, o medo de falar em público é maior do que da morte. De acordo com psiquiatras, ele é provocado pelo medo do ostracismo, de aparecer, das críticas, do ridículo e de se tornar um pária. O medo de ser diferente impede que muitas pessoas busquem novas formas de resolver seus problemas.

É por isso que meu pai instruído dizia que os japoneses davam maior valor ao poder do espelho, porque somente quando nós, como seres humanos, nos olhamos no espelho, encontramos a verdade. E a principal razão pela qual as pessoas dizem "Procure segurança" é o medo. Isso vale para tudo: esporte, relacionamento, carreira ou dinheiro.

É esse mesmo medo, do ostracismo, que leva as pessoas a se conformar e a não questionar opiniões aceitas ou tendências generalizadas: "Sua casa é um ativo", "Faça um empréstimo consolidando suas dívidas e livre-se delas", "Trabalhe com mais afinco", "É uma promoção", "Algum dia, chego a vice-presidente", "Poupe", "Quando tiver um aumento, vou comprar uma casa maior", "Fundos mútuos são seguros".

Muitos dos grandes problemas financeiros são causados pelo desejo de se acompanhar a maioria e não querer ficar atrás do vizinho. Ocasionalmente, todos nós precisamos nos olhar no espelho e seguir nossa sabedoria interior, e não nossos medos.

Quando Mike e eu estávamos com uns dezesseis anos, começamos a ter problemas na escola. Não éramos maus garotos. Apenas começamos a nos distanciar da maioria. Trabalhávamos para o pai do Mike depois das aulas e nos fins de semana. Muitas vezes, Mike e eu passávamos horas depois do trabalho sentados junto do seu pai enquanto ele se reunia com diretores de banco, advogados, contadores, corretores, investidores, gerentes e empregados. Ele era um homem que deixara a escola aos treze anos e agora dirigia, instruía, comandava e questionava pessoas com alto nível de escolaridade. Elas acorriam a seu chamado e se preocupavam quando ele não as aprovava.

---

20 Anos Atrás...

QUEM ESTÁ NA SUA EQUIPE?

O pai rico se cercou de homens e mulheres qualificados: advogados, contadores, corretores e banqueiros... e Kim e eu fizemos o mesmo. Hoje, nosso time de contadores é um dos nossos maiores ativos. O que é mais importante do que o dinheiro? Uma equipe de empreendedores... Quem está na sua?

Esse era um homem que não tinha acompanhado a multidão, que pensava por si próprio e detestava as palavras: "Temos que fazer assim porque todos fazem desse jeito." Ele também odiava ouvir: "Não é possível." Se quisesse convencê-lo a fazer alguma coisa, bastava dizer: "Acho que o senhor não consegue."

Mike e eu aprendemos mais assistindo a essas reuniões do que em anos no ensino tradicional, incluindo a faculdade. O pai de Mike não tinha uma instrução formal, mas tinha conhecimentos financeiros e, em consequência, era bem-sucedido. Ele costumava repetir para nós: "Uma pessoa inteligente contrata pessoas mais inteligentes do que ela." Portanto, Mike e eu tínhamos o privilégio de passar horas ouvindo e, no processo, aprendendo com pessoas inteligentes.

Mas, por causa disso, Mike e eu não conseguíamos nos encaixar no dogma padrão que nossos professores pregavam. E isso criava problemas. Sempre que um professor falava: "Se não tirarem boas notas, vocês não se sairão bem no mundo real", Mike e eu franzíamos as sobrancelhas. Quando nos diziam para seguir as normas e não nos desviar das regras, víamos por que esse processo de ensino desestimulava de fato a criatividade. Começamos a entender por que o pai rico nos dizia que as escolas se destinavam a formar bons empregados em vez de bons empregadores. De vez em quando, Mike e eu perguntávamos a nossos professores como se aplicava na prática o que estávamos estudando ou por que não estudávamos o dinheiro e o seu funcionamento. Esta última pergunta era muitas vezes respondida com a afirmação de que o dinheiro não era importante, que se tivéssemos uma educação impecável, o dinheiro iria atrás. Quanto mais sabíamos sobre o poder do dinheiro, mais nos distanciávamos dos nossos mestres e colegas.

Meu pai instruído nunca me pressionava em relação às notas; porém, começou a discutir sobre o dinheiro. Com dezesseis anos, eu provavelmente já tinha uma base de conhecimentos sobre dinheiro melhor do que a de meus pais. Eu sabia escriturar livros contábeis, ouvia especialistas em tributação, advogados especializados em questões empresariais, gerentes de banco, corretores imobiliários e investidores. Meu pai falava com professores.

Certo dia, meu pai falou que a nossa casa era o seu maior investimento. Uma discussão um tanto desagradável teve início quando eu lhe mostrei por que não achava que uma casa era um bom investimento.

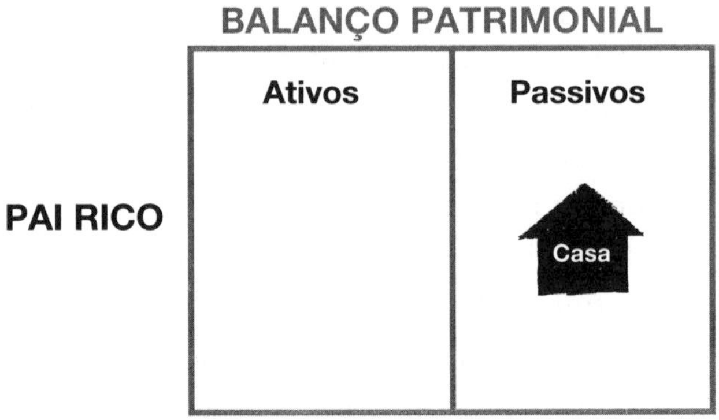

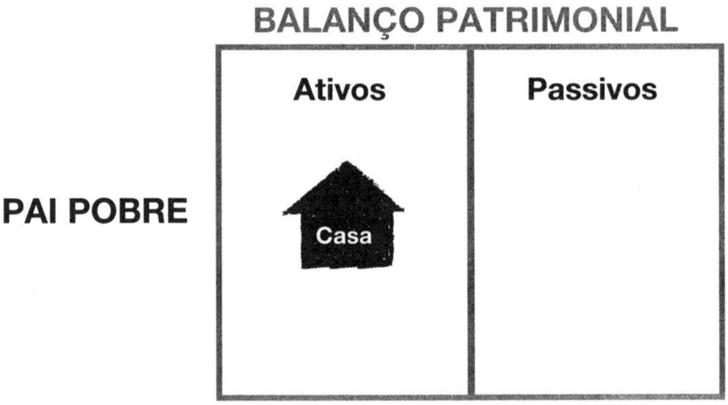

O diagrama acima ilustra a diferença de percepção do meu pai rico e do meu pai pobre no que se refere a própria casa. Um pensava que sua casa era um ativo, o outro, um passivo.

Lembro que tracei o diagrama a seguir para mostrar ao meu pai a direção dos fluxos de caixa. Também lhe mostrei as despesas que acompanhavam a propriedade de uma casa. Uma casa maior representa despesas maiores e o fluxo de caixa sai pela coluna das despesas.

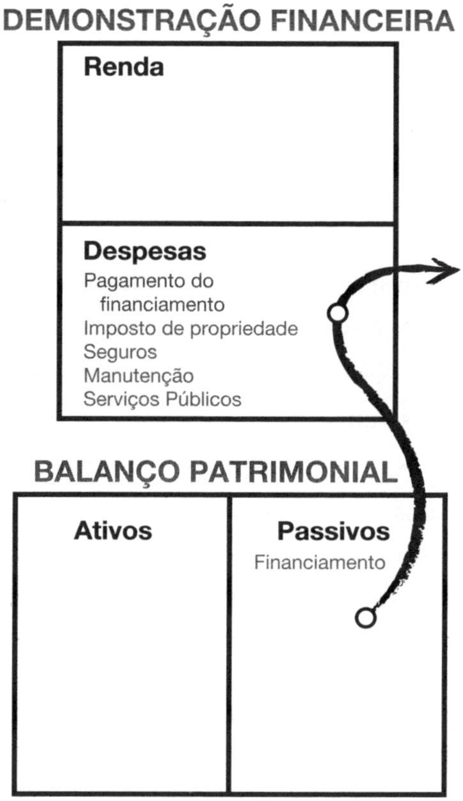

Atualmente, ainda ouço contestações à ideia de que uma casa não é um ativo. E sei que, para a maioria das pessoas, ela não só é seu maior investimento como também seu sonho. E ser dono da própria casa é melhor do que nada. Eu ofereço simplesmente uma maneira alternativa de encarar esse dogma popular. Se minha mulher e eu comprássemos uma casa maior, mais vistosa, nós a encararíamos não como um ativo, mas como um passivo, já que tiraria dinheiro dos nossos bolsos.

Então, aqui está o argumento que desenvolvo. Na verdade, não espero que a maioria das pessoas concorde com ele, porque sua casa envolve um fator emocional e, quando se trata de dinheiro, emoções elevadas tendem a diminuir a inteligência financeira. Eu sei por experiência própria que o dinheiro tem o poder de tornar todas as decisões passionais.

- Em relação à casa, destaco que em geral as pessoas passam a vida pagando por uma moradia que nunca será delas. Em outras palavras, compra-se uma casa nova a cada tantos anos, incorrendo, cada vez, em um novo empréstimo de trinta anos sobre a casa anterior.

- Apesar de poderem deduzir os juros do financiamento para fins de imposto de renda, as pessoas pagam todas as demais despesas com o dinheiro que sobra depois de pago o imposto, mesmo depois que liquidam o financiamento.
- Os pais da minha mulher ficaram chocados quando os impostos sobre a propriedade relativos à sua residência aumentaram para US$1 mil mensais. Eles já estavam aposentados, então o aumento pressionou o seu orçamento.
- O valor dos imóveis nem sempre aumenta. Tenho amigos que devem US$1 milhão por casas que hoje seriam vendidas por bem menos.
- As maiores perdas são as das oportunidades que não foram aproveitadas. Se todo o seu dinheiro está comprometido com o imóvel em que mora, você pode ser obrigado a trabalhar mais, porque todo o seu dinheiro continua saindo na coluna das despesas em vez de aumentar a dos ativos — o fluxo de caixa padrão da classe média. Se um jovem casal destinasse uma soma maior à aquisição de ativos, mais tarde teria maiores facilidades. Seus ativos teriam aumentado e estariam disponíveis para cobrir despesas.

Tomar a decisão de adquirir um imóvel muito caro em vez de formar um portfólio de ativos afeta um indivíduo de pelo menos três maneiras, elencadas a seguir:

1. *Perda de tempo,* porque outros ativos poderiam ter registrado aumento no seu valor.
2. *Perda de capital adicional,* que poderia ter sido investido em vez de destinado às altas despesas de manutenção do imóvel.
3. *Perdas educacionais.* Com muita frequência, os casais consideram seu imóvel residencial, as poupanças e o plano de aposentadoria como o total da sua coluna de ativos. Por não ter dinheiro para investir, eles simplesmente não o fazem. Isso lhes custa a experiência do investimento. Quase nunca conseguem se tornar o que o mundo dos investimentos

denomina um "investidor sofisticado". E os melhores investimentos são em geral oferecidos primeiro a esses investidores, que, por sua vez, os vendem para as pessoas que buscam segurança.

20 Anos Atrás...

SEU INDICADOR DE DESEMPENHO

Sem uma demonstração financeira, você não sabe exatamente onde está no jogo financeiro da vida. Goste ou não, o dinheiro revela a pontuação do seu "jogo", e uma demonstração é o seu indicador de desempenho. Bancos querem demonstrações financeiras — declaração de renda e balanço patrimonial — para saber o quão bem você está pontuando no jogo financeiro da sua vida.

Não estou dizendo que não deva comprar um imóvel. O que estou dizendo é que você deveria entender a diferença entre um ativo e um passivo. Quando quero uma casa maior, primeiro compro ativos que vão gerar fluxo de caixa para arcar com o imóvel.

A demonstração financeira do meu pai instruído é a melhor possível para alguém que está na Corrida dos Ratos. Suas despesas sempre acompanharam sua renda, de modo que ele nunca investiu em ativos. Em consequência, seus passivos eram maiores que seus ativos.

O diagrama a seguir refere-se à demonstração financeira do meu pai pobre comparada à do meu pai rico. Ele vale mais do que mil palavras. Revela que seus rendimentos e despesas são iguais enquanto seus passivos são maiores do que seus ativos.

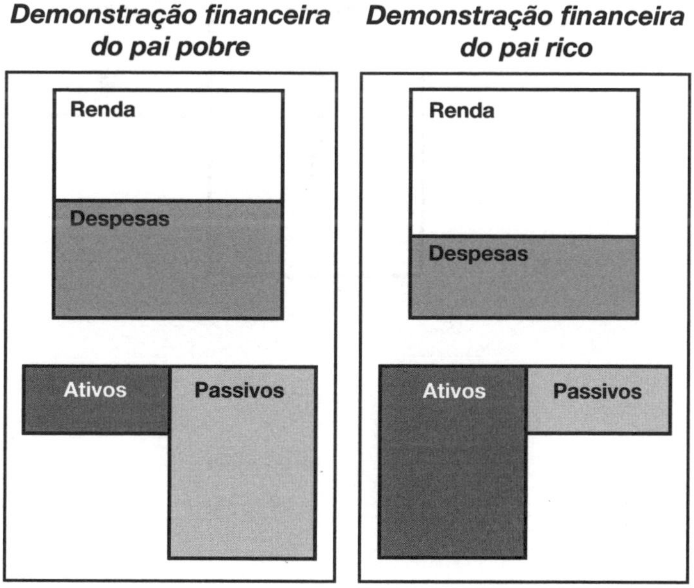

A demonstração financeira pessoal do pai rico, à direita, reflete os resultados de uma vida dedicada ao investimento e à minimização dos passivos.

Por que os Ricos Enriquecem

Uma revisão da demonstração financeira do meu pai rico mostra por que os ricos ficam mais ricos. A coluna dos ativos gera renda mais do que suficiente para cobrir as despesas, com o saldo reinvestido na coluna dos ativos. A coluna dos ativos continua crescendo e, portanto, a renda gerada aumenta também. O resultado é que os ricos ficam mais ricos!

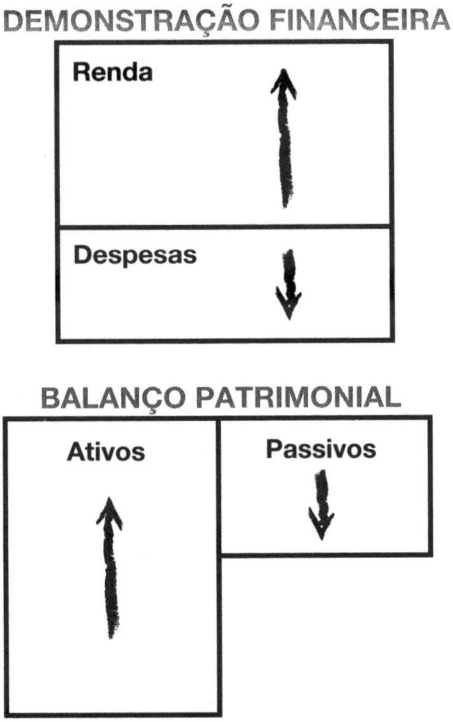

Por que a Classe Média Trava uma Batalha

A classe média se encontra em um estado de constantes dificuldades financeiras. Sua renda principal é gerada por salários. Quando o seu pagamento aumenta, os impostos também. Suas despesas tendem a crescer na mesma proporção que seus salários, daí a expressão "Corrida dos Ratos". Eles consideram seu imóvel residencial como seu principal ativo, em vez de investir em ativos geradores de renda.

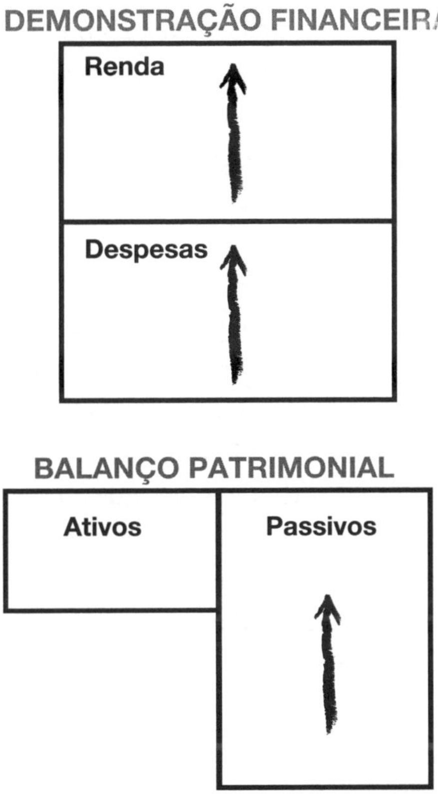

O padrão de se considerar o imóvel residencial como investimento e a filosofia de que um aumento de salário representa poder adquirir uma casa maior ou gastar mais são a base do atual endividamento da sociedade. Esse processo de despesa crescente faz com que as famílias se endividem mais e tenham mais instabilidade financeira, mesmo quando progridem no emprego e recebem aumentos salariais regulares. Esta é uma vida muito arriscada decorrente da precária instrução financeira.

A recente maciça perda de empregos trouxe à luz a fragilidade financeira da classe média. De repente, os planos de aposentadoria das empresas foram substituídos por planos 401(k)[2]. A Previdência Social está obviamente com problemas e não pode ser considerada uma alternativa de aposentadoria. O pânico se instalou na classe média.

20 Anos Atrás...

PLANOS DE APOSENTADORIA

Desde a Enron[3], ficou claro que os planos de aposentadoria estão em apuros. Nem os planos públicos governamentais, como os da Grécia, Itália e Califórnia, podem pagar o que é devido aos aposentados. Assim, esses planos não são mais a garantia de outrora de segurança para a velhice. Quando o mercado de ações quebrou em 2009, quem estava prestes a se aposentar teve problemas — mesmo se houvesse economizado em algum desses planos.

Atualmente, os fundos mútuos são populares porque representam segurança. Os aplicadores médios dos fundos de pensão estão demasiadamente ocupados trabalhando para pagar impostos e financiamentos imobiliários, e têm dificuldade em poupar para a faculdade dos filhos e liquidar as dívidas do cartão de crédito. Não têm tempo de aprender a investir, de modo que confiam na experiência do administrador do fundo mútuo. Como o fundo também inclui muitos tipos diferentes de investimento, tem-se uma sensação de segurança, porque ele é "diversificado". Esse grupo da classe média instruída aceita o dogma defendido por corretores de fundos mútuos e consultores financeiros: "Procure a segurança. Evite o risco."

A verdadeira catástrofe, contudo, é a falta de instrução financeira precoce, responsável pelo risco enfrentado pela pessoa comum de classe média. A razão é que precisam procurar a segurança, porque uma situação financeira é, na melhor das hipóteses, precária. Seus balanços patrimoniais não são de fato balanceados. Em vez disso, estão atulhados de passivos, sem verdadeiros ativos para gerar renda. Geralmente, sua única fonte de renda é o contracheque. Seu modo de

[2] Planos de contribuição definida em que a aposentadoria resulta do montante acumulado ao longo dos anos. (N. E.)

[3] Companhia líder de energia norte-americana que decretou falência após um escândalo financeiro. Com uma dívida de US$13 bilhões de dólares, foi acusada de manipular seus balanços para aumentar artificialmente seus lucros. (N. E.)

vida depende totalmente do empregador. Sendo assim, quando os verdadeiros "negócios da sua vida" aparecem, essas mesmas pessoas não podem aproveitar a oportunidade, porque estão trabalhando muito, pagando impostos máximos e assoberbadas de dívidas.

Como disse no início da seção, a regra mais importante é conhecer a diferença entre um ativo e um passivo. Uma vez que consiga entendê-la, concentre seus esforços na compra exclusiva de ativos geradores de renda. Essa é a melhor maneira de dar o primeiro passo para se tornar rico. Continue fazendo isso e sua coluna de ativos crescerá. Concentre-se em reduzir passivos e despesas para aumentar o dinheiro disponível para incrementar a coluna de ativos. Logo, a base de ativos será tão consistente que você poderá se permitir olhar para investimentos mais especulativos: que podem ter retornos que variam de 100% ao infinito; investimentos em que US$5 mil podem se transformar rapidamente em US$1 milhão ou mais e investimentos que a classe média considera "demasiado arriscados". O investimento não é arriscado se há a proficiência financeira.

Se fizer o que as massas fazem, você estará na seguinte situação:

DEMONSTRAÇÃO FINANCEIRA

Renda Trabalho para uma empresa privada (Salário)
Despesas Trabalho para o governo (Impostos)

BALANÇO PATRIMONIAL

Ativos	**Passivos**
	Trabalho para o banco (Financiamento)

Como empregado e proprietário de casa própria, seus esforços no trabalho em geral resultam no seguinte:

1. ***Você trabalha para uma empresa privada.***

   Os assalariados trabalham para que os donos da empresa e seus acionistas fiquem ricos, não eles mesmos. Seus esforços e sucesso garantirão o êxito e a aposentadoria dessas pessoas.

2. ***Você trabalha para o governo.***

   O governo fica com uma parte de seu pagamento, antes mesmo que você veja o dinheiro. Ao trabalhar mais, você simplesmente aumenta o montante de impostos que o governo arrecada. A maioria das pessoas trabalha de janeiro a maio apenas para o governo.

3. ***Você trabalha para o banco.***

   Depois dos impostos, suas maiores despesas são, em geral, o financiamento imobiliário e a fatura do cartão de crédito.

O problema decorrente de simplesmente trabalhar mais é que cada uma dessas três parcelas leva consigo uma parte maior do seu esforço. Você precisa aprender a fazer com que seus maiores esforços beneficiem diretamente você e sua família.

Depois de ter decidido cuidar do seu próprio negócio — concentrar seus esforços na aquisição de ativos em vez de em um salário maior —, como definir seus objetivos? A maioria das pessoas deve manter seu emprego e usar seus salários para financiar a aquisição de ativos.

À medida que os ativos crescem, como medir a extensão do seu sucesso? O que faz alguém saber que está rico, que conquistou prosperidade?

Da mesma maneira que tenho minhas definições de ativos e passivos, também tenho minha própria definição para a riqueza. Na verdade, eu a tomei emprestada de alguém chamado Buckminster Fuller. Alguns o consideram um charlatão, e outros, uma lenda viva. Anos atrás, ele criou um auê entre os arquitetos ao solicitar a patente para algo chamado de cúpula geodésica. Mas, ao fazer isso, também falou algo sobre a riqueza.

Parecia à primeira vista muito confuso, mas, depois de relê-lo algumas vezes, começou a fazer sentido:

A riqueza é a capacidade de uma pessoa sobreviver pelos dias que virão — ou, se parar de trabalhar hoje, por quanto tempo poderei sobreviver?

Ao contrário do patrimônio líquido — a diferença entre ativos e passivos, que frequentemente está repleta de bobagens caras e daquilo que as pessoas acham que tem valor —, essa definição cria a possibilidade de desenvolver uma mensuração verdadeiramente acurada. Assim, eu poderia medir e saber onde estava em termos de meta para me tornar financeiramente independente.

Embora o patrimônio líquido frequentemente inclua ativos que não geram dinheiro, como objetos comprados e depois abandonados em um canto da garagem, a riqueza mede quanta renda o seu dinheiro está gerando e, portanto, revela sua sobrevivência financeira.

A riqueza é a medida do fluxo de caixa gerado pela coluna dos ativos em comparação à coluna das despesas.

Vejamos um exemplo. Digamos que o fluxo de caixa da minha coluna de ativos gere US$1 mil por mês e que eu tenha despesas mensais de US$2 mil. Qual é a minha riqueza?

Voltemos à definição de Buckminster Fuller, segundo seu conceito de riqueza, por quantos dias posso sobreviver? Considerando-se um mês de trinta dias, tenho um fluxo de caixa suficiente para meio mês.

Quando eu tiver alcançado um fluxo de caixa gerado por meus ativos de US$2 mil, então eu serei abastado.

Ainda não estou rico, mas estou amparado. Agora, tenho uma renda gerada por ativos, a cada mês, que cobre totalmente minhas despesas mensais.

20 Anos Atrás...

RIQUEZA E RESERVAS FINANCEIRAS

Hoje, poucas pessoas têm dinheiro suficiente para se manter, mesmo por um mês. A maioria dos norte-americanos, por exemplo, tem menos de US$400 na poupança. Estatísticas surpreendentes de uma pesquisa da GOBankingRates, de 2016, relatam que: 34% dos norte-americanos não têm poupança. Poucas pessoas poderiam sobreviver por muito tempo sem um salário ou assistência governamental.

Se desejo aumentar essas despesas, preciso primeiro ampliar o fluxo de caixa gerado por meus ativos para manter esse padrão de riqueza. Observe que nesse ponto eu não dependo mais do meu salário. Eu me concentrei e tive sucesso em construir uma coluna de ativos que me tornou financeiramente independente. Se eu largar o meu emprego hoje, poderei cobrir minhas despesas mensais com o fluxo de caixa gerado pelos meus ativos.

Meu próximo objetivo poderia ser empregar o excedente do meu fluxo de caixa para reinvestir em mais ativos. Quanto mais dinheiro for destinado para a coluna de ativos, mais esta crescerá. À medida que meus ativos aumentam, mais cresce o meu fluxo de caixa. E, enquanto eu mantiver minhas despesas menores do que o fluxo de caixa gerado por esses ativos, me tornarei mais rico, com mais e mais fontes de renda além do meu trabalho físico.

Enquanto este processo de reinvestimento continuar, estarei no caminho do enriquecimento. Lembre-se destas simples observações:

- **Os ricos adquirem ativos**
- **Os pobres só têm despesas**
- **A classe média adquire passivos pensando que são ativos**

E como eu cuido dos meus negócios? Qual é a resposta? Leia o que tem a dizer o fundador do McDonald's, no próximo capítulo.

SEÇÃO DE ESTUDO

Capítulo 2

LIÇÃO #2: POR QUE POSSIBILITAR A PROFICIÊNCIA FINANCEIRA?

CAPÍTULO 2

LIÇÃO #2: POR QUE POSSIBILITAR A PROFICIÊNCIA FINANCEIRA?

Resumo

Revisitamos Robert e Mike três décadas e meia mais tarde. Mike assumiu a empresa do seu pai e está realizando um trabalho ainda melhor do que o do pai rico.

Já Robert se aposentou em 1994, aos 47 anos. A riqueza dele e da sua mulher cresceu automaticamente, como uma árvore bem estabelecida no solo.

Ele compartilha a história de uma reunião, em 1923, de alguns dos principais e mais ricos líderes do mundo dos negócios — que possuíam a maior companhia de aço e gás mundial, administravam a Bolsa de Valores ou que compunham o gabinete do presidente Harding. E, 25 anos depois, a vida da maioria deles terminou em tragédia, com eles falidos, exilados ou presos.

A crise da bolsa de 1929 e a Grande Depressão exerceram um papel relevante em seus destinos; mas, hoje, vivemos uma realidade mais caótica e fugaz do que fora a deles. Mais importante do que o dinheiro para sobreviver é a nossa educação e capacidade de aprender.

O que importa não é quanto você ganha, mas quanto conserva — e por quantas gerações.

Assim, quando as pessoas perguntam a Robert como começar a enriquecer, ele lhes dá a mesma resposta que o pai rico lhe deu: "Se quiser ficar rico, precisa se tornar financeiramente proficiente."

Robert compara a maneira como muitas pessoas agem a construir arranha-céus em uma laje feita para uma pequena casa. Como as crianças saem da escola com uma educação financeira deficiente, entram na vida adulta perseguindo o Sonho Americano, mas acabam se afundando em dívidas. A única saída é uma estratégia para enriquecer.

Mas, sem um bom alicerce advindo da proficiência financeira, seus esforços são como construir um arranha-céu sob uma fundação fraca, e, em vez de criarem o *Empire State Building*, acabam com a Torre Inclinada dos Subúrbios.

Robert e seu amigo de infância, Mike, entretanto, construíram uma fundação forte, digna de um arranha-céu, graças aos ensinamentos do pai rico.

A contabilidade é um assunto tedioso e confuso — e absolutamente crucial para o sucesso financeiro. Para torná-lo acessível para crianças, o pai rico usava imagens para ensiná-lo aos dois meninos. Só mais tarde ele adicionou os números, para orientar os meninos por seus conceitos-chave.

A Regra #1, Robert dizia, é que você deve saber a diferença entre um ativo e um passivo, e só adquirir ativos. Isso é tudo o que precisa saber. Mas, apesar de tão simples, é algo que muitas pessoas não compreendem.

Quando o pai rico expôs isso aos dois adolescentes, eles pensaram que ele estava brincando. Como os adultos podiam não entender? Todos não deveriam ser ricos?

O problema é que as pessoas têm sido educadas de formas diferentes por banqueiros, consultores financeiros e outros; assim, precisam desaprender o que acham que sabem. Alguns acham humilhante retornar a princípios tão básicos.

As reais definições de "ativo" e "passivo" não residem nas palavras, mas nos números.

Robert usa imagens para ajudar os leitores da mesma forma que o seu pai rico fazia.

Este é o fluxo de caixa padrão de um ativo:

A parte superior do diagrama é a demonstração financeira, frequentemente chamada de demonstração de lucros e perdas. Ela organiza a renda e as despesas: dinheiro que entra e que sai. A parte de baixo é o balanço patrimonial. É assim chamado porque é supostamente o balanceamento entre ativos e passivos.

Os ativos incrementam sua renda. Eles colocam dinheiro no seu bolso.

Este é o fluxo de caixa padrão de um passivo:

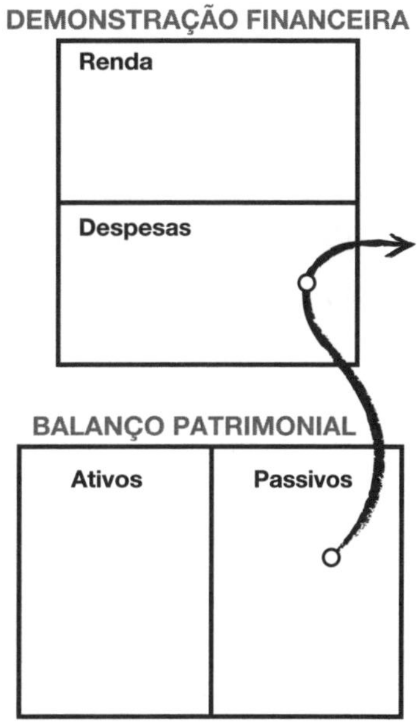

Um passivo tira o dinheiro do seu bolso.

Deseja ser rico? Compre ativos. Isso parece simples, mas muitas pessoas se confundem e compram passivos. Se quiser fazer e manter a riqueza, deve trabalhar para compreender isso.

Não são apenas os números, mas como contam a história. Siga as setas em cada um desses diagramas para ver o caminho por onde o dinheiro flui, ou seja, o "fluxo de caixa". Elas vão lhe contar a história, o enredo da situação financeira.

Este é o fluxo de caixa padrão de uma pessoa pobre:

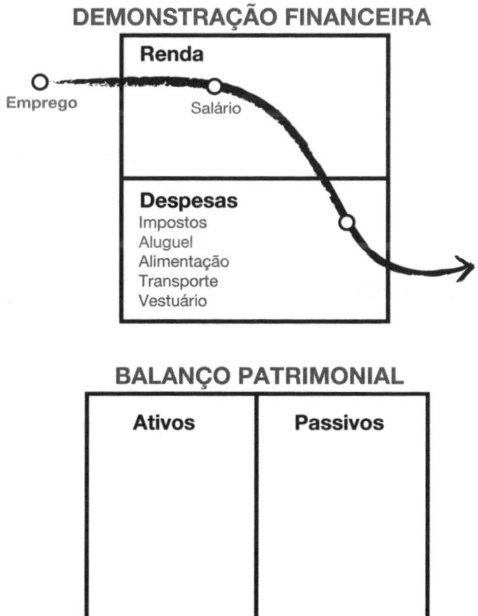

Este é o fluxo de caixa padrão de uma pessoa de classe média:

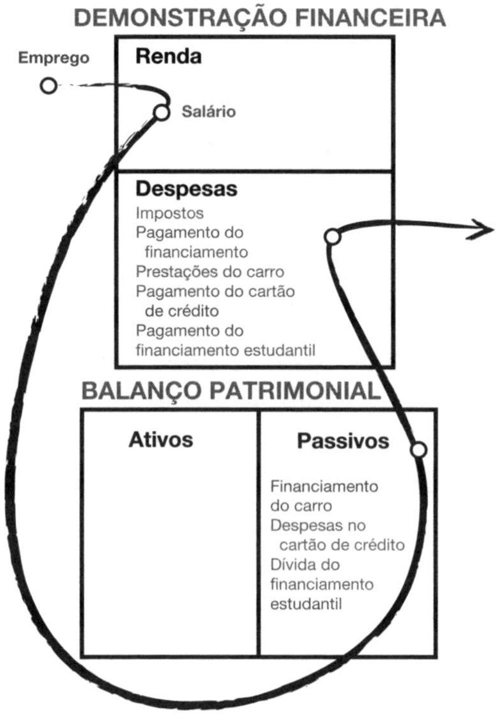

Este é o fluxo de caixa padrão de uma pessoa rica:

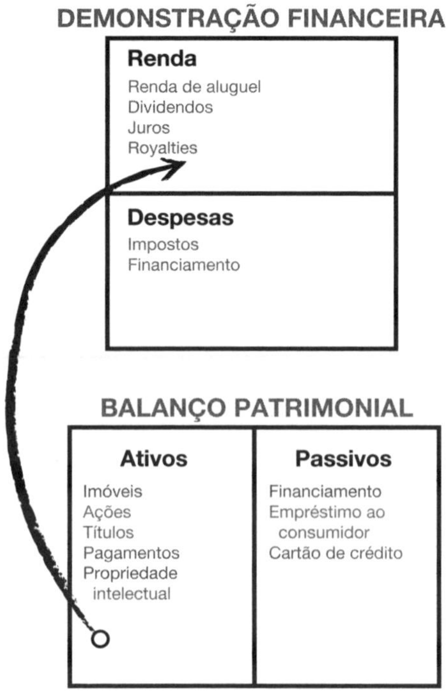

Através destes diagramas simplificados, o fluxo de caixa conta a história de como cada pessoa lida com o dinheiro.

Muitas vezes, aqueles que têm dívidas pensam que a resposta é ganhar mais dinheiro. Porém, mais dinheiro não só não resolve os problemas como pode agravá-los. É por isso que muitas pessoas que têm um golpe de sorte — como um prêmio na loteria ou uma herança, por exemplo — rapidamente o perdem. Um aumento de dinheiro só gera gastos maiores.

O que falta para muitas pessoas é educação financeira. É por isso que elas alcançam o sucesso em suas carreiras, mas continuam em pé de guerra com o dinheiro. Podem ter aprendido a ganhar dinheiro, mas não a administrá-lo. As pessoas podem ser muito inteligentes e ainda improficientes quando se trata de finanças. Elas aprendem a trabalhar arduamente por dinheiro, mas não a fazer com que ele trabalhe com afinco para elas.

Robert conta a história de um jovem casal que se casou e começou a construir uma vida junto. Suas rendas começaram a crescer, mas igualmente suas despesas.

O casal foi atingido pela principal despesa: tributos. E, para muitas pessoas, não é o imposto de renda o responsável pelo maior desconto em impostos, mas a Previdência Social. Equivale a quase 15% (as contribuições da Previdência Social combinados às da Medicare, todos feitos pelo empregador, que agora não pode pagá-los pelo trabalhador). E do empregado é cobrado o imposto de renda sobre esse montante, também.

O jovem casal se depara com esses impostos e, quando adquire um imóvel, com o imposto sobre a propriedade. E, depois da nova casa, vem um novo carro, novos móveis e utilidades. De repente, seus passivos aumentam, endossados pelo financiamento imobiliário e pelas dívidas do cartão de crédito.

O casal foi pego na armadilha da Corrida dos Ratos. Acrescente um bebê a essa mistura, e eles trabalharão ainda mais arduamente: rendas mais altas, que conduzirão a impostos mais elevados. Eles continuam acumulando dívidas; eventualmente, por causa de um empréstimo para arcar com o financiamento. Mas seus hábitos não mudaram, então a dívida no cartão de crédito permanece — para não mencionar que estenderam aquele empréstimo imobiliário.

Para esse casal e muitos outros, o problema real não é saber como administrar o dinheiro que tem. A causa é a falta da proficiência financeira e de diferenciar ativos e passivos corretamente.

Muitas pessoas não reservam um tempo para questionar se suas atitudes fazem sentido, e simplesmente seguem a multidão. Eventualmente, repetem sem pensar o que lhes foi dito: "Diversifique", "Sua casa é um ativo", "Quanto mais dívidas, maior a isenção fiscal", "Consiga um emprego seguro", "Não cometa erros", "Não assuma riscos".

Conforme Robert e Mike passavam seu tempo sentados em encontros com o pai rico, que construía conhecimento através da inteligência das pessoas que o cercavam, também eles aprendiam — e passaram a questionar os dogmas padronizados ensinados em sua escola. Isso causou um problema, e os deixou cada vez mais distantes de seus professores.

Robert começou a discordar também do seu pai pobre, em termos financeiros, especialmente com sua visão de que um imóvel é o maior investimento de alguém. Em contrapartida, o pai rico dizia que sua casa é um passivo.

Muitas pessoas ainda acreditam que sua casa é um ativo. Mas Robert ensina que ela é um passivo, porque tira dinheiro do seu bolso — não só com impostos e despesas, mas porque ela se desvaloriza e você perde oportunidades se o seu dinheiro está todo preso no financiamento do imóvel. E isso faz com que você perca o aprendizado advindo da experiência de investir.

Isso não significa que você não deva comprar uma boa casa. Mas certifique-se de antes comprar ativos que proverão fluxo de caixa para arcar com o imóvel.

Quando existem ativos suficientes para gerar mais renda do que a necessária para cobrir as despesas, esse saldo deve ser reinvestido em ativos. O que incrementa a coluna de ativos em um balanço patrimonial e produz mais renda. O resultado é que os ricos que compreendem a diferença entre ativos e passivos ficam ainda mais ricos.

A classe média fica presa na Corrida dos Ratos porque trata sua casa como ativo, em vez de investir em ativos reais, geradores de renda. Isso também acontece porque seu salário é sua fonte primária de renda — e, portanto, quando ele aumenta, também os impostos sobem.

Muitos investem em fundos mútuos, pagando um gestor para administrar suas contas, porque não têm tempo ou experiência para fazê-lo. Eles pensam que os fundos mútuos são garantidos, e desejam essa segurança, porque seus balanços patrimoniais são desbalanceados. Não conseguem tirar proveito das oportunidades porque estão afundados em dívidas e só têm seu salário fazendo o dinheiro entrar.

Quer enriquecer? Concentre seus esforços na compra de ativos geradores de renda — quando realmente entender o que é um ativo. Reduza os passivos e as despesas. Você avultará sua coluna de ativos.

Então, como você sabe que é rico? Robert usa a definição de R. Buckminster Fuller: "A riqueza é a capacidade de uma pessoa sobreviver pelos dias que virão — ou, se parar de trabalhar hoje, por quanto tempo poderei sobreviver?"

Outra maneira de afirmar isto é: "A riqueza é medida pelo fluxo de caixa gerado pela coluna de ativos, em comparação à coluna de despesas. Quando seus ativos geram renda suficiente para cobrir as suas despesas, você é abastado, mesmo que ainda não seja rico."

Momento do hemisfério esquerdo: Olhe os números e aprenda a ler a história que contam. Os ativos colocam dinheiro no seu bolso. Se algo o tira, não é um ativo; é um passivo.

Momento do hemisfério direito: O desenho do balanço patrimonial ajuda a mostrar o fluxo do dinheiro conforme o estilo de vida de diferentes pessoas.

Momento subconsciente: O medo do ostracismo leva as pessoas a se conformarem e não questionarem opiniões advindas do senso comum ou de tendências populares, ainda que isso as prejudique em termos financeiros.

O que Robert Quer Dizer

Agora é hora de refletir. Pergunte a si mesmo: "*O que* Robert quer dizer nesta citação?" E: "*Por que* ele diz isso?" Nesta seção, você não precisa concordar ou discordar dele. O objetivo é *entender* o que Robert está dizendo.

Lembre-se, esta seção de estudo é projetada para ser coadjuvante e de apoio. Duas cabeças pensam melhor do que uma. Se você não entende o que Robert está dizendo, não desista da lição. Peça ajuda. Aproveite o tempo para discutir cada citação até compreendê-las:

> "Não importa quanto dinheiro você ganha. Mas quanto conserva."
>
> "A inteligência resolve problemas e gera dinheiro. Dinheiro sem inteligência financeira desaparece depressa."
>
> "Se quiser construir um *Empire State Building*, a primeira coisa a fazer é cavar profundamente o terreno e construir alicerces sólidos. Se for construir uma casa na periferia, tudo o que tem a fazer é assentá-la em uma laje de concreto de 15cm. A maioria das pessoas, em sua ânsia de enriquecer, tenta construir um *Empire State Building* sobre uma laje de 15cm."
>
> "Os ricos adquirem ativos. As classes média e baixa adquirem passivos pensando que são ativos."
>
> "Se seu padrão for gastar tudo o que ganha, o mais provável é que um aumento de renda apenas resulte em mais despesas."
>
> "Em 80% das famílias, a trajetória financeira é um percurso de trabalho árduo na tentativa de progredir. Não porque não ganhem dinheiro. Mas porque passam suas vidas comprando passivos em vez de ativos."
>
> "Por não entendê-lo plenamente, a maioria das pessoas permite que o enorme poder do dinheiro exerça o controle sobre elas."

Questões Adicionais

Agora é o momento de usar as histórias deste capítulo para entender o que Robert estava dizendo, e aplicá-las a você e sua vida. Faça a si mesmo as perguntas a seguir e as discuta com o seu parceiro de estudos. Seja honesto consigo mesmo e com seu parceiro. Se não gostar das respostas que der, pergunte a si mesmo se está disposto a mudar e aceitar o desafio de transformar seus pensamentos e mentalidade:

1. Quando sua educação financeira começou? Partiu deste livro ou de outra fonte?
2. Como você reagiu ao ler pela primeira vez a definição de Robert de ativos e passivos?
3. Qual foi sua reação quando ele afirmou que sua casa não é um ativo? Você a via assim? Depois do argumento dele, você mudou de ideia?
4. Qual fluxo de caixa mais representa o padrão da sua vida?
5. Além de sua casa, há algo que pensou ser um ativo e mais tarde se revelou um passivo?
6. Sobre a seguinte afirmação: "O que falta na educação das pessoas não é aprender a ganhar dinheiro, mas a administrá-lo." Você concorda ou discorda?
7. O pai rico disse aos meninos que não são os números que importam na contabilidade, mas o que dizem. O que os números revelam sobre sua vida?
8. Em que momento da sua vida houve uma realização aparentemente positiva, como uma promoção ou um aumento, mas que não deu ao seu balanço patrimonial o resultado esperado?
9. Você teria dinheiro para sobreviver por quantos dias se parasse de trabalhar hoje? Esse número o surpreende ou assusta?

NOTAS

Capítulo 3

LIÇÃO #3: CUIDE DO SEU NEGÓCIO

Os ricos se concentram na coluna dos ativos, enquanto todos os outros focam em suas demonstrações financeiras.

Em 1974, Ray Kroc, fundador do McDonald's, foi convidado a fazer uma palestra para a turma de MBA da Universidade do Texas, em Austin. Um amigo meu, muito querido, Keith Cunningham, era aluno dessa turma. Depois de uma exposição forte e inspiradora, os estudantes perguntaram a Ray se gostaria de se juntar a eles em um bar que frequentavam, para tomar uma cerveja. Ray aceitou gentilmente.

"Qual é o meu negócio?", perguntou Ray quando todo mundo já estava com o seu copo de cerveja.

"Todos riram", conta Keith. "A maior parte da turma pensou que Ray estivesse brincando."

Ninguém respondeu, e Ray repetiu a pergunta. "Em que negócio vocês pensam que eu atuo?"

Os estudantes soltaram uma gargalhada e finalmente uma alma corajosa gritou: "Ray, há alguém no mundo que não saiba que você está no ramo dos hambúrgueres?"

Ray deu uma risada. "Achei que vocês fossem responder isso mesmo", fez uma pausa, e rapidamente acrescentou: "Senhoras e senhores, não atuo no ramo de hambúrgueres. Meu negócio são imóveis."

Keith conta que Ray passou um bom tempo explicando seu ponto de vista. Em seu plano de negócios, Ray sabia que o principal foco era a venda de franquias de hambúrguer, mas nunca perdeu de vista a localização de cada uma delas. Ele sabia que os imóveis e sua localização eram o principal fator de sucesso das franquias. Basicamente, a pessoa que compra a franquia paga pelo imóvel em que ela está situada para a organização de Ray Kroc.

Atualmente, o McDonald's é o maior proprietário individual de terrenos no mundo, superando até a Igreja Católica. O McDonald's é proprietário de alguns dos cruzamentos e esquinas mais valiosos não só dos Estados Unidos como também de outras partes do mundo.

Keith diz que essa foi uma das mais importantes lições que recebeu em sua vida. Atualmente, Keith é proprietário de lava-rápidos, mas seu negócio são os terrenos que estão por baixo deles.

20 Anos Atrás...

AVANÇO RÁPIDO: 2017

McDonald's, 7-Eleven e KFC se mantêm no ranking como as três principais franquias nos Estados Unidos. No total, em 2016, as duzentas maiores marcas de franquia aumentaram suas vendas em 2,2% ou US$12,5 bilhões.

O capítulo anterior terminou com diagramas ilustrando que a maioria das pessoas trabalha para todo mundo, menos para elas mesmas. Elas trabalham, em primeiro lugar, para os donos das empresas, depois para o governo ao pagar impostos e, finalmente, para o banco em que fizeram o financiamento imobiliário.

Quando garoto, não havia nenhum McDonald's por perto. Contudo, meu pai rico ensinou a mim e a Mike a mesma lição que Ray Kroc deu na Universidade do Texas. É a Lição #3 dos ricos. O segredo é: Cuide do seu negócio. Os problemas financeiros geralmente resultam do trabalho de uma vida toda feito para outras pessoas. Muita gente chegará sem nada ao fim de uma vida inteira de trabalho.

Nosso atual sistema de ensino se concentra em preparar a juventude para os empregos por meio do desenvolvimento de habilidades acadêmicas. Suas vidas girarão em torno dos seus salários ou, como mostrado anteriormente, da coluna de renda. Depois de desenvolvidas as habilidades acadêmicas, os estudantes vão para níveis mais elevados de ensino, a fim de desenvolver suas habilidades profissionais. Eles estudam para se tornar engenheiros, cientistas, cozinheiros, policiais, artistas, escritores etc. Suas habilidades profissionais lhes permitirão ingressar na força de trabalho e trabalhar por dinheiro.

Mas há uma grande diferença entre sua profissão e seu negócio. Muitas vezes, pergunto às pessoas: "Qual é o seu negócio?" E elas respondem: "Sou bancário." Então lhes pergunto se são donas do banco. Em geral, retrucam: "Não, eu trabalho para o banco." Nesse caso, está se confundindo profissão com negócio. Sua profissão pode ser a de bancário, mas elas ainda não são donas da empresa.

Um dos problemas com a escola é que frequentemente você se transforma naquilo que estuda. Se você estuda, digamos, culinária, se torna um chef. Se estuda direito, se torna um advogado, e se você estuda mecânica de automóveis, se torna um mecânico. O erro de se tornar aquilo que estuda é que muitas pessoas se esquecem de cuidar do seu negócio. Passam a vida cuidando dos negócios de outras pessoas e as enriquecendo.

Para ter segurança financeira, a pessoa precisa cuidar do seu negócio. Ele gira em torno da sua coluna de ativos, em oposição à sua coluna de renda. Como dito anteriormente, a Regra #1 é conhecer a diferença entre um ativo e um passivo e comprar ativos. Os ricos se concentram na coluna dos ativos, enquanto todos os outros focam em suas demonstrações financeiras.

É por isso que ouvimos com tanta frequência: "Preciso de um aumento", "Se pelo menos conseguisse uma promoção...", "Vou voltar a estudar para arrumar um emprego melhor", "Vou fazer hora extra", "Quem sabe consigo mais um emprego", "Vou me demitir em duas semanas, encontrei um emprego com um salário melhor".

> ***Os problemas financeiros geralmente resultam do trabalho de uma vida toda feito para outras pessoas.***

Em alguns círculos, essas são ideias sensatas. Contudo, se prestar atenção em Ray Kroc, verá que ainda não está cuidando do seu negócio. Todas essas ideias ainda focam a coluna de renda e só ajudarão a pessoa a ter mais segurança financeira se o dinheiro adicional for utilizado na aquisição de ativos geradores de renda.

A principal razão pela qual os pobres e a classe média são conservadores do ponto de vista financeiro — o que significa: "Não posso me arriscar" — é que não têm um embasamento financeiro. Apenas agarram-se a seus empregos. Fazem o que é seguro.

Quando o corte de pessoal se tornou a "tendência", milhões de trabalhadores descobriram que seu chamado maior ativo, sua residência, os estava comendo vivos. Seu "ativo", chamado de casa, ainda lhes custava dinheiro a cada mês. Seu carro, outro "ativo", os devorava. Os tacos de golfe guardados na garagem e que tinham custado US$1 mil já não valiam isso. Sem segurança no emprego, não tinham nada a que recorrer. O que pensavam que eram ativos não os podia ajudar a sobreviver em uma época de crise financeira.

20 Anos Atrás...

DESEMPREGO

A campanha presidencial de 2016 de Donald Trump focou Empregos, Empregos, Empregos. O desemprego alcança níveis recordes, mesmo que os "relatórios" retratem fórmulas e estatísticas diferentes. A Organização Internacional do Trabalho prevê que em 2017 o desemprego global atinja 200 milhões de pessoas. Outra possibilidade soturna: a ascensão dos robôs...

Imagino que todos nós já tenhamos preenchido uma ficha de cadastro para solicitar um financiamento imobiliário ou de um automóvel. É bem interessante olhar para o item "patrimônio líquido", porque é isso que os bancos e as práticas contábeis aceitam como ativo de uma pessoa.

Certo dia, minha posição financeira não parecia muito boa para obter crédito. De modo que incluí meus tacos de golfe, minha coleção de arte, livros, aparelhos eletrônicos, ternos Armani, relógios de pulso, sapatos e outros objetos pessoais, a fim de aumentar o montante da coluna dos ativos.

O empréstimo, entretanto, foi recusado, porque eu tinha muito dinheiro investido em imóveis. Os responsáveis pela concessão de empréstimos não gostaram do fato de eu obter uma parte tão grande da minha renda de apartamentos alugados. Queriam saber por que eu não tinha um emprego formal, com um salário. Não questionaram os ternos Armani, os tacos de golfe ou a coleção de arte. A vida, às vezes, é difícil para quem não se encaixa no perfil padrão.

Tenho arrepios sempre que ouço alguém dizendo que seu patrimônio líquido é de US$1 milhão ou de US$100 mil, ou de qualquer outro valor. Um dos motivos por que o patrimônio líquido não é um indicador acurado é simplesmente porque no momento em que começa a vender seus ativos, seus ganhos são tributados.

Muitas pessoas se envolvem em dificuldades financeiras quando sua renda é reduzida. Pegam empréstimos, vendem seus ativos. Mas seus ativos em geral só podem ser vendidos por uma fração do valor declarado em seu balanço patrimonial. Ou, se houver um ganho na sua venda, será tributado. De modo que, repito, o governo pega uma parte dos ganhos, reduzindo assim o montante disponível para auxiliá-los a sair da dívida. Por isso, costumo dizer que o patrimônio líquido de alguém frequentemente "vale menos" do que se pensa.

Comece a cuidar do seu negócio. Mantenha o seu emprego, mas comece a comprar ativos reais e não passivos ou objetos pessoais que perdem seu valor real assim que chegam à sua casa. Um carro novo perde cerca de 25% do preço que você paga no momento em que sai da concessionária. Não é um ativo verdadeiro, mesmo que o seu banco permita que você o liste entre seus ativos. Meu novo taco de titânio, que custou US$400, passou a valer US$150 no momento em que pisei no campo de golfe.

Reduza as despesas e os passivos e forme diligentemente uma base sólida de ativos. Para os jovens, que ainda não saíram de casa, é importante que seus pais lhes ensinem a diferença entre ativos e passivos. Faça com que seus filhos comecem a construir uma base substancial de ativos antes que saiam de casa, casem-se, comprem um imóvel, tenham filhos e se encontrem em uma situação financeira difícil, agarrando-se a um emprego e comprando tudo a crédito. Vejo muitos jovens casarem e se verem aprisionados em um estilo de vida que não lhes permite sair do sufoco das dívidas durante a maior parte de sua vida de trabalho.

Para muitas pessoas, quando o último filho sai de casa, os pais constatam que não se prepararam adequadamente para a aposentadoria e começam a tentar economizar algum dinheiro. Então, seus próprios pais adoecem e eles se deparam com novas dificuldades.

Qual é o tipo de ativo que sugiro que você ou seus filhos adquiram? No meu mundo, ativos reais se agrupam em várias categorias diferentes:

- *Negócios que não exijam a minha presença:* sou o dono deles, mas são administrados por outras pessoas. Se eu tiver que trabalhar neles, não é um negócio. Torna-se uma profissão.
- *Ações*
- *Títulos*
- *Imóveis que geram renda*
- *Promissórias*
- *Royalties de propriedade intelectual, como música, literatura e patentes*
- *Tudo o que tenha valor, gere renda ou se valorize e tenha um mercado líquido*

Quando garoto, meu pai instruído me incentivava a procurar um emprego seguro. Meu pai rico, por outro lado, me incentivava a investir naquilo que me agradasse. "Se você não gostar de seus ativos, não cuidará deles." Comecei a adquirir imóveis simplesmente porque adoro prédios e terrenos. Gosto de comprá-los. Poderia passar o dia analisando propriedades. Quando surgem problemas, não são tão graves a ponto de mudar o meu apreço pelos imóveis. Pessoas que detestam imóveis não deveriam comprá-los.

Adoro ações de pequenas empresas, especialmente aquelas que estão iniciando suas atividades. A razão é que eu sou um empreendedor, não um homem de grandes empresas. Quando jovem, trabalhei em grandes organizações, como a *Standard Oil* da Califórnia, a Marinha dos Estados Unidos e a Xerox Corporation. Apreciei o tempo que lá passei e tenho boas lembranças; mas eu sabia, lá no fundo, que não era um homem de organizações. Gosto de iniciar empresas, não de geri-las. Então compro, em geral, ações de pequenas empresas e, às vezes, até inicio a empresa, e depois a levo ao mercado. Pode se fazer fortunas com a emissão de novas ações e eu gosto desse jogo. Muitas pessoas têm medo de pequenas empresas e as consideram arriscadas, e de fato o são. Mas o risco sempre é menor se você gostar daquilo em que está investindo, compreender e conhecer o jogo. Com pequenas empresas, minha estratégia é de investimento, é me desfazer das ações no prazo de um ano. Por outro lado, minha estratégia para os imóveis

> ***Comece a cuidar do seu negócio. Mantenha o seu emprego, mas comece a comprar ativos reais e não passivos.***

é começar com pouco, depois trocá-los por imóveis maiores e, portanto, adiar o pagamento dos impostos sobre os ganhos. Isso permite que seu valor aumente acentuadamente. Costumo ficar com os imóveis no máximo sete anos.

Durante anos, mesmo quando estava na Marinha ou na Xerox, fiz o que o meu pai rico aconselhava. Fiquei no meu emprego, mas ainda assim cuidava dos meus negócios. Estava atento à minha coluna de ativos. Negociava com imóveis e ações. O pai rico sempre destacava a importância da proficiência financeira. Quanto mais eu entendesse a contabilidade e a gestão do dinheiro, melhor poderia analisar investimentos e, por fim, construir a minha própria empresa.

Eu não incentivaria ninguém a iniciar uma nova empresa, a menos que realmente o deseje. Conhecendo o que conheço quanto à direção de um negócio, não recomendaria a tarefa a ninguém. Em certos casos, quando a pessoa não consegue um emprego, iniciar uma empresa pode ser uma solução. As chances, entretanto, são adversas: nove entre dez empresas vão à insolvência em cinco anos. Das que sobrevivem aos primeiros cinco anos, nove entre cada dez também quebram. Se realmente tem o desejo de ter sua própria empresa, vá em frente. Se não for esse o caso, fique no seu emprego e cuide de seus negócios.

Quando digo para cuidar de seus negócios, refiro-me à formação e à manutenção de uma coluna sólida de ativos. Se um dinheiro entrar nela, nunca o deixe sair de lá. Pense deste modo, depois de entrar em sua coluna de ativos, o dinheiro passa a ser seu empregado e não deve mais sair de lá. O melhor disso tudo, é que o dinheiro trabalha sem reclamar, 24 horas por dia, e pode fazê-lo durante gerações. Mantenha o seu emprego, seja um ótimo funcionário, mas construa sua coluna de ativos.

À medida que o seu fluxo de caixa cresce, você pode comprar alguns artigos de luxo. Uma distinção importante é que os ricos compram os artigos de luxo por último, enquanto os pobres e a classe média tendem a fazê-lo antes. Nos Estados Unidos, essas pessoas frequentemente compram itens de luxo, como casas grandes, diamantes, peles, joias ou barcos, porque desejam aparentar ser ricos. Parecem ricos, mas, na verdade, estão afundando em dívidas. As pessoas que já têm dinheiro, os ricos em longo prazo, constroem primeiro sua coluna de ativos. Então, com a renda gerada por essa coluna, compram os supérfluos. Os pobres e a classe média compram futilidades com o seu próprio suor e com a herança dos filhos.

Um luxo verdadeiro é uma recompensa por ter investido e desenvolvido uma coluna de ativos. Por exemplo, quando minha mulher e eu auferimos uma renda maior com nossos apartamentos, ela comprou sua Mercedes. Ela não fez nenhum trabalho extra, ou arriscou sua parte, porque os imóveis compraram o carro. Contudo, ela teve que esperar durante quatro anos, enquanto o portfólio de imóveis crescia, e finalmente começou a gerar renda extra suficiente para pagar o carro. Mas o supérfluo, a Mercedes, foi uma verdadeira recompensa, porque ela provou que sabia como aumentar sua coluna de ativos. Esse carro significa muito mais para ela do que apenas outro carro bonito. Significa que utilizou sua inteligência financeira para adquiri-lo.

Em vez disso, o que muita gente faz é comprar compulsivamente um carro ou outro bem de luxo a crédito. Podem estar se sentindo entediadas e desejam apenas um brinquedo novo. Comprar um supérfluo a crédito leva alguém, mais cedo ou mais tarde, a se ressentir, porque o endividamento se torna um ônus financeiro.

Depois de dedicar seu tempo e investir em seus negócios, você estará pronto para aprender o maior segredo dos ricos — o que os põe muito à frente da multidão.

SEÇÃO DE ESTUDO

Capítulo 3

LIÇÃO #3: CUIDE DO SEU NEGÓCIO

CAPÍTULO 3

LIÇÃO #3: CUIDE DO SEU NEGÓCIO

Resumo

Em 1974, um amigo de Robert vai a uma palestra de Ray Kroc sobre a fama do McDonald's, na Universidade do Texas, em Austin. Depois disso, Ray aceitou se juntar aos ouvintes em seu lugar favorito para uma cerveja.

Ele perguntou aos estudantes em que setor de negócios estava. Primeiro, eles riram, e então responderam que seu ramo de atuação era o de hambúrgueres, claro.

Mas Ray falou que estavam errados, seus negócios eram os imóveis. Ele sabia que o terreno e a localização de cada franquia eram os principais fatores para o sucesso. Atualmente, o McDonald's é o maior proprietário de imóveis no mundo, dominando algumas das esquinas e cruzamentos mais valiosos ao redor do globo.

O amigo de Robert levou a lição a sério e hoje é proprietário de lava-rápidos — mas seu negócio é o imóvel em que eles estão localizados.

Muitas pessoas trabalham para outras: seus empregadores, o governo (tributos) e o banco (financiamentos). O que Ray Kroc e o pai rico sabiam era a Lição #3 dos ricos: Cuide do seu negócio. Não desperdice sua vida inteira trabalhando para outras pessoas.

Há uma grande diferença entre sua profissão e seu negócio. Frequentemente, Robert pergunta: "Qual é o seu negócio?" E as pessoas respondem: "Ah, sou bancário." Então ele pergunta a elas se são donas do banco. Elas geralmente respondem: "Não, eu trabalho lá." Nesse caso, elas confundem sua profissão com seu negócio. Sua profissão pode ser a de bancário, mas elas ainda precisam de um negócio próprio.

Muitas pessoas passam suas vidas cuidando dos negócios de outras pessoas e as deixando ricas.

Cuidar do seu negócio não significa começar uma empresa, como muitas pessoas pensam. Na verdade, o seu negócio envolve a coluna de ativos, não a de renda.

Promoções ou um trabalho melhor só vão ajudar sua estabilidade financeira se você usar o dinheiro extra para adquirir ativos geradores de renda.

A razão principal pela qual as classes média e baixa são conservadoras do ponto de vista financeiro é que não têm um bom conhecimento na área. Eles precisam se apegar a seus trabalhos e à ideia de segurança. Não conseguem assumir riscos.

E quando os tempos difíceis surgem, o que muitas pessoas percebem é que seus ativos não vão ajudá-las a sobreviverem a uma crise financeira. O carro se desvalorizou. Aqueles tacos de golfe? Também.

Com muita frequência, o que o banco permite que uma pessoa considere como um ativo em uma demonstração financeira não é um ativo legítimo.

Robert teve uma proposta de empréstimo recusada porque o banco não gostou de quanta renda provinha de aluguéis, e estava preocupado por ele não ter um emprego formal. Mas eles aceitaram que Robert elencasse seus ternos, uma coleção de arte e outros bens pessoais como se fossem ativos.

O patrimônio líquido não é medido como as pessoas pensam. Muitos bens considerados ativos, com que as pessoas mensuram o seu patrimônio, não são tão valiosos quanto acham, ou, se adquirirem valor, desencadearão impostos sobre eles quando vendidos.

Assim, Robert diz às pessoas para começar a cuidar do próprio negócio. Manter seu trabalho formal, mas começar a comprar ativos legítimos, não passivos ou bens pessoais que perdem valor após a aquisição. Reduza despesas e passivos, e construa diligentemente uma base de ativos consistentes.

Os pais precisam educar os jovens antes que saiam de casa, assim, vão entender o que é um ativo legítimo e evitar as armadilhas das dívidas.

Robert diz que os ativos legítimos se encontram nas seguintes categorias:

1. *Negócios que não exijam a minha presença:* sou o dono deles, mas eles são administrados por outras pessoas. Se eu tiver que trabalhar neles, não é um negócio. Torna-se uma profissão.
2. *Ações*
3. *Títulos*

4. *Imóveis que geram renda*
5. *Promissórias*
6. *Royalties de propriedade intelectual, como música, literatura e patentes*
7. *Tudo o que tenha valor, gere renda ou se valorize e tenha liquidez de mercado*

Adquira ativos que você ama. Robert é apaixonado por imóveis, então passa muito do seu tempo analisando e comprando. Se não gostar de imóveis, não invista nisso.

Robert também ama ações e pequenas empresas, porque ele é um empreendedor. Alguns têm medo do risco das empresas iniciantes, mas ele as vê como locais para se produzir riqueza. Sua estratégia é sair do mercado de ações depois de um ano. Sua estratégia imobiliária, por outro lado, é começar por baixo e continuar negociando até chegar às grandes propriedades (e diferir os impostos sobre os ganhos), conservando o imóvel por no máximo sete anos.

Mesmo quando trabalhava para a Marinha e a Xerox, Robert já cuidava de seus negócios. Ele mantinha o seu trabalho formal, mas movimentava sua coluna de ativos, negociando imóveis e pequenas ações.

Quanto mais entendia de contabilidade e gestão financeira, melhor analisava os investimentos e, eventualmente, cuidava da sua empresa.

Ele não recomenda que as pessoas comecem um negócio, a menos que realmente desejem. Por outro lado, aconselha a manter o trabalho formal enquanto constrói sua empresa: construir e manter uma coluna de ativos substancial.

Conforme o fluxo de caixa cresce, as pessoas podem se render a certas futilidades — mas só se o fluxo de caixa puder arcar com elas. Consolide a coluna de ativos e deixe que os ativos geradores de renda paguem seus luxos.

Momento do hemisfério esquerdo: Quando os ativos geram renda suficiente para arcar com os supérfluos, então você pode comprá-los.

Momento do hemisfério direito: Pense criticamente sobre o que o seu negócio é. Ele não é sua profissão.

Momento subconsciente: Adquira ativos pelos quais é apaixonado, porque assim você cuidará melhor e se divertirá aprendendo sobre eles.

O que Robert Quer Dizer

Agora é hora de refletir. Pergunte a si mesmo: "*O que* Robert quer dizer nesta citação?" E: "*Por que* ele diz isso?" Nesta seção, você não precisa concordar ou discordar dele. O objetivo é *entender* o que Robert está dizendo.

Lembre-se, esta seção de estudo é projetada para ser coadjuvante e de apoio. Duas cabeças pensam melhor do que uma. Se você não entende o que Robert está dizendo, não desista da lição. Peça ajuda. Aproveite o tempo para discutir cada citação até compreendê-las:

> "Para ter segurança financeira, a pessoa precisa cuidar do seu negócio."
>
> "Os ricos se concentram na coluna dos ativos, enquanto todos os outros focam em suas demonstrações financeiras."
>
> "Os problemas financeiros geralmente resultam do trabalho de uma vida toda feito para outras pessoas. Muita gente chegará sem nada ao fim de uma vida inteira de trabalho."
>
> "Um dos motivos por que o patrimônio líquido não é um indicador acurado é simplesmente porque no momento em que começa a vender seus ativos, seus ganhos são tributados."
>
> "Se um dinheiro entrar nela, nunca o deixe sair de lá. Pense deste modo, depois de entrar em sua coluna de ativos, o dinheiro passa a ser seu empregado, e não deve mais sair de lá. O melhor disso tudo, é que o dinheiro trabalha sem reclamar, 24 horas por dia, e pode fazê-lo durante gerações."
>
> "Uma distinção importante é que os ricos compram os artigos de luxo por último, enquanto os pobres e a classe média tendem a fazê-lo antes."
>
> "Os pobres e a classe média compram futilidades com o seu próprio suor e com a herança dos filhos."

Questões Adicionais

Agora é o momento de usar as histórias deste capítulo para entender o que Robert estava dizendo, e aplicá-las a você e sua vida. Faça a si mesmo as perguntas abaixo e as discuta com o seu parceiro de estudos. Seja honesto consigo mesmo e com seu parceiro. Se não gostar das respostas que der, pergunte a si mesmo se está disposto a mudar e aceitar o desafio de transformar seus pensamentos e mentalidade:

1. Qual é sua profissão e o seu negócio? Em que diferem?
2. O que você elencava em seu patrimônio líquido antes de ler este capítulo? Como você o vê agora?
3. Os ativos que adquire são do tipo que mais ama? Se não, como pode mudar isso?
4. Houve alguma vez em que você comprou um supérfluo com que seu fluxo de caixa não pôde arcar? E em que você comprou apenas depois de poder? Compare como se sentiu em ambas as situações, tanto no momento da compra quanto depois.
5. Há pessoas em sua família que gastaram toda sua vida trabalhando para os outros, para terminar sem nada? Como você as aconselharia se pudesse?

NOTAS

Capítulo 4

LIÇÃO #4: A HISTÓRIA DOS IMPOSTOS E O PODER DAS SOCIEDADES ANÔNIMAS

Meu pai rico foi apenas mais esperto e usou as sociedades anônimas — o maior segredo dos ricos.

Lembro-me de ter ouvido na escola a história de Robin Hood. Meu professor pensava que fosse uma maravilhosa história de um herói romântico, tipo Kevin Costner, que roubava dos ricos para dar aos pobres. Meu pai rico não via Robin Hood como um herói. Ele o chamava de trapaceiro.

Robin Hood pode ter desaparecido há muito tempo, mas seus seguidores perduraram. Quantas vezes ouço as pessoas dizerem: "Por que os ricos não pagam por isso?" ou "Os ricos deveriam pagar mais impostos para atender aos pobres".

Essa ideia de Robin Hood, ou de tirar dos ricos para dar aos pobres, é que provoca os maiores sofrimentos para os pobres e para a classe média. A razão pela qual a classe média paga impostos tão pesados está no ideal de Robin Hood. Na verdade, os ricos não são tributados. É a classe média que paga pelos pobres, especialmente a classe média alta instruída.

Novamente, para entender bem como tudo acontece, precisamos adotar uma perspectiva histórica. Temos que conhecer a história dos tributos. Meu pai muito instruído era especialista em história da educação, já meu pai rico se tornou um especialista na história dos impostos.

O pai rico explicou a Mike e a mim que originalmente na Inglaterra e nos Estados Unidos não havia impostos. De vez em quando, eram lançados impostos eventuais para financiar as guerras. O rei ou o presidente anunciava o acontecido e convocava todos para "rachar" a despesa. Os impostos foram lançados na Grã-Bretanha para financiar as lutas contra Napoleão, de 1799 a 1816, e nos Estados Unidos para financiar a Guerra Civil, entre 1861 e 1865.

Em 1874, a Inglaterra instituiu um imposto de renda permanente para seus cidadãos. Em 1913, o imposto de renda se tornou permanente nos Estados Unidos com a adoção da 16ª Emenda à Constituição. Durante certo tempo, os norte-americanos eram contrários aos impostos. Foi o excessivo imposto sobre o chá que levou à famosa Festa do Chá no porto de Boston, um incidente que ajudou a desencadear a Guerra Revolucionária. Foram necessários cerca de cinquenta anos, tanto na Inglaterra quanto nos Estados Unidos, para se consolidar a ideia de um imposto de renda rotineiro.

O que esses dados históricos não revelam é que, em ambos os casos, os impostos foram inicialmente lançados sobre os ricos. Era isso o que pai rico queria que Mike e eu entendêssemos. Ele explicou que a ideia de impostos se tornou popular e foi aceita pela maioria, passando para os pobres e a classe média a ideia de que foram criados para punir os ricos. Foi assim que as massas votaram a favor da lei e ela se tornou constitucionalmente válida. Embora fosse idealizada para punir os ricos, na realidade acabou castigando aquelas pessoas que votaram a seu favor, isto é, os pobres e a classe média.

"Quando o governo sentiu o gosto do dinheiro, seu apetite aumentou", disse o pai rico. "Seu pai e eu somos diametralmente opostos. Ele é um burocrata do governo, eu sou um capitalista. Quanto mais ele gasta e quanto mais gente contrata, maior será sua organização. No governo, quanto maior sua organização, mais ele será respeitado. Por outro lado, dentro da minha organização, quanto menos gente eu contratar e quanto menos gastar, mais respeito obterei dos meus investidores. É por isso que não gosto de gente do governo. Eles têm objetivos diferentes daqueles da maioria dos homens de negócios. À medida que o governo cresce, mais e mais dólares, saídos dos impostos, serão necessários para sustentá-lo."

Meu pai instruído acreditava sinceramente que o governo deveria ajudar as pessoas. Gostava de John F. Kennedy e, especialmente, da ideia do Corpo da Paz. Gostava tanto dessa ideia que ele e mamãe trabalharam para o Corpo da Paz treinando voluntários para a Malásia, Tailândia e Filipinas. Ele sempre lutava por doações adicionais e aumentos no orçamento, de modo que pudesse contratar mais gente, tanto no seu cargo no Departamento de Educação quanto no Corpo da Paz.

Desde os meus dez anos, ouvia meu pai rico dizer que os funcionários do governo eram um bando de ladrões preguiçosos, e meu pai pobre falava que os ricos eram bandidos gananciosos que deveriam ser obrigados a pagar mais impostos. Ambos os lados tinham argumentos válidos. Era difícil trabalhar para um dos maiores capitalistas da cidade e chegar à casa onde o pai era um proeminente líder do governo. Não era fácil saber em quem acreditar.

Meu pai rico não via Robin Hood como um herói. Ele o chamava de trapaceiro.

Contudo, quando você estuda a história dos impostos, aparece uma perspectiva interessante. Como já disse, a aprovação dos impostos só foi possível porque as massas acreditavam na teoria Robin Hood da economia, que era tirar dos ricos para distribuir aos demais. O problema é que o apetite do governo por dinheiro era tão grande que logo os impostos precisaram ser lançados sobre a classe média, e a partir daí passou a atingir também os pobres.

20 Anos Atrás...

OS RICOS NÃO SÃO TRIBUTADOS

Os ricos nunca serão tributados. Cada vez mais, vemos os governos usando as leis fiscais para incentivar empresários e investidores a criar empregos e moradia. Estes incentivos reduzem os impostos dos ricos. Assim, a classe média é o único lugar em que o governo pode impulsionar a receita fiscal.

Os ricos, por outro lado, viram nisso uma oportunidade. Eles não jogam pelas mesmas regras. Os ricos já sabiam sobre as sociedades anônimas, que se tornaram populares na época das navegações. Os ricos a criaram como um veículo para limitar o risco dos ativos a cada viagem. Os ricos colocavam seu dinheiro em uma sociedade anônima para financiar a viagem. A sociedade anônima, então, contratava uma tripulação para ir ao Novo Mundo em busca de tesouros. Se a embarcação se perdesse, a tripulação perdia a vida, mas a perda para os ricos se limitava apenas ao dinheiro investido em cada viagem.

O diagrama que se segue mostra como a estrutura da sociedade anônima fica fora da sua demonstração pessoal de renda e do seu balanço patrimonial.

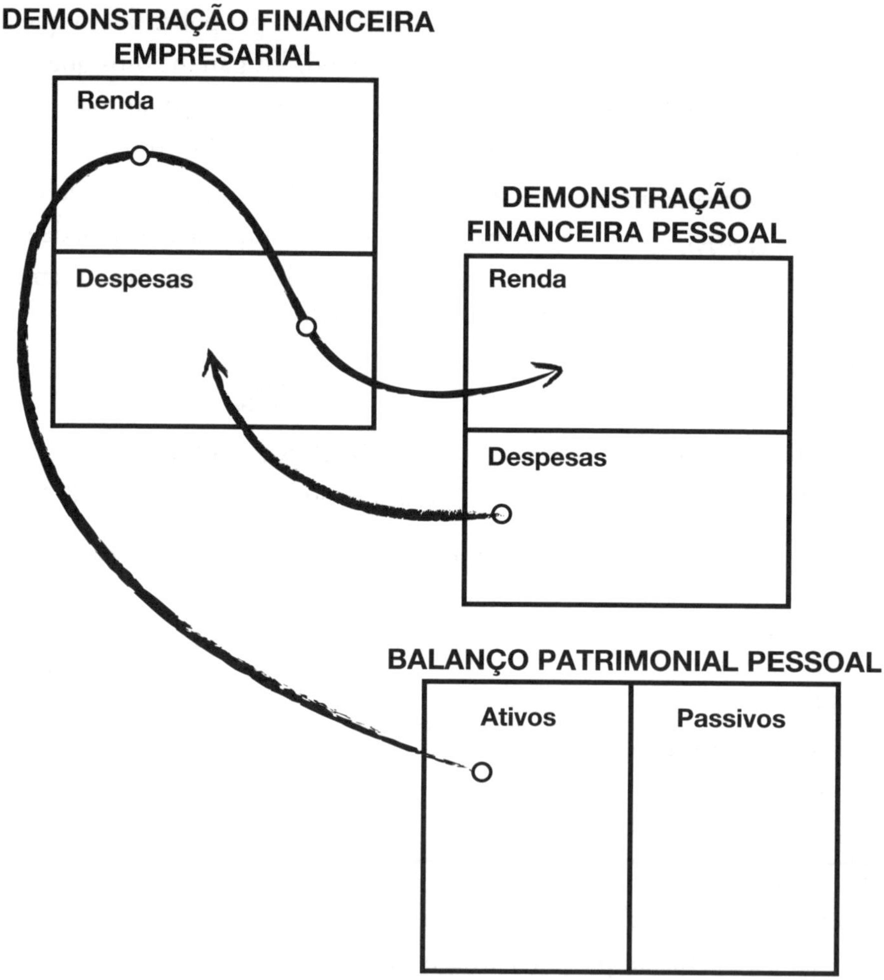

É o reconhecimento do poder da estrutura legal da sociedade anônima que dá aos ricos uma grande vantagem sobre os pobres e a classe média. Tendo dois pais a me ensinar, um socialista e outro capitalista, rapidamente percebi que a filosofia dos capitalistas fazia mais sentido para mim em termos financeiros. Tinha a impressão de que os socialistas, em última análise, puniam a si próprios, em decorrência da sua falta de instrução financeira. Não importava o que a turma do "tire dos ricos" inventasse, eles sempre encontravam uma forma de vencê-la. E, dessa forma, os impostos acabaram onerando a classe média. Os ricos conseguiram vencer os intelectuais, somente porque aqueles entendiam o poder do dinheiro, um tema não abordado pela escola.

Como os ricos passaram para trás os intelectuais? Quando o imposto "tire dos ricos" foi implementado, o dinheiro começou a fluir para os cofres do governo. Inicialmente, as pessoas ficaram felizes. O dinheiro foi repassado para os funcionários do governo e para os ricos. Foi para os funcionários na forma de empregos e aposentadorias. Foi para os ricos quando as empresas receberam contratos do governo. O governo se tornou uma grande fonte de dinheiro, mas o problema era a administração fiscal desses recursos. A política do governo era evitar ter excesso de dinheiro. Se não conseguisse gastar a verba recebida, você se arriscava a perdê-la no próximo orçamento. Certamente, não haveria reconhecimento para você se fosse eficiente. Os homens de negócios, por outro lado, são recompensados pelo dinheiro que sobra e reconhecidos pela sua eficiência. À medida que este ciclo de despesas públicas crescentes continuava, a demanda por dinheiro aumentava e a ideia de "tire dos ricos" se ajustava agora para incluir níveis de renda mais baixos, chegando aos que tinham votado a favor dos impostos: os pobres e a classe média.

Os verdadeiros capitalistas aplicavam seus conhecimentos financeiros para simplesmente encontrar uma maneira de escapar. Eles se voltaram para a proteção de uma sociedade anônima. Mas o que muita gente desconhece é que uma sociedade anônima não é algo concreto. É simplesmente uma pasta de arquivo com alguns documentos legais, guardada no escritório de um advogado e registrada em um órgão público. Não é um edifício com o nome de uma empresa. Não é uma fábrica ou um grupo de pessoas. Uma sociedade anônima é simplesmente um documento legal que cria um corpo jurídico sem alma. A fortuna dos ricos estava novamente protegida. As sociedades anônimas se tornaram populares, porque a alíquota do imposto de renda sobre elas era menor do que as vigentes sobre as pessoas físicas. Além disso, certas despesas poderiam ser descontadas da renda tributável da sociedade anônima.

Esta guerra entre os privilegiados e os desvalidos se mantém há centenas de anos. A batalha é travada sempre que leis são discutidas, e continuará sempre. O problema é que as pessoas que perdem não têm informação. Se elas entendessem a maneira como os ricos jogam, também poderiam jogar. Então estariam a caminho de sua independência financeira. É por isso que me arrepio toda vez que ouço um pai aconselhar o seu filho a estudar para poder conseguir um emprego bom e seguro. Um empregado nessas condições não tem escapatória.

Hoje, o norte-americano comum trabalha de cinco a seis meses para o governo, antes de ter conseguido o suficiente para pagar seus impostos. Na minha opinião, isso é tempo demais. Quanto mais arduamente você trabalha, mais paga ao governo. É por isso que acredito que a ideia de "tire dos ricos" acabou sendo um tiro pela culatra para aqueles que a votaram.

Toda vez que as pessoas tentam punir os ricos, estes não apenas não obedecem, como reagem. Eles têm o dinheiro, o poder e a intenção de mudar as coisas. Não ficam sentados pagando voluntariamente mais impostos; pelo contrário, buscam maneiras de minimizar sua carga tributária. Contratam advogados e contadores competentes e convencem os políticos a mudar as leis ou a criar artifícios legais. Eles têm os recursos para fazer mudanças.

O Código Tributário dos Estados Unidos também oferece outras formas de reduzir os impostos. Muitos desses instrumentos estão à disposição de qualquer um, mas são, em geral, os ricos que tiram proveito deles, porque cuidam de seus negócios. Por exemplo, "1031" é um jargão para a Seção 1.031 do Código da Receita Federal, que permite a um vendedor diferir, ou seja adiar, o pagamento dos impostos sobre o ganho de capital resultante da venda de um imóvel se este for trocado por um imóvel mais caro. Se continuar aumentando o seu patrimônio mediante a troca de imóveis, seus ganhos não serão tributados enquanto não liquidar a transação. As pessoas que não se beneficiam desta economia nos impostos, permitida legalmente, estão perdendo uma grande oportunidade de ampliar sua coluna de ativos.

Os pobres e a classe média não têm os mesmos recursos. Ficam sentados e deixam que o governo espete em seus braços as agulhas para drenar seu sangue. Atualmente, fico chocado com o número de pessoas que pagam mais impostos ou aplicam menos deduções simplesmente porque têm medo do governo. E sei como um agente tributário do governo pode ser apavorante e intimidador. Tenho amigos cujos negócios foram fechados e destruídos, para só depois descobrirem que se tratava de um erro do governo. Tenho consciência disso tudo. Mas o preço de trabalhar de janeiro a meados de maio é muito alto para essa intimidação. Meu pai pobre nunca se rebelou. Nem meu pai rico. Ele foi apenas mais esperto e usou as sociedades anônimas — o maior segredo dos ricos.

20 Anos Atrás...

O LEÃO

O leão levará tudo o que você permitir. Em última instância, o sistema tributário é justo, à medida que nivela todos os que estão na mesma situação. Se está disposto a investir, as leis fiscais vão trabalhar a seu favor. Se quiser apenas gastar dinheiro e comprar passivos, elas não lhe darão qualquer folga — e é provável que você pague o máximo de imposto possível.

Você lembrará a primeira lição que aprendi com meu pai rico. Eu era um garoto de nove anos que teve que sentar e esperar até que resolvesse falar comigo. Sentava no seu escritório esperando que me atendesse. Ele me ignorava propositalmente. Queria que eu reconhecesse seu poder e desejasse tê-lo um dia. Durante todos os anos que estudei e trabalhei com ele, sempre me lembrou que conhecimento é poder. E com o dinheiro vem mais poder, o que exige o conhecimento certo para mantê-lo e fazê-lo se multiplicar. Sem esse conhecimento, o mundo bate em você. O pai rico sempre recordava a mim e ao Mike que o maior tirano não era o patrão ou o supervisor, mas o leão. Se você deixar, o homem dos impostos sempre tirará mais de você. A primeira lição relativa a fazer o dinheiro trabalhar para mim, em vez de

Se trabalha por dinheiro, você dá o poder ao seu empregador. Se o dinheiro trabalha para você, o poder e o controle são seus.

trabalhar pelo dinheiro, tem na verdade tudo a ver com poder. Se trabalha por dinheiro, você dá o poder ao seu empregador. Se o dinheiro trabalha para você, o poder e o controle são seus.

No momento em que adquirimos esse conhecimento do poder do dinheiro trabalhando para nós, o pai rico quis que nos tornássemos financeiramente expertos e não deixássemos os tiranos nos intimidar. Você precisa conhecer as leis, a forma como o sistema funciona. Se for ignorante, é fácil ser intimidado. Se sabe do que está falando, tem uma chance de vencer. É por isso que ele pagava tanto a advogados e contadores especializados em tributação. Era menos dispendioso pagar-lhes do que ao governo. A melhor lição que me deu, e que utilizei na maior parte de minha vida, é: "Seja inteligente e não será oprimido." Ele conhecia a lei porque era um cidadão que a respeitava. "Se sabe que está certo, você não terá receio de se defender." Mesmo se estiver enfrentando Robin Hood e o seu bando.

Meu pai instruído sempre me incentivou a conseguir um bom emprego em uma grande empresa. Ele falava das vantagens de "subir na hierarquia empresarial". Ele não entendia que, dependendo apenas do salário de um patrão, eu seria gado se encaminhando mansamente para o abate.

Cada dólar na minha coluna de ativos era um ótimo empregado, se esforçando para se multiplicar e comprar para o chefe um novo Porsche.

Quando contei ao meu pai rico o conselho do meu pai pobre, ele deu uma risadinha. "Por que não ser dono da hierarquia?", foi tudo o que disse.

Eu era garoto e não entendia o que o meu pai rico queria dizer com me tornar dono da minha empresa. Era uma ideia que parecia impossível e assustadora. Embora a ideia me empolgasse, minha juventude não me permitia vislumbrar a possibilidade de que adultos trabalhassem, algum dia, para uma empresa da qual eu seria o dono.

O importante é que, se não fosse pelo meu pai rico, eu teria provavelmente seguido o conselho do meu pai instruído. Foi apenas a lembrança ocasional do meu pai rico que manteve viva a ideia de ter minha própria empresa, o que me fez seguir um caminho diferente. Quando eu já estava com quinze ou dezesseis anos, sabia que não podia continuar a trajetória que o meu pai instruído recomendava. Não tinha ideia de como fazer, mas estava disposto a não seguir na direção em que a maioria dos meus colegas se encaminhava. Essa decisão mudou a minha vida.

Com os meus vinte e poucos anos, o conselho do meu pai rico começou a fazer sentido. Tinha saído da Marinha e estava trabalhando na Xerox. Ganhava muito bem, mas cada vez que olhava para o contracheque, me sentia desapontado. As deduções eram enormes e, quanto mais eu trabalhava, maiores eram. À medida que me tornava bem-sucedido, meus chefes falavam de promoções e aumentos. Era lisonjeador, mas podia ouvir o pai rico sussurrando no meu ouvido: "Para quem está trabalhando? Quem você está enriquecendo?"

---

20 Anos Atrás...

O DONO DA HIERARQUIA

Hoje, à medida que a tecnologia muda a forma como trabalhamos e fazemos negócios, falo com mais e mais pessoas que se perguntam: "Como posso me tornar o dono da hierarquia?" O capitalismo está prosperando, e o sistema de livre mercado significa que os empresários que oferecem um produto melhor a um preço mais acessível têm uma boa chance de sucesso.

Em 1974, ainda estava na Xerox, criei minha primeira sociedade anônima e comecei a cuidar do meu negócio. Já havia alguns ativos na minha coluna de ativos, mas agora estava determinado a focar um mercado maior. Esses contracheques cheios de deduções justificavam todos os conselhos que o pai rico me dera ao longo dos anos. Via o futuro que me aguardava se seguisse o conselho do meu pai instruído.

Muitos empregadores temem aconselhar seus empregados a cuidar de seus próprios negócios. Estou certo de que isso pode ser válido para certas pessoas. Mas, no meu caso, a atenção dada aos meus negócios, ao aumento de ativos, tornou-me um empregado melhor. Agora, eu tinha um objetivo. Chegava cedo e trabalhava diligentemente, juntando todo o dinheiro possível para poder começar a adquirir imóveis. O Havaí estava começando a crescer, e havia fortunas a serem feitas. Quanto mais eu percebia os estágios iniciais da expansão, mais máquinas Xerox vendia. Quanto mais vendia, mais dinheiro ganhava e, naturalmente, mais deduções apareciam no meu contracheque. Era inspirador. Estava tão ansioso para fugir da armadilha, que eu trabalhava mais, e não menos. Por volta de 1978, costumava ocupar um dos cinco primeiros lugares entre os vendedores; às vezes, o primeiro. Estava louco para sair da Corrida dos Ratos.

Em menos de três anos, faturava mais na minha pequena empresa, uma companhia imobiliária, do que na Xerox. E o dinheiro que ganhava na minha coluna de ativos, a minha empresa, era dinheiro que trabalhava para mim. Não era eu batendo em portas para vender copiadoras. O conselho do meu pai rico fazia mais sentido. Logo o fluxo de caixa das minhas propriedades permitiu que a minha empresa comprasse o meu primeiro Porsche. Meus colegas vendedores da Xerox pensavam que eu estava desperdiçando as minhas comissões. Não estava. Eu as investia em ativos.

O meu dinheiro estava trabalhando arduamente para fazer mais dinheiro. Cada dólar na minha coluna de ativos era um ótimo empregado, se esforçando para se multiplicar e comprar para o chefe um novo Porsche, a ser deduzido da renda tributável. Comecei a trabalhar mais para a Xerox. O plano estava funcionando e o meu Porsche era a prova. Ao aplicar as lições do meu pai rico, eu, tão jovem, pude sair da proverbial Corrida dos Ratos de ser empregado. E isso foi possível dado os sólidos conhecimentos financeiros adquiridos com estas lições.

Sem esses conhecimentos, a que chamo de QI financeiro, o meu caminho para a independência financeira teria sido muito mais difícil. Agora divido com os outros, por meio de seminários, tudo o que aprendi.

Lembro aos ouvintes de que o QI financeiro se compõe de quatro grandes áreas de conhecimento:

1. ***Contabilidade***

   É o que chamo de proficiência financeira ou habilidade para ler os números. Uma habilidade vital se quiser construir um império. Quanto mais dinheiro estiver sob sua responsabilidade, mais acuidade é exigida ou a casa desmorona. É o lado esquerdo do cérebro em ação ou a atenção aos detalhes. A proficiência financeira é a capacidade de ler e entender demonstrações financeiras, o que lhe permite identificar os pontos fortes e fracos de qualquer negócio.

2. ***Investimento***

   O que chamo de ciência do "dinheiro que faz dinheiro". Envolve estratégias e fórmulas que usam o lado direito do cérebro ou o lado criativo.

3. ***Entendimento de mercado***

A ciência da oferta e da procura. Há necessidade de se conhecer os aspectos técnicos do mercado, o que está relacionado à emoção, para além dos aspectos fundamentais e econômicos do investimento. Um investimento se justifica ou não com base nas condições correntes de mercado?

4. ***A lei***

Uma sociedade anônima tem os artifícios técnicos contábeis e o investimento e os mercados podem permitir um crescimento explosivo. Uma pessoa com conhecimento das vantagens tributárias e a proteção oferecida por uma sociedade anônima pode enriquecer muito mais rapidamente do que alguém que é simplesmente um empregado ou o único proprietário de uma empresa. É como a diferença entre alguém que caminha e uma pessoa que pode voar. A diferença é muito profunda quando se trata de riqueza de longo prazo.

- **Vantagens tributárias**

  Uma sociedade anônima pode fazer muitas coisas que uma pessoa física não pode, como pagar despesas antes dos impostos. Essa é uma área de especialização muito empolgante. Os empregados ganham, e o imposto é descontado na fonte; assim, eles têm que tentar sobreviver com o que sobra. Uma sociedade anônima fatura, gasta tudo o que pode e paga imposto sobre o que resta. É uma das principais brechas tributárias de que os ricos se valem. É fácil constituí-las, e não são dispendiosas se seus próprios investimentos geram um bom fluxo de caixa. Por exemplo, se você é dono de uma sociedade anônima, as suas férias podem ser reuniões do Conselho no Havaí. Prestações do carro, seguros e consertos são despesas da sociedade. A mensalidade da academia de musculação também. A maioria das refeições em restaurantes pode ser considerada como despesa, e assim por diante. Mas faça isso legalmente antes de pagar o imposto.

- **Proteção contra processos judiciais**

  Vivemos em uma sociedade litigiosa. Todos querem uma parte do seu dinheiro. Os ricos escondem boa parte de sua fortuna por meio de sociedades anônimas e fundos fiduciários, para proteger seus ativos dos credores. Quando alguém processa uma pessoa rica, depara-se frequentemente com camadas de proteção legal e descobre, finalmente, que a pessoa rica não possui, de fato, nada. Os ricos controlam tudo, mas não possuem nada. Os pobres e a classe média tentam ser donos de tudo, mas perdem para o governo ou para cidadãos que gostam de processar os ricos. Eles aprenderam com a história de Robin Hood. Tire dos ricos, dê aos pobres.

Não é o objetivo deste livro entrar nos detalhes da propriedade de uma sociedade anônima. Mas se você possui qualquer tipo de ativo legítimo, eu sugeriria que pensasse, o mais rápido possível, em saber mais a respeito da proteção e dos benefícios oferecidos por uma sociedade anônima. Há muitos livros sobre o assunto que lhe mostrarão até os passos necessários para formá-la. Os livros de Garrett Sutton sobre sociedades anônimas fornecem uma visão maravilhosa sobre o seu poder.

O QI financeiro é na verdade a sinergia de várias competências e talentos. Mas eu diria que é uma combinação das quatro habilidades técnicas mencionadas anteriormente o que constitui a inteligência financeira básica. Se você aspira a uma grande fortuna, é a combinação dessas habilidades que amplificará sua inteligência financeira.

Resumo:

Empresários de Sociedades Anônimas	**Trabalhadores de Sociedades Anônimas**
1. Ganham	1. Ganham
2. Gastam	2. Pagam impostos
3. Pagam impostos	3. Gastam

Como parte de sua estratégia financeira geral, recomendo firmemente que agrupe seus ativos sob o manto de uma sociedade anônima.

SEÇÃO DE ESTUDO

CAPÍTULO 4

LIÇÃO #4: A HISTÓRIA DOS IMPOSTOS E O PODER DAS SOCIEDADES ANÔNIMAS

CAPÍTULO 4

LIÇÃO #4: A HISTÓRIA DOS IMPOSTOS E O PODER DAS SOCIEDADES ANÔNIMAS

Resumo

Muitas pessoas veem Robin Hood como um herói, tirando dos ricos para dar aos pobres. O pai rico não compartilhava dessa opinião. Ele chamava Robin Hood de trapaceiro.

Embora o sentimento popular seja de que os ricos deveriam pagar mais impostos e doar aos pobres, na realidade, a classe média que é altamente tributada, especialmente a parcela instruída e de alta renda.

Para entender como isso acontece, Robert expõe uma breve história dos impostos. Na Inglaterra e nos Estados Unidos, originalmente não havia impostos, apenas contribuições temporárias ocasionais para arcar com situações como a guerra.

Em 1874, a Inglaterra tornou o imposto de renda permanente para seus cidadãos. Nos Estados Unidos — a terra em que um imposto sobre o chá levou à Festa do Chá de Boston e ajudou a insurgir a Guerra Revolucionária —, a adoção da 16ª Emenda, de 1913, decretou a permanência do imposto de renda.

Esses países obtiveram adesão da maioria quanto aos impostos, porque inicialmente eles foram cobrados apenas dos ricos. Entretanto, embora o imposto de renda tenha sido designado para punir os ricos, acabou castigando os que votaram por ele, as classes média e baixa.

O pai rico explicou que ele e o pai pobre eram diametralmente opostos. O pai pobre, como um funcionário do governo, era recompensado se gastasse dinheiro e contratasse pessoas, ampliando sua empresa. Mas, para o pai rico, quanto menos pessoas contratasse e menos dinheiro gastasse, mais respeitado era por seus investidores.

E, à medida que o governo se expande, aumenta a quantidade necessária de dinheiro advindo de impostos para sustentá-lo.

O pai pobre acreditava piamente que o governo deveria ajudar as pessoas. Ele e a mãe de Robert trabalharam para o Corpo da Paz, treinando voluntários para ir à Malásia, Tailândia e Filipinas. Eles estavam sempre buscando mais subsídios e maiores orçamentos para contratar mais pessoas.

Para Robert, foi um desafio trabalhar para um dos maiores capitalistas da cidade e ir para a casa de um proeminente líder do governo. Não era fácil decidir em qual pai acreditar.

Ao longo do tempo, conforme Robert estudava a história dos impostos, observou uma perspectiva interessante: à medida que o apetite financeiro do governo crescia, os impostos precisavam ser imputados à classe média, e dali eles desciam até atingirem os pobres.

Mas os ricos viram aí uma oportunidade, porque não jogam sob as mesmas regras. As sociedades anônimas — que se tornaram popular nos tempos dos navios mercantes — são uma maneira de contornar os impostos. Entender a estrutura legal das sociedades anônimas deu aos ricos uma vantagem arrebatadora, e permitiu que eles fossem mais inteligentes que os intelectuais.

O objetivo do governo é evitar o excesso de dinheiro. Se não gastar seus fundos alocados, você corre o risco de perdê-los no orçamento seguinte. Os empresários, por outro lado, são recompensados pelo excesso de dinheiro e aplaudidos pela eficiência. E, à medida que o governo mantém o seu objetivo de gastar mais e mais dinheiro, mais impostos — agora, sobre a classe média e, eventualmente, sobre os pobres — se tornam necessários.

Uma sociedade anônima é apenas um documento que cria uma instituição legal. Não é algo material, uma fábrica ou um grupo de pessoas. Mas ela permite uma taxa de imposto de renda mais baixa do que os indivíduos teriam, e certas despesas podem ser pagas pela corporação com o lucro antes do pagamento dos impostos.

Se aqueles que se levantam para trabalhar em seus empregos e pagam impostos apenas entendessem como os ricos agem nesse jogo, também o fariam.

O problema é que, quanto mais arduamente você se dedica a um trabalho, mais pagará ao governo. Os impostos punem as mesmas pessoas que votaram por eles.

As tentativas de tributar os ricos raramente funcionam, porque eles encontram maneiras de minimizar sua carga tributária. Uma delas é a Seção 1.031 do Internal Revenue Code ("Código de Receita Interna", em tradução livre), que permite a um vendedor adiar o pagamento dos impostos sobre um imóvel vendido se for subsequentemente trocado por uma propriedade mais valiosa. Conforme essa negociação se valoriza, você não será tributado pelos ganhos até que os liquide. Os que não tiram proveito dessa economia perdem a chance de construir sua coluna de ativos.

Durante todos os anos em que o pai rico orientava Robert, tentava lhe ensinar que conhecimento é poder. E, com o dinheiro, vem o principal poder, que requer a destreza exata para geri-lo e multiplicá-lo. Sem essa sabedoria, o mundo bate em você.

O leão é um valentão que terá cada vez mais, se você admitir. Não permita isso, fazendo com que o seu dinheiro trabalhe para você.

Consultores e advogados sagazes valem o custo, são mais baratos do que pagar ao governo. Não conhecer a lei é dispendioso.

Por volta de seus vinte anos, quando estava nos Fuzileiros Navais e trabalhando na Xerox, Robert ficou desapontado com o quanto era debitado do seu contracheque. Isso o motivou a construir sua primeira sociedade anônima, em 1974, e trabalhar mais arduamente em seu emprego formal para acumular tanto dinheiro quanto possível para investir em imóveis.

Ele se tornou um dos principais vendedores da Xerox e em menos de três anos gerava mais renda em sua empresa de imóveis do que na Xerox. Seu negócio comprou para ele o seu primeiro Porsche, prova de que o plano estava dando certo.

As lições que aprendeu com o pai rico o ajudaram a sair da proverbial Corrida dos Ratos ainda cedo, e ele quer ajudar os outros a conseguir o mesmo.

O QI financeiro, ou a inteligência financeira, é o que torna isso possível. Ele é composto de quatro habilidades: contabilidade (proficiência financeira ou a habilidade de ler os números e avaliar os pontos fortes e fracos de um negócio), investimento (a ciência e as estratégias sobre o dinheiro que faz dinheiro), entendimento de mercado (a ciência da oferta e da procura e as condições de mercado) e a lei (incentivos e isenções fiscais).

Entender essas vantagens legais é crucial quando se pensa em riqueza de longo prazo. Por exemplo, uma sociedade anônima pode pagar suas despesas antes de pagar os impostos; porém, um empregado faz o contrário, pagando as despesas com o que resta. Reuniões no Havaí, parcelas e seguro do automóvel e associações a clubes de lazer podem ser pagos antes dos impostos por uma sociedade anônima.

Elas também possibilitam a proteção legal contra ações judiciais. Quando alguém processa um indivíduo rico, frequentemente se depara com muitas camadas de proteção legal, e pensa que esse indivíduo, na verdade, não é proprietário de nada. Eles controlam tudo, mas não possuem nada.

Robert conclama os que possuem ativos legítimos a saber mais sobre os benefícios e isenções das sociedades anônimas. Os livros de Garrett Sutton estão entre as muitas opções que podem ajudar.

Resumo:

Empresários de Sociedades Anônimas

1. Ganham
2. Gastam
3. Pagam impostos

Trabalhadores de Sociedades Anônimas

1. Ganham
2. Pagam impostos
3. Gastam

Momento do hemisfério esquerdo: A contabilidade é a proficiência financeira ou a habilidade de ler os números. É a habilidade vital se deseja construir um império. Quando há muito dinheiro sob sua responsabilidade, mais destreza é necessária ou a casa cai.

Momento do hemisfério direito: O investimento é a ciência do "dinheiro que faz dinheiro". Envolve estratégias e fórmulas que usam o lado criativo do cérebro.

Momento subconsciente: O entendimento de mercado é a ciência da oferta e da procura. Você precisa conhecer os aspectos técnicos do mercado, que são movidos por emoções, além das características econômicas fundamentais de um investimento.

O que Robert Quer Dizer

Agora é hora de refletir. Pergunte a si mesmo: "*O que* Robert quer dizer nesta citação?" E: "*Por que* ele diz isso?" Nesta seção, você não precisa concordar ou discordar dele. O objetivo é *entender* o que Robert está dizendo.

Lembre-se, esta seção de estudo é projetada para ser coadjuvante e de apoio. Duas cabeças pensam melhor do que uma. Se você não entende o que Robert está dizendo, não desista da lição. Peça ajuda. Aproveite o tempo para discutir cada citação até compreendê-las:

> "Meu pai rico foi apenas mais esperto e usou as sociedades anônimas — o maior segredo dos ricos."
>
> "Na verdade, os ricos não são tributados. É a classe média que paga pelos pobres, especialmente a classe média alta instruída."
>
> "Toda vez que as pessoas tentam punir os ricos, estes não apenas não obedecem, como reagem. Eles têm o dinheiro, o poder e a intenção de mudar as coisas. Não ficam sentados pagando voluntariamente mais impostos."
>
> "Se trabalha por dinheiro, você dá poder ao seu empregador. Se o dinheiro trabalha para você, o poder e o controle são seus."
>
> "Uma pessoa com conhecimento das vantagens tributárias e a proteção oferecida por uma sociedade anônima pode enriquecer muito mais rapidamente do que alguém que é simplesmente um empregado ou o único proprietário de uma empresa. É como a diferença entre alguém que caminha e uma pessoa que pode voar."
>
> "Os empregados ganham, e o imposto é descontado na fonte; assim, eles têm que tentar sobreviver com o que sobra. Uma sociedade anônima fatura, gasta tudo o que pode e paga imposto sobre o que resta. É uma das principais brechas tributárias de que os ricos se valem."

Questões Adicionais

Agora é o momento de usar as histórias deste capítulo para entender o que Robert estava dizendo, e aplicá-las a você e sua vida. Faça a si mesmo as perguntas abaixo e as discuta com o seu parceiro de estudos. Seja honesto consigo mesmo e com seu parceiro. Se não gostar das respostas que der, pergunte a si mesmo se está disposto a mudar e aceitar o desafio de transformar seus pensamentos e mentalidade:

1. Você concorda com a opinião do pai rico de que Robin Hood era um trapaceiro? Se sim ou não, por quê?
2. Os impostos aumentaram o problema das despesas do governo?
3. Você acha que os integrantes das classes média e baixa percebem que o peso dos impostos recai sobre eles? Quais são os efeitos disso?
4. As suas filosofias tendem mais para o capitalismo ou para o socialismo? Quais são os prós e os contras de cada um desses sistemas?
5. Os ricos estão certos em usar as vantagens das sociedades anônimas para evitar o pagamento de impostos? Você acha que mais pessoas poderiam aderir a esse esquema se o entendessem melhor?
6. De que maneiras específicas você poderia se beneficiar usando uma sociedade anônima para seus ativos?

NOTAS

NOTAS

Capítulo 5

LIÇÃO #5: OS RICOS INVENTAM O DINHEIRO

Muitas vezes, no mundo real, não são os espertos que tomam a dianteira, mas os ousados.

Ontem à noite, fiz uma pausa na escrita e fui assistir a um programa de televisão sobre a história de um jovem chamado Alexander Graham Bell. Assim que Bell patenteou o telefone, se viu em dificuldades crescentes em função da grande demanda pelo seu novo invento. Precisando ampliar suas atividades, ele procurou o gigante da época, a Western Union, para perguntar se havia interesse na compra da sua patente e da sua pequena empresa. Ele desejava US$100 mil por todo o pacote. O presidente da Western Union zombou dele e recusou a oferta, afirmando que o preço era ridículo. O resto é história. Surgiu uma indústria multibilionária, e nascia a AT&T.

Quando terminou a história de Alexander Graham Bell, veio o noticiário noturno. Entre as notícias, estava a redução de custos de outra empresa local. Os trabalhadores estavam furiosos e reclamavam que os donos da empresa estavam sendo injustos. Um gerente demitido, de cerca de 45 anos, estava na fábrica com sua mulher e duas crianças, pedindo aos guardas que o deixassem entrar para falar com os proprietários, a fim de solicitar que reconsiderassem sua demissão. Ele acabara de comprar uma casa e estava com medo de perdê-la. A câmera focalizava suas queixas para que todo o mundo pudesse ver. Não preciso dizer que isso prendeu a minha atenção.

Leciono profissionalmente desde 1984. Tem sido uma experiência muito gratificante. E também uma atividade perturbadora, pois tenho ensinado para milhares de pessoas e vejo algo em comum em todos nós. Todos temos um potencial tremendo e fomos abençoados com dons. Contudo, a única coisa que nos detém é a insegurança. Não é tanto a falta de informação, mas sim a de autoconfiança. Alguns são mais afetados do que outros.

Quando saímos da escola, a maioria de nós sabe que o que conta não é tanto o título que obtivemos ou as notas que tiramos. No mundo real, fora da academia, é necessário algo mais do que simplesmente boas notas. Já ouvi falar de raça, cara de pau, atrevimento, audácia, coragem, astúcia, ousadia, tenacidade e vivacidade. Este fator, qualquer que seja o nome que se atribua, é mais decisivo, em última instância, para o nosso futuro do que as notas obtidas ao longo dos estudos.

Dentro de cada um de nós há algumas dessas características. Existe também o reverso das mesmas: pessoas que, se necessário, se ajoelhariam suplicantes. Depois de passar um ano no Vietnã como piloto da Marinha, passei a conhecer intimamente esses dois aspectos dentro de mim. Nenhum deles é melhor do que o outro.

Contudo, como professor, reconheço que são o medo excessivo e a falta de autoconfiança os grandes empecilhos à manifestação do gênio pessoal. Partia-me o coração ver estudantes que sabiam as respostas e que, no entanto, não tinham a coragem de colocá-las em prática. Muitas vezes, no mundo real, não são os espertos que tomam a dianteira, mas os ousados.

Na minha experiência pessoal, o gênio financeiro exige tanto conhecimento técnico quanto ousadia. Se o medo for muito intenso, o gênio se extingue. Nas aulas, incentivo os estudantes a aprenderem a assumir riscos, a serem ousados e a deixar seu gênio converter o medo em poder e brilhantismo. Funciona para alguns e apavora outros. Acabei percebendo que a maioria das pessoas, quando se trata de dinheiro, prefere a segurança. Tive que responder a perguntas como: "Por que arriscar?", "Por que me dar ao trabalho de desenvolver o meu QI financeiro?", "Por que me tornar financeiramente proficiente?" E a resposta é: "Para ter mais opções."

Há grandes mudanças à nossa frente. Comecei com a história do jovem inventor Alexander Graham Bell. Nos próximos anos, haverá mais pessoas como ele. Haverá centenas de pessoas como Bill Gates e empresas extremamente bem-sucedidas, como a Microsoft, sendo criadas a cada ano, em todo o mundo. E também haverá muito mais falências, demissões e redução de custos.

Então, por que se preocupar em desenvolver o QI financeiro? Ninguém pode responder isso a não ser você. Contudo, posso dizer por que o faço. Faço porque esta é a época mais empolgante para se viver. Prefiro saudar a mudança que temê-la. Prefiro me entusiasmar com a possibilidade de ganhar milhões que me preocupar em não conseguir um aumento de salário. O período em que nos encontramos é arrebatador, não tem precedentes na história mundial. As gerações futuras olharão para esta época e verão que período empolgante vivemos. Terá sido a morte do velho e o nascimento do novo. Terá sido tumultuada e empolgante.

Então, por que se preocupar em desenvolver o QI financeiro? Porque, se o fizer, poderá prosperar muito. E, se não o fizer, este será um período apavorante. Será uma época em que pessoas seguem ousadamente em frente enquanto outras se agarram a modos de vida decadentes.

20 Anos Atrás...

OPORTUNIDADE

A lista de histórias empresariais bem-sucedidas continua a crescer, e nomes como Jobs, Zuckerberg, Bezos e Brin são reconhecidos em todo o mundo. Startups como o Uber estão em voga... na Terra das Oportunidades e em uma economia globalizada.

Há trezentos anos, a riqueza era a terra, de modo que quem a possuísse, possuía riqueza. Então, apareceram as fábricas e a produção, e os Estados Unidos ascenderam ao domínio. Os industriais eram os donos da riqueza. Hoje, é a informação. E a pessoa que tiver a informação na hora certa terá a riqueza. O problema é que a informação voa ao redor do mundo na velocidade da luz. A nova riqueza não fica restrita por limites e fronteiras, como ocorria com as fábricas. As mudanças serão mais aceleradas e dramáticas. Haverá um aumento impressionante de novos multimilionários. E haverá também os que ficam para trás.

Vejo muitas pessoas com dificuldades, trabalhando mais arduamente, simplesmente porque se agarram às velhas ideias. Querem que tudo seja como era antes, resistem à mudança. Conheço pessoas que estão perdendo seus empregos e suas casas e que culpam a tecnologia, a economia ou o chefe. Infelizmente, elas não percebem que elas próprias podem ser o problema. Ideias obsoletas são seu maior passivo. Porque as pessoas simplesmente não conseguem perceber que aquela ideia ou maneira de fazer alguma coisa era um ativo ontem, e hoje já não faz mais sentido.

Certa tarde, estava ensinando a investir utilizando um jogo de tabuleiro, *CASHFLOW*®[1], que inventei como uma ferramenta de ensino. Um amigo tinha levado consigo uma conhecida para assistir à aula. Essa conhecida tinha se divorciado havia pouco tempo, sendo grandemente prejudicada pelo acordo feito, e agora estava à procura de respostas. Seu amigo pensou que a aula pudesse ajudá-la.

O jogo foi criado de modo a ajudar as pessoas a entender como o dinheiro funciona. Ao jogar, aprendem a interação entre a demonstração financeira e o balanço patrimonial. Elas aprendem como o dinheiro flui entre os dois e como a trajetória para a riqueza depende de aumentar o montante gerado mensalmente pela coluna de ativos, até o ponto que supere nossas despesas mensais. Uma vez atingido esse ponto, você abandona a Corrida dos Ratos e entra na Pista de Alta Velocidade.

> ***Você pode jogar o* CASHFLOW® *clássico online em www.richdad.com e aprender como o dinheiro funciona.***

Como disse, algumas pessoas odeiam o jogo, outras o adoram e algumas não o entendem. Essa mulher perdeu uma valiosa oportunidade de aprender. Logo no começo do jogo, tirou um cartão em que aparecia uma lancha. No início, ficou feliz. "Ah! Ganhei uma lancha." Então, quando seu amigo tentou lhe explicar como funcionavam as contas da sua demonstração financeira e do seu balanço patrimonial, ela ficou frustrada, porque nunca gostara de matemática. O restante dos jogadores da sua mesa ficou esperando enquanto seu amigo lhe explicava a relação entre demonstração financeira, balanço patrimonial e fluxo de caixa mensal. De repente, ela percebeu como os números se encaixavam, e que a lancha a estava comendo viva. No decorrer do jogo, também foi atingida pela redução de custos e teve um filho. Para ela, foi um jogo terrível.

[1] A Editora Alta Books não se responsabiliza pela circulação e conteúdo de jogos indicados pelo autor deste livro. (N. E.)

Depois da aula, seu amigo se aproximou de mim e disse que ela estava perturbada. Fora para a aula pensando em aprender a investir e não gostara do tempo gasto com um jogo bobo.

Seu amigo tentou fazer com que analisasse se o jogo não refletia de alguma forma seu modo de agir. Com essa sugestão, a mulher pediu o dinheiro de volta. Disse que a mera ideia de que o jogo pudesse ter algo a ver com ela era ridícula. Seu dinheiro foi rapidamente devolvido, e ela foi embora.

Desde 1984, ganho milhões simplesmente fazendo o que o sistema de ensino não faz. Na escola, a maioria dos professores faz aulas expositivas. Eu detestava esse método quando estudante. Logo me aborrecia e a minha mente começava a divagar.

Em 1984, comecei a ensinar por meio de jogos e simulações. Sempre incentivei os estudantes adultos a pensar nos jogos como uma reflexão sobre o que já sabem e o que ainda precisam aprender. Mais importante, os jogos refletem o comportamento. São sistemas de feedback instantâneo. Em vez de um professor fazendo uma exposição para o aluno, o jogo lhe devolve uma exposição personalizada, feita sob medida.

O amigo da mulher que foi embora me ligou mais tarde, contando o que estava acontecendo. Ele disse que a amiga estava ótima e se acalmara. Mais tranquila, ela começou a ver alguma relação entre o jogo e sua vida. Embora ela e o marido não possuíssem uma lancha, tinham tudo o que se pode imaginar. Ela estava furiosa depois do divórcio, tanto porque ele a deixara por uma mulher mais nova, quanto pelo fato de em vinte anos de casamento eles terem acumulado poucos ativos. Não havia quase nada a dividir. Os vinte anos de casamento tinham sido muito divertidos, mas tudo o que tinham acumulado era um monte de badulaques.

Os jogos refletem o comportamento. São sistemas de feedback instantâneo.

Ela percebeu, ao fazer as contas — a demonstração financeira e o balanço patrimonial —, que sua raiva decorria do fato de não entendê-las. Ela acreditava que as finanças eram um assunto de homem. Cuidava da casa e da vida social, e seu ex-marido tratava das finanças. Agora tinha certeza de que nos últimos cinco anos de casamento ele escondera dinheiro dela. Estava furiosa consigo mesma por não ter visto para onde o dinheiro ia, como por não ter descoberto a existência da amante.

Da mesma maneira que o jogo de tabuleiro, o mundo está sempre nos dando um feedback instantâneo. Aprenderíamos muito se prestássemos mais atenção. Um dia, não muito tempo atrás, queixei-me com a minha mulher de que a lavanderia devia ter encolhido as minhas calças. Ela sorriu gentilmente e cutucou a minha barriga para me mostrar que as calças não tinham encolhido. Alguma coisa tinha se expandido — eu!

O jogo *CASHFLOW®* foi projetado para oferecer a cada jogador um feedback pessoal. O seu objetivo é apresentar opções. Se tirar um cartão que o endivide, a questão é: "O que posso fazer agora? Quantas opções financeiras diferentes você pode imaginar?" Este é o objetivo do jogo: ensinar os jogadores a pensar e criar novas e variadas opções financeiras. Milhares de pessoas no mundo jogam esse jogo. Aquelas que saem da Corrida dos Ratos mais rapidamente são as que têm um bom conhecimento dos números e uma mente criativa do ponto de vista financeiro. Reconhecem as diferentes opções financeiras. Os ricos, comumente, são criativos e assumem riscos calculados. As pessoas que demoram mais são as que não têm familiaridade com números e que frequentemente não entendem o poder do investimento.

Jogue o* CASHFLOW® *clássico online em www.richdad.com. O que o fará conhecer o seu verdadeiro comportamento.

Há muita gente que ganha rios de dinheiro no jogo *CASHFLOW®*, mas não sabe o que fazer com ele. A maioria dessas pessoas também não é bem-sucedida nas finanças na vida real, todos parecem passar à sua frente. São muitos os que, apesar da quantidade de dinheiro que possuem, não progridem financeiramente.

Limitar suas opções é o mesmo que se agarrar a ideias antiquadas. Tenho um amigo, do tempo do ensino médio, que trabalha em três empregos. Vinte anos atrás, era o mais rico da minha turma. Quando a usina de açúcar local fechou, a empresa em que trabalhava quebrou junto com ela. Na sua cabeça, ele só tinha uma opção, e era a tradicional: trabalhar arduamente. O problema é que não conseguia encontrar um emprego que reconhecesse sua experiência na empresa falida. Em consequência, ele tem uma qualificação superior ao necessário no emprego atual e o seu salário é, portanto, inferior. Então ele trabalha em três empregos para conseguir sobreviver.

Observei pessoas que jogam o *CASHFLOW®* se queixarem de que as cartas não lhes oferecem as oportunidades certas e, assim, ficam estagnadas. Conheço quem faça isso na vida real. Esperam pela oportunidade certa.

Observei pessoas que tiram a carta certa, mas não têm dinheiro suficiente. Então, se queixam de que poderiam ter saído da Corrida dos Ratos se tivessem mais dinheiro e, assim, ficam paralisadas. Na vida real, há quem faça o mesmo. Veem todos os grandes negócios, mas não têm dinheiro.

E já vi pessoas tirarem uma carta com uma grande oportunidade, lê-la em voz alta e não terem ideia do que se tratava. Têm o dinheiro e a carta, a época é oportuna, mas não veem a chance que está à sua frente. Não conseguem ver como isso se encaixa em seu plano financeiro para sair da Corrida dos Ratos. E ainda as que parecem todos esses tipos combinados. A maioria tem uma oportunidade única bem na sua frente e não consegue vê-la. Um ano depois, descobre que todos os outros ficaram ricos.

Inteligência financeira é simplesmente ter mais opções. Se as oportunidades não aparecem na sua frente, que outra coisa você pode fazer para melhorar sua posição financeira? Se uma oportunidade cai do céu, você não tem dinheiro e o banco não lhe dá atenção, o que mais poderia fazer para essa oportunidade trabalhar a seu favor? Se o seu palpite estava errado e o que esperava não acontece, como transformar limões em milhões? Isso é inteligência financeira. Não é exatamente o que acontece, mas quantas soluções financeiras diferentes você pode imaginar para transformar limões em milhões. É sua criatividade a serviço da solução de problemas financeiros.

A maioria das pessoas só conhece uma solução: trabalhar arduamente, poupar e pegar empréstimos. Então, por que você quer aumentar sua inteligência financeira? Porque você quer ser o tipo de pessoa que faz sua própria sorte. Você pega o que quer que aconteça e o aprimora. Poucas pessoas percebem que a sorte é criada. Do mesmo modo que o dinheiro. E se quiser ter mais sorte e criar dinheiro em vez de trabalhar arduamente, sua inteligência financeira é importante. Agora, se for o tipo de pessoa que fica à espera de a coisa certa acontecer, talvez espere por muito tempo. É como aguardar que todos os semáforos fiquem verdes cinco quilômetros antes de começar a viagem.

Quando éramos garotos, Mike e eu ouvíamos meu pai rico dizer que o "dinheiro não é real". O pai rico de vez em quando nos lembrava de como chegamos perto do segredo do dinheiro naquele primeiro dia em que começamos a "fazê-lo" com gesso. "Os pobres e a classe média trabalham pelo dinheiro", dizia. "Os ricos ganham dinheiro. Quanto mais real vocês pensarem que o dinheiro é, mais arduamente trabalharão por ele. Se perceberem que o dinheiro não é algo tangível, enriquecerão mais rápido."

"Então, o que é?", era a pergunta que Mike e eu repetíamos frequentemente. "O que é a moeda se não é real?"

"O que nós acordamos que é", era tudo o que o pai rico respondia.

O ativo mais poderoso que temos é a nossa mente. Se bem treinada, cria uma riqueza sem precedentes no que parece ser um instante. Uma mente destreinada também pode criar uma pobreza extrema, que destruirá famílias por gerações.

O ativo mais poderoso que temos é a nossa mente. Se bem treinada, cria uma riqueza sem precedentes.

Na Era da Informação, o dinheiro cresce exponencialmente. Algumas poucas pessoas estão se tornando fabulosamente ricas do nada, apenas com ideias e acordos. Se perguntar a muitas pessoas que sobrevivem negociando ações ou outros investimentos, dirão que veem isso acontecer a toda hora. Frequentemente, milhões podem ser ganhos instantaneamente do nada. E, ao dizer nada, querem dizer que não há dinheiro sendo trocado. Tudo é feito por um acordo, um sinal manual do pregão: uma indicação na tela de um corretor em Lisboa originada por um em Toronto, e que volta a Lisboa; um telefonema para o meu corretor para comprar, e outro, logo em seguida, para vender. O dinheiro não muda de mãos. Os acordos, sim.

Então, por que desenvolver o seu gênio financeiro? Só você pode responder a isso. Eu só posso dizer por que venho desenvolvendo essa área da minha inteligência. Eu o faço pois quero ganhar dinheiro rapidamente. Não por precisar, mas porque quero. É um processo de aprendizado fantástico. Desenvolvo o meu QI financeiro porque quero participar do maior jogo do mundo. E, da minha maneira simplória, gostaria de ser parte dessa evolução sem precedentes da humanidade, a era em que os seres humanos não trabalham com seus corpos, mas apenas com suas mentes. Aliás, a ação está aí. É o que está acontecendo. É fantástico. É apavorante. E é divertido.

Por isso invisto na minha inteligência financeira, desenvolvendo o ativo mais poderoso que possuo. Quero estar junto das pessoas que tomam ousadamente a dianteira na vida. Não quero estar entre os que ficam para trás.

Vou lhe apresentar um exemplo simples de criação de dinheiro. No início da década de 1990, a economia de Phoenix estava em uma situação deplorável. Assistia a um programa na televisão quando um consultor financeiro começou a prever dias de desgraça e escuridão. Seu conselho era: "Poupe o seu dinheiro. Separe US$100 por mês", dizia, "e em quarenta anos você será um multimilionário."

Bem, fazer uma poupança mensal é uma orientação válida. É uma opção — a que a maioria das pessoas encamparia. O problema é o seguinte: isso nos cega para o que acontece à nossa volta. Perde-se grandes oportunidades de um ganho maior. O mundo passa longe dos que optam por esse caminho.

20 Anos Atrás...

POR QUE POUPADORES SÃO PERDEDORES

Na década de 1970, poderíamos "garantir a nossa estrada até a aposentadoria". As cadernetas de poupança tinham rendimentos de dois dígitos, o que realmente poderia aumentar a nossa riqueza. Esses dias já se foram. Acrescente os juros — taxas negativas ou abaixo de zero. Hoje, muitos bancos cobram os "poupadores" para guardar seu dinheiro... e quem poupa, na verdade, perde.

Como disse, a economia estava em uma situação deplorável naquele momento. Para os investidores, essa é a condição perfeita do mercado. Parte do meu dinheiro estava aplicada em ações e imóveis. Tinha pouco dinheiro nas mãos. Quando todos se desfaziam de suas coisas, eu estava comprando. Não poupava, investia. Minha mulher, Kim, e eu tínhamos mais de US$1 milhão trabalhando em um mercado que crescia rapidamente. Era a melhor oportunidade para investir. A economia estava em má situação. Eu não podia deixar passar aqueles pequenos negócios.

Casas que valiam US$100 mil estavam agora sendo oferecidas por US$75 mil. Mas, em vez de comprar na imobiliária local, comecei a comprar no escritório do advogado especializado em falências ou em frente ao fórum. Nesses lugares, uma casa de US$75 mil podia ser adquirida por US$20 mil ou menos. Com US$2 mil que um amigo me emprestou por noventa dias e encargos de US$200, dei ao advogado um cheque como entrada. Enquanto a aquisição se processava, coloquei um anúncio no jornal oferecendo uma casa que valia US$75 mil por US$60 mil, sem entrada. Choveram telefonemas. Depois de verificado o cadastro dos possíveis compradores e de a casa ser passada para o meu nome, os interessados puderam vê-la. Foi uma loucura. Em alguns minutos, a casa estava vendida. Pedi ao comprador US$2.500 como taxa de processamento, o que foi pago imediatamente, e depois a transação passou às mãos da financeira. Devolvi ao meu amigo os US$2 mil com um adicional de US$200. Ele ficou feliz, o comprador da casa ficou feliz, o advogado ficou feliz e eu fiquei feliz. Vendi por US$60 mil uma casa que me custou US$20 mil. Os US$40 mil foram criados com o dinheiro que estava na minha coluna de ativos na forma de uma promissória do comprador. Tempo total de trabalho: cinco horas.

Então, agora que você é financeiramente proficiente e sabe ler os números, mostrarei por que isso é um exemplo de dinheiro sendo inventado.

US$40 mil surgem na coluna de ativos. O dinheiro é criado sem tributação. Com juros a 10%, US$4 mil por ano em fluxo de caixa são adicionados à renda.

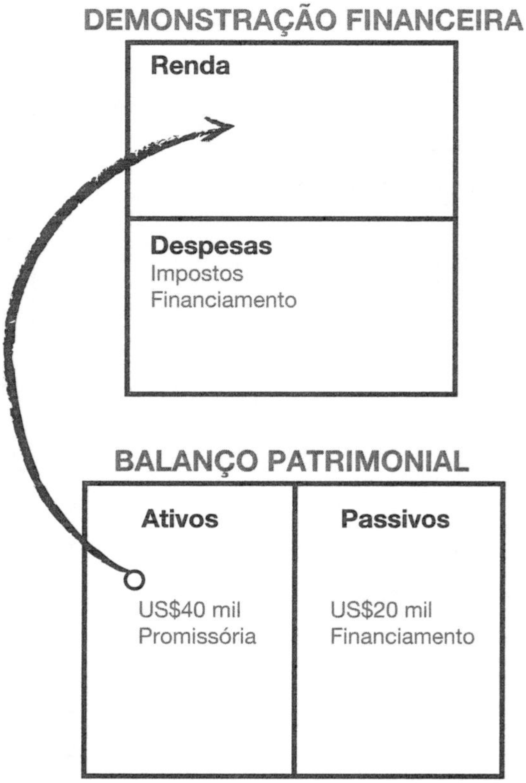

Nessa fase de mercado em baixa, Kim e eu fizemos seis dessas transações simples nas horas vagas. Enquanto o grosso do nosso dinheiro estava aplicado em imóveis maiores e em ações, conseguimos criar mais de US$190 mil em ativos (promissórias a juros de 10%) a partir dessas seis transações de "compra, cria e vende". Isso representa uma renda anual de aproximadamente US$19 mil, boa parte dos quais abrigados sob o manto da nossa sociedade anônima. A maior parte desses US$19 mil anuais se destinaram sobretudo a pagar os carros da nossa empresa, gasolina, viagens, seguros, jantares com clientes e análogos. Quando o governo tributa essa renda, já foi gasta em despesas legalmente dedutíveis.

Qual seria sua renda se o governo levasse 50% em impostos?

Quanto tempo demoraria para juntar US$40 mil?

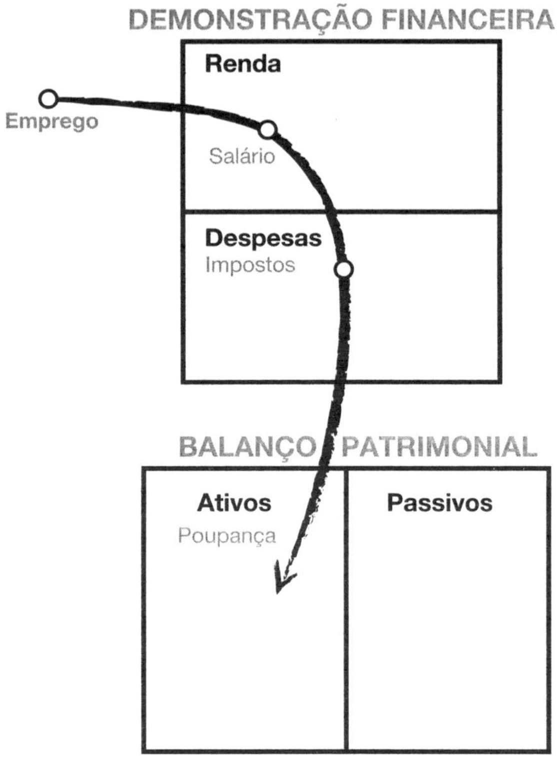

Isso foi um exemplo simples de como o dinheiro é inventado, criado e protegido usando a inteligência financeira.

Pergunte-se: "Quanto tempo levaria para poupar US$190 mil?" O banco lhe pagaria juros de 10% sobre esse dinheiro? E a promissória é de trinta anos. Espero que eles nunca me paguem os US$190 mil. Eu teria que pagar impostos se eles me pagassem a parte principal e, além disso, US$19 mil pagos ao longo de trinta anos geram uma renda de pouco mais de US$500 mil.

Já vi pessoas perguntarem o que aconteceria se o comprador não pagasse. Isso acontece, e também é bom. Aquela casa de US$60 mil teria sido retomada e revendida por US$70 mil, mais outros US$2.500 a título de despesas de processamento. Ainda seria um bom negócio para o novo comprador. E o processo seguiria.

Se você lembra, a primeira vez que vendi essa casa, devolvi os US$2 mil. Tecnicamente, não pus dinheiro na transação. Meu retorno sobre o investimento (ROI) é infinito. Esse é um exemplo de um monte de dinheiro sendo feito a partir do nada.

Na segunda transação, quando revendi, eu teria despendido US$2 mil do meu bolso e renovado o empréstimo por trinta anos. Qual teria sido o ROI se eu recebesse dinheiro para ganhar dinheiro? Não sei, mas sem dúvida é muito mais do que seria obtido poupando US$100 todo mês, o que na verdade acaba sendo equivalente a US$150, porque se trata de uma renda, já descontado o imposto durante quarenta anos. E, de novo, o seu investimento é tributado. Não é algo muito inteligente. Pode ser seguro, mas não é esperto.

Alguns anos depois, à medida que o mercado imobiliário de Phoenix se fortaleceu, aquelas casas que vendemos a US$60 mil se transformaram em US$110 mil. As oportunidades de execução do financiamento imobiliário ainda estavam disponíveis, mas se tornaram raras. Sair para procurá-las custaria um ativo valioso — o meu tempo. Milhares de compradores estavam procurando os poucos negócios ainda disponíveis. O mercado tinha mudado. Era hora de seguir em frente e encontrar outras oportunidades para colocar na coluna de ativos.

20 Anos Atrás...

CRISES

Houve três grandes crises nos últimos trinta anos. A primeira foi a de 1989–1990, quando os imóveis se desvalorizaram mais do que nunca. A segunda foi em 2001–2002, quando a bolha pontocom estourou, e a terceira em 2008–2009, a vez do mercado imobiliário. Cada uma delas criou uma oportunidade para se inventar dinheiro.

"Você não pode fazer isso aqui", "É contra a lei", "Você está mentindo". Ouço esses comentários com muito mais frequência do que: "Pode me mostrar como fazer isso?" A matemática é simples. Você não precisa de álgebra ou de cálculo. A financeira cuida do lado legal da transação e do controle do pagamento. Não preciso consertar tetos ou instalações hidráulicas porque os proprietários cuidam disso. É a casa deles. De vez em quando, alguém não paga. E isso é muito bom porque há multas de mora ou eles se mudam e a propriedade é vendida de novo. O sistema judiciário cuida disso.

Pode até não funcionar na sua região. As condições de mercado podem ser diferentes. Mas o exemplo ilustra como um processo financeiro simples cria centenas de milhares de dólares com pouco dinheiro e baixo risco. É um exemplo do dinheiro sendo apenas um contrato. Qualquer pessoa com instrução secundária pode fazer isso.

Contudo, muitos não o fazem. Seguem o conselho padrão: "Trabalhe arduamente e poupe dinheiro."

Com cerca de trinta horas de trabalho, foram criados aproximadamente US$190 mil na coluna de ativos sem pagar impostos.

O que lhe parece mais complicado?

1. **Trabalhar arduamente. Pagar 50% em impostos. Poupar o que resta. Suas economias rendem 5%, que são também tributados.**

   OU

2. **Dedicar-se para desenvolver sua inteligência financeira. Dominar o poder do seu cérebro e da coluna de ativos.**

Se escolher a primeira opção, calcule quanto tempo será preciso para economizar US$190 mil. O tempo é um de seus maiores ativos.

Agora você pode entender por que balanço a cabeça silenciosamente quando ouço pais dizerem: "Meu filho está indo muito bem na escola e está recebendo uma boa instrução." Pode até ser bom, mas é adequado?

Sei que essa estratégia de investimento é simples. Foi usada para mostrar como o pequeno pode se transformar em algo grandioso. Novamente, o meu sucesso reflete a importância de um embasamento financeiro substancial, o que começa com uma boa instrução financeira.

20 Anos Atrás...

FORAM-SE OS DIAS...

Ganhando 5% na poupança? Aqueles eram os dias! Muita coisa mudou ao longo de vinte anos, e hoje muito do que costumava ser um bom conselho se tornou obsoleto. Como o leite muito tempo guardado, o conselho para "economizar dinheiro" azedou.

Já disse antes, mas vale a pena repetir. A inteligência financeira é constituída por essas quatro habilidades técnicas:

1. ***Contabilidade***

   A contabilidade é a proficiência financeira ou a habilidade de ler os números. Esta é uma habilidade vital se quiser construir negócios ou investir.

2. ***Investimento***

   O investimento é a ciência do dinheiro que faz dinheiro.

3. ***Entendimento de mercado***

   A ciência da oferta e da procura. Alexander Graham Bell deu ao mercado o que este desejava. Bill Gates fez o mesmo. Uma casa de US$75 mil oferecida por US$60 mil e que custou US$20 mil também foi o resultado de perceber uma oportunidade criada pelo mercado. Alguém estava comprando e alguém, vendendo.

4. ***A lei***

   O conhecimento de lei e regulamentos estaduais e nacionais sobre contabilidade e empresas. Recomendo jogar dentro das regras.

São os fundamentos básicos ou a combinação destas habilidades que se precisa para ser bem-sucedido na busca da riqueza, seja pela compra e venda de pequenos imóveis, prédios de apartamentos, empresas, ações, títulos, fundos mútuos, metais preciosos, cartões de beisebol ou coisas do gênero.

Alguns anos depois, o mercado imobiliário tinha se recuperado e todos estavam entrando nele. O mercado de ações estava em alta, e acontecia o mesmo. A economia dos Estados Unidos fora posta de pé novamente. Comecei a vender e viajei para o Peru, Noruega, Malásia e Filipinas. Os investimentos tinham mudado. Estávamos fora do mercado imobiliário. Eu apenas observava o valor da coluna de ativos aumentando e provavelmente começaria a vender. Desconfio que alguns desses pequenos negócios imobiliários começarão a ser vendidos e convertidos em dinheiro. Preciso consultar meus contadores e me preparar para liquidá-los e procurar formas de resguardar o dinheiro.

O que desejo ressaltar aqui é que os investimentos vêm e vão, os mercados sobem e descem. As economias melhoram e entram em crise. O mundo está sempre lhe apresentando oportunidades únicas, a cada dia da sua vida; no entanto, na maior parte das vezes, não conseguimos percebê-las. Mas elas estão lá. E quanto mais o mundo muda e a tecnologia progride, maiores oportunidades existirão para permitir que você e sua família estejam seguros pelas próximas gerações.

Então, por que desenvolver sua inteligência financeira? Repito, só você pode responder a isso. Sei por que eu continuo a aprender e desenvolver. Porque sei que mudanças estão a caminho. Prefiro saudar a mudança do que me agarrar ao passado. Sei que haverá expansões do mercado e crises. Quero desenvolver continuamente a minha inteligência financeira porque, a cada transformação, algumas pessoas estarão de joelhos suplicando por seus empregos. Outras, entretanto, pegarão os limões que a vida lhes dá — e ela os dá a todos nós, ocasionalmente — e os transformarão em milhões. Isso é inteligência financeira.

Muitas vezes me perguntam sobre os limões que transformei em milhões. Hesito, porém, em usar mais exemplos de investimentos pessoais. Hesito porque tenho medo de que pareça bravata ou autoafirmação. Não é essa a minha intenção. Uso os exemplos apenas como ilustração numérica e cronológica de casos concretos e simples. Uso os meus exemplos porque quero que você saiba que é fácil. Torna-se mais fácil à medida que você se familiariza com os quatro pilares da inteligência financeira.

Pessoalmente, emprego dois veículos principais para obter crescimento financeiro: imóveis e ações de pequenas empresas. Os imóveis são a base. Todo dia, os meus imóveis geram um fluxo de caixa e, de tanto em tanto, o seu valor aumenta. As ações são usadas para obter um crescimento rápido.

Não recomendo nada do que faço. Os exemplos são apenas isso: exemplos. Se a oportunidade é muito complexa e eu não entendo o investimento, não faço. Tudo que você precisa para alcançar o sucesso financeiro é de matemática simples e bom senso.

Há cinco razões para usar exemplos:

1. Inspirar as pessoas a aprender mais
2. Explicar que tudo é fácil se a base for consistente
3. Mostrar que qualquer um pode alcançar uma grande riqueza
4. Ensinar que há milhões de maneiras de se atingir seus objetivos
5. Mostrar que isso não é tão complicado como pode parecer

Em 1989, eu costumava correr em uma bela região de Portland, Oregon. Um subúrbio com lindas casas que pareciam de boneca. Eram pequenas e lindas. Eu quase que esperava encontrar na calçada Chapeuzinho Vermelho a caminho da casa da Vovó.

Por todo o lugar, havia cartazes de "vende-se". O mercado de toras de madeira estava em crise, o mercado de ações acabara de entrar em colapso e a economia em recessão. Em uma rua, notei um cartaz, que parecia estar pregado há mais tempo do que os outros, anunciando a venda de uma casa. Correndo por lá um dia, encontrei o dono da casa, que tinha um ar preocupado.

"Quanto o senhor quer pela casa?", perguntei.

O dono se virou e deu um sorriso desanimado. "Faça uma oferta", disse. "Está à venda há um ano. Ninguém mais aparece para vê-la."

"Vou olhar", falei, e meia hora depois comprei a casa por US$20 mil a menos do valor pedido originalmente.

Era uma bela casinha de dois quartos, com enfeites de madeira em todas as janelas. Ela era azul com detalhes em cinza e fora construída em 1930. Em seu interior, uma lareira de pedra. Uma casa perfeita para se alugar.

Dei uma entrada de US$5 mil por uma casa de US$45 mil, mas que realmente valia US$65 mil, embora ninguém quisesse comprá-la. O proprietário a desocupou em uma semana, feliz de se ver livre dela, e logo chegou o meu inquilino, um professor da escola local. Depois de pagar o financiamento e as despesas diversas, eu ficava com US$40 ao fim de cada mês. Nada muito empolgante.

Um ano depois, o mercado imobiliário deprimido de Oregon começou a se recuperar. Os investidores da Califórnia, cheios de dinheiro oriundo de seu mercado imobiliário ainda em expansão, se deslocavam para o Norte e compravam imóveis em Oregon e em Washington. Vendi a casinha por US$95 mil a um casal californiano que achou que estava diante de uma pechincha. O meu ganho de capital de cerca de US$40 mil foi empregado em uma aplicação amparada pela Seção 1.031, que se refere ao diferimento de impostos sobre ganho de capital, e comecei a procurar um lugar para investir. Em um mês, encontrei um prédio com doze apartamentos, perto da fábrica da Intel em Beaverton, Oregon. Seus donos moravam na Alemanha e não tinham ideia de quanto valia o local e, novamente, só queriam se desfazer do imóvel. Ofereci US$275 mil por um prédio que valia US$450 mil. Fechamos em US$300 mil. Comprei e fiquei com ele por dois anos. Utilizando o mesmo processo de troca de imóveis com tributação deferida, minha mulher e eu vendemos o prédio por US$495 mil e compramos outro com trinta apartamentos, em Phoenix, Arizona. Kim e eu nos mudamos para Phoenix para sair de uma crise, e teríamos que vendê-lo de qualquer maneira. O preço do prédio de trinta apartamentos era de US$875 mil, com entrada de US$225 mil. O fluxo de caixa decorrente do aluguel dos trinta apartamentos era pouco mais de US$5 mil ao mês.

O problema com os investimentos "seguros" é que muitas vezes são herméticos, ou seja, tão seguros que os ganhos são reduzidos.

O mercado de imóveis do Arizona começou a subir e, alguns anos depois, um investidor do Colorado nos ofereceu US$1,2 milhão pelo imóvel.

Esse exemplo mostra como é possível transformar uma pequena soma de dinheiro em outra muito maior. Repito, é uma questão de entender demonstrações financeiras, estratégias de investimento, sentir o mercado e conhecer as leis. Se as pessoas não forem versadas nesses tópicos, tenderão a seguir o dogma padrão, que é buscar segurança, diversificar e só aplicar em investimentos seguros. O problema com os investimentos "seguros" é que muitas vezes são herméticos, ou seja, tão seguros que os ganhos são reduzidos.

A maioria das corretoras não tocará em transações especulativas para proteger a si próprias e a seus clientes. E essa é uma política sábia. Os negócios realmente quentes não são oferecidos aos novatos. Normalmente, os melhores negócios, que tornam os ricos ainda mais ricos, são reservados para aqueles que entendem o jogo. É tecnicamente ilegal oferecer a alguém que não é considerado sofisticado esses negócios especulativos, mas, naturalmente, acontece. Quanto mais sofisticado me torno, mais oportunidades aparecem em meu caminho.

Outro argumento para desenvolver sua inteligência financeira, ao longo de toda sua vida, é, simplesmente, que mais oportunidades são apresentadas a você. E quanto maior for sua inteligência financeira, mais fácil será reconhecer um bom negócio. Quanto mais aprendo — e há muito a aprender —, mais dinheiro ganho, simplesmente porque com o passar dos anos acumulo experiência e sabedoria. Tenho amigos que se aprisionam à segurança, trabalhando com afinco em suas profissões, e não conseguem adquirir sabedoria financeira, que leva tempo para ser desenvolvida.

De modo geral, a minha filosofia é plantar sementes na minha coluna de ativos. Essa é a minha fórmula. Começamos com pouco e plantamos sementes. Algumas se desenvolvem; outras não. Na nossa empresa imobiliária, há propriedades que valem muitos milhões de dólares. É nosso próprio fundo de investimento imobiliário.

O que destaco é que a maioria desses milhões partiu de investimentos mínimos, da ordem de US$5 mil ou US$10 mil. Todos esses pagamentos foram beneficiados por um mercado em rápida ascensão e pela maior isenção de impostos. Negociamos várias vezes ao longo dos anos.

Também temos um portfólio de ações, abrigado em uma empresa que minha mulher e eu chamamos de nosso "fundo mútuo pessoal". Temos amigos que fazem negócios especificamente com investidores como nós, de modo que todo mês temos dinheiro extra para investir. Compramos ações de empresas de capital fechado, de alto risco, especulativas, que estão próximas de ser listadas em bolsas dos Estados Unidos ou do Canadá. Um exemplo de como é possível obter ganhos rápidos são 100 mil ações compradas a 25 centavos pouco antes da abertura de capital da empresa. Seis meses depois, a empresa estava listada na bolsa, e as 100 mil ações agora valem US$2 cada uma. Se a empresa for bem administrada, o valor continuará subindo, e o preço por ação pode alcançar US$20 ou mais. Houve ocasiões em que os nossos US$25 mil se transformaram em um milhão em menos de um ano.

Se souber o que está fazendo, você não está jogando. Jogo é quando você põe dinheiro em um negócio e reza para que dê certo. O importante é usar conhecimento técnico, sabedoria e amor ao jogo para minimizar os riscos. Naturalmente, sempre há algum risco. É a inteligência financeira que aumenta as chances. Assim, o que é muito arriscado para uma pessoa é menos arriscado para outra. Essa é a principal razão pela qual sempre incentivo as pessoas a investir mais em sua instrução financeira do que em ações, imóveis ou outros mercados. Quanto mais experto for, mais chances terá de reduzir os riscos.

As ações nas quais invisto são extremamente arriscadas para a maioria das pessoas e não as aconselho de forma alguma que o façam. Estou nesse jogo desde 1979, já cometi erros e aprendi com eles. Mas se você aprender por que tais investimentos são um alto risco para a maioria das pessoas, poderá organizar sua vida de modo diferente, para que a habilidade de pegar US$25 mil e transformá-los em US$1 milhão em um ano seja de baixo risco para você.

Se souber o que está fazendo, você não está jogando. Jogo é quando você põe dinheiro em um negócio e reza para que dê certo.

Como já disse anteriormente, nada do que escrevi é uma recomendação. São exemplos do que é simples e possível. O que faço é café pequeno no esquema das coisas; contudo, para o indivíduo mediano, uma renda de US$100 mil ao ano sem fazer muita força é agradável e não muito difícil de se obter. Dependendo do mercado e de sua independência financeira, isso pode ser conseguido em um prazo de cinco a dez anos. Se mantiver suas despesas correntes em um nível modesto, US$100 mil como renda adicional é bom, não importando se você trabalha formalmente. Você pode trabalhar se quiser, ou tirar longas férias, e usar o sistema tributário a seu favor e não contra você.

A minha base pessoal são os imóveis. Adoro imóveis porque são estáveis e mudam devagar. Mantenho essa base sólida. O fluxo de caixa é constante e, se administrado adequadamente, tem boas chances de se valorizar. A beleza de uma base forte em imóveis é que ela me permite arriscar um pouco mais com as ações especulativas que compro.

Se tenho grandes lucros no mercado de ações, pago o imposto sobre os ganhos de capital e reinvisto o que sobra em imóveis, garantindo, assim, o alicerce dos meus ativos.

Uma última palavra sobre imóveis. Tenho viajado por todo o mundo ensinando a investir. Em todas as cidades, ouço as pessoas dizerem que não há imóveis baratos. Não é essa a minha experiência. Mesmo em Nova York ou em Tóquio, ou mesmo nos arredores das cidades, há pechinchas desprezadas pela maioria das pessoas. Em Singapura, que atualmente registra uma alta no preço dos imóveis, ainda é possível encontrar pechinchas em locais não muito distantes. Logo, sempre que ouço alguém me dizer: "Você não pode fazer isso aqui", respondo que talvez a afirmação adequada seja: "Não sei como fazer isso aqui — ainda."

As grandes oportunidades não são vistas com seus olhos. Mas com sua mente. Muita gente nunca ficará rica simplesmente porque não tem o treinamento financeiro para reconhecer oportunidades que estão bem na sua frente.

Muitas vezes, me perguntam: "Como começo?"

No último capítulo, mostro dez passos que segui na trajetória para a minha independência financeira. Mas sempre lembro que é preciso que seja divertido. É apenas um jogo. Algumas vezes você ganha, em outras, aprende. Mas divirta-se. A maioria das pessoas jamais vence porque tem medo de perder. É por isso que a escola é tão tola. Na escola, aprendemos que os erros são maus e somos punidos por cometê-los. Contudo, se prestar atenção à maneira como os seres humanos aprendem, verá que aprendemos errando. Aprendemos a andar, caindo. Se não cairmos, nunca andaremos. O mesmo vale para andar de bicicleta. Ainda tenho cicatrizes nos joelhos, mas hoje ando de bicicleta de maneira automática. O mesmo vale para enriquecer. Infelizmente, a principal razão pela qual a maioria das pessoas não é rica é por seu pavor de perder. Os vencedores não têm medo de perder. Mas os perdedores, sim. Os fracassos são parte do processo do sucesso. As pessoas que evitam os fracassos também evitam os sucessos.

As grandes oportunidades não são vistas com seus olhos. Mas com sua mente.

Penso no dinheiro de forma semelhante ao meu jogo de tênis. Jogo muito, erro, corrijo, erro mais, volto a corrigir e melhoro o meu jogo. Se perco, vou até a rede e aperto a mão do meu adversário, sorrio e digo: "Até sábado."

Há dois tipos de investidor:

1. O primeiro e mais comum são as pessoas que compram um investimento hermético. Procuram um varejista, seja uma imobiliária, um corretor ou um consultor financeiro, e compram alguma coisa. Pode ser um fundo mútuo, um fundo de investimentos imobiliários, ações ou títulos. É uma forma bem clara e simples de investir. Pode ser comparado à pessoa que vai à loja e compra um computador direto da prateleira.
2. O segundo são os investidores que criam investimentos. Este investidor, em geral, organiza o negócio de forma semelhante às pessoas que compram os componentes e montam o seu computador. É algo sob medida. Eu não sei como juntar componentes de computador. Mas sei como juntar oportunidades ou conheço quem saiba.

É esse segundo tipo que tem mais probabilidade de se tornar um investidor profissional.

Algumas vezes, são necessários anos para que se junte todas as peças. E, às vezes, nunca se consegue isso. Meu pai rico me incentivou a ser este tipo de investidor. É importante aprender a juntar as peças porque é aí em que os grandes ganhos estão, e, se a maré é adversa, as grandes perdas.

Se quiser ser o segundo tipo de investidor, precisa desenvolver três habilidades principais.

1. **Encontre a oportunidade que os outros deixam passar.**

   Você vê com sua mente o que os outros veem com os olhos. Por exemplo, um amigo comprou uma casa caindo aos pedaços. Era assustador olhar para ela, todos se perguntavam por que ele a comprara. O que ele viu e nós não, foi que a compra da casa incluía mais quatro lotes de terreno vazio. Ele verificou isso indo ao cartório de registros. Depois de comprar a casa, a demoliu e vendeu os cinco lotes para um construtor por três vezes o que tinha pagado. Ele ganhou US$75 mil em dois meses de trabalho. Não é muito dinheiro, mas sem dúvida é muito mais do que um salário mínimo. E não há muitas dificuldades técnicas.

2. Levante dinheiro.

As pessoas comuns só procuram o banco. Esse segundo tipo de investidor precisa saber onde levantar recursos, e há muitas formas de fazê-lo sem ir ao banco. Para começar, aprendi a comprar imóveis sem precisar do banco. Não tanto pelos imóveis, mas pelo aprendizado de como conseguir o dinheiro, o que não tem preço.

Muito frequentemente, ouço as pessoas dizerem: "O banco não me dá um empréstimo" ou "Não tenho dinheiro para comprar isso". Se quiser se tornar um investidor do segundo tipo, precisará aprender a fazer o que atrapalha muita gente. Em outras palavras, a maioria das pessoas deixa que a falta de dinheiro as impeça de fechar um negócio. Se puder evitar esse obstáculo, estará anos-luz à frente dos que não aprenderam essas habilidades. Muitas vezes, adquiri uma casa, ações ou um prédio residencial sem ter um tostão no banco. Uma vez, comprei um prédio por US$1,2 milhão. O que fiz se chama "amarrar" a transação, com um contrato escrito entre comprador e vendedor.

Então, consegui o necessário para pagar o depósito de US$100 mil, o que me permitiu obter noventa dias para levantar o resto do dinheiro. Por que eu fiz isso? Simplesmente sabia que o prédio valia US$2 milhões. Não levantei o dinheiro. Em vez disso, a pessoa que depositou os US$100 mil me deu US$50 mil por ter encontrado o prédio, assumiu a minha posição, e saí do negócio. Total de tempo de trabalho: três dias. Repito, conta mais o que você sabe do que o que compra. Investir não é comprar. É mais um caso de conhecer.

3. **Reúna pessoas expertas.**

   Pessoas inteligentes são aquelas que trabalham com, ou contratam, alguém mais versado do que elas. Quando precisar de orientação, assegure-se de escolher sabiamente o seu conselheiro.

Há muito o que aprender, mas a recompensa pode ser astronômica. Se não quiser aprender estas habilidades, então é aconselhável ser um investidor do primeiro tipo. Sua maior riqueza é o que você sabe. O seu maior risco é o que desconhece.

Sempre há risco, então aprenda a administrá-lo em vez de evitá-lo.

SEÇÃO DE ESTUDO

Capítulo 5

LIÇÃO #5: OS RICOS INVENTAM O DINHEIRO

CAPÍTULO 5

LIÇÃO #5: OS RICOS INVENTAM O DINHEIRO

Resumo

Robert apresenta dois exemplos contrastantes: primeiro, a história de Alexander Graham Bell, sobrecarregado pela demanda da sua invenção e tentando vender sua empresa para a Western Union por US$100 mil. A Western Union não percebeu a oportunidade, e a recusou, e uma indústria multibilionária surgiu.

O segundo exemplo é a reportagem televisiva sobre a redução de custos de uma empresa local, e um gerente demitido implorando, em frente às câmeras, para ter seu emprego de volta. Ele tinha acabado de comprar uma casa e estava aterrorizado com a ideia de perdê-la.

O medo e a insegurança estão em todos nós. Robert tem ensinado profissionalmente desde 1984 e percebe isso em milhares de indivíduos, inclusive nele mesmo. Todos nós temos um potencial tremendo, e todos temos inseguranças.

A ousadia pode fazer a diferença na condução de uma vida bem-sucedida. Robert diz que, como professor, parte o seu coração ver alunos que sabem as respostas, mas têm medo de torná-las reais.

Desenvolver o gênio financeiro requer conhecimento técnico tanto quanto coragem. Assuma riscos, seja destemido, deixe o seu gênio converter o medo em poder e vivacidade — conselho que vai amedrontar alguns, porque muitos procuram a segurança quando se trata do seu dinheiro.

Há muitas transformações por vir em nosso mundo. E desenvolver o seu QI financeiro permite que perceba esse futuro de mudanças com olhos de entusiasmo, não de temor. Você verá as oportunidades e as aproveitará, em contraposição àqueles que deixam que seus medos os mantenham às margens, assistindo aos que avançam destemidos.

A riqueza há trezentos anos era a terra. Posteriormente, a riqueza estava nas fábricas e linhas de produção. Hoje, a informação é o tesouro. Mas a informação voa ao redor do mundo na velocidade da luz, e as transformações serão mais rápidas e drásticas. Haverá um aumento exponencial no número de multimilionários. Também haverá os que ficam para trás.

Alguns se apegam a ideias obsoletas e, quando se veem em conflito, culpam a tecnologia ou a economia. O que não conseguem enxergar é que os velhos conceitos são o seu maior passivo. Uma ideia ou maneira de agir que era um ativo ontem, hoje já não é mais.

Robert mostra o exemplo de uma mulher que foi a uma das suas aulas, em que ensinava com o jogo de tabuleiro que criou, *CASHFLOW®*. O jogo ensina as pessoas como o dinheiro funciona e a interação entre a demonstração financeira e o balanço patrimonial.

Algumas pessoas amam o jogo, outras o odeiam, e há as que não o compreendem. A mulher do seu exemplo teve dificuldades para entender que as coisas que normalmente via como um ativo — como um barco — afetavam negativamente o seu fluxo de caixa. Ela puxou algumas cartas desafiadoras, e fez um jogo horrível. No final, estava irritada e queria um reembolso, recusando-se a ver como o jogo a refletia.

Os jogos são uma maneira poderosa de ensinar, já que refletem o comportamento e são sistemas instantâneos de feedback. Mais tarde, Robert conversou com a mulher, que estava chateada. Ela se acalmou e começou a perceber a relação tênue entre o jogo e sua vida, em que ela não dava atenção às suas finanças e às do seu ex-marido, e teve problemas por isso.

O propósito do jogo *CASHFLOW®* é ensinar os jogadores a pensar e criar novas e variadas possibilidades financeiras. Alguns fazem isso facilmente; outros, com dificuldades. Os que têm uma mentalidade financeira criativa escapam da Corrida dos Ratos mais rápido.

Alguns dos jogadores têm muito dinheiro, mas não sabem o que fazer com ele. A vida imita a arte.

Outros se queixam que as cartas certas não aparecem em seus caminhos, e apenas esperam. Alguns conseguem uma carta com uma boa oportunidade, mas não têm o dinheiro para colocá-la em prática. E outros têm o dinheiro, uma boa carta, mas não enxergam as possibilidades que isso confere. Todos esses comportamentos acontecem no mundo real, também.

A inteligência financeira se resume a simplesmente ter mais opções, descobrir maneiras de criar oportunidades ou transformar situações para torná-las favoráveis.

A sorte é produzível. Então, faça sua.

Nosso maior ativo não é o dinheiro, mas sim nossa mente. O dinheiro, aliás, não é real, é apenas uma ideia. Treine-a bem. Milhões podem ser feitos a partir de nada mais que ideias e acordos.

Poupar dinheiro todo mês é uma boa ideia, mas pode cegá-lo para o que realmente está acontecendo, e faz com que perca oportunidades de crescimento mais relevantes.

No começo do ano 1990, a economia em Phoenix era catastrófica. Robert e sua mulher, Kim, se aproveitaram disso, investindo em imóveis. Ele deu um exemplo de uma casa que valia US$75 mil comprada por US$20 mil, usando US$2 mil como pagamento de um empréstimo que um amigo lhe fizera com encargos de US$200. Enquanto a compra se processava, ele publicou um anúncio da casa de US$75 mil por US$60 mil, sem entrada. Assim que a casa se tornou legalmente sua, ele a vendeu em minutos. Todos ficaram felizes. E US$40 mil foram criados a partir do dinheiro na coluna de ativos de Robert, sob a forma de uma nota promissória do comprador. Com juros a 10%, US$4 mil por ano em fluxo de caixa foram acrescidos à renda. Tempo total de trabalho: cinco horas.

E, se eventualmente o comprador não puder pagar, eles simplesmente pegam a casa de volta e a revendem. A matemática ainda vence a poupança feita com o dinheiro que sobra a cada mês.

Isso é legalizado, a empresa de custódia gera os pagamentos, e Robert e Kim não precisam lidar com fixação de telhados ou banheiros, porque o dono da casa é o comprador.

Anos mais tarde, o mercado de Phoenix se fortaleceu, e não valia a pena gastar o seu tempo para descobrir ofertas, então eles seguiram em frente.

Talvez as condições de mercado sejam diferentes na sua localidade, então a estratégia pode não funcionar para você. Mas o exemplo mostra como um esquema financeiro simples pode criar centenas de milhares de dólares com pouco dinheiro e risco mínimo. É uma amostra de como dinheiro pode ser apenas um acordo.

Você prefere trabalhar com afinco, pagar impostos e economizar o que sobrar — com qualquer acréscimo na renda sendo tributado — ou despender tempo para desenvolver sua inteligência financeira?

Os mercados têm altas e baixas, e o mesmo ocorre com os investimentos. O mundo está sempre lhe entregando oportunidades durante a vida; você precisa apenas ser capaz de vê-las.

Robert compartilha outro exemplo, a compra de uma casa por US$45 mil no mercado falido de Portland, Oregon, a alugando com um pequeno lucro. Mas, um ano mais tarde, o mercado se aqueceu e ele a vendeu por US$95 mil, reinvestindo o ganho de capital em um condomínio residencial de doze apartamentos em Beaverton, Oregon. Dois anos depois, ele o vendeu, e o lucro foi colocado em um prédio de trinta apartamentos, de US$875 mil, em Phoenix. Anos mais tarde, um investidor ofereceu US$1,2 milhão pela propriedade. É um exemplo de como uma pequena quantidade de dinheiro pode se tornar muito mais.

Quanto mais desenvolver sua inteligência financeira — o que leva tempo —, mais oportunidades aparecerão para você.

A filosofia de Robert é plantar a semente na coluna de ativos. Comece pequeno e plante sementes. Algumas crescem; outras não. Muitas se desmembram em milhões de pequenos investimentos.

Robert e Kim também têm um portfólio de ações em que compram empresas privadas especulativas de alto risco, que estão prestes a abrir o seu capital. É arriscado, mas quanto maior sua inteligência financeira, menores os riscos se tornam. Quanto mais inteligente for, melhores são as chances de aproveitar as oportunidades.

Alguns podem argumentar que não existem pechinchas imobiliárias onde estão, mas Robert diz que oportunidades privilegiadas estão em todo lugar sendo negligenciadas. Muitas pessoas não são financeiramente treinadas para reconhecer as possibilidades bem na sua frente.

À medida que desenvolve o seu QI financeiro e coloca isso em prática, lembre-se de se divertir. Às vezes, você ganha; às vezes, perde, mas se divirta sempre. Não tenha medo de perder, porque falhar é parte de um processo de sucesso.

Há dois tipos de investidor: 1) Os que adquirem investimentos herméticos de um ponto de venda, como um planejador financeiro, e 2) Aqueles que os criam; também conhecidos como investidores profissionais.

Se quiser ser o segundo tipo de investidor, você deve desenvolver três habilidades. A primeira, de encontrar oportunidades que os outros deixam passar, A segunda, levantar dinheiro. E, a terceira, gerir pessoas e contratar aquelas que são mais inteligentes que você.

Sempre existe risco, então você deve aprender a administrá-lo em vez de evitá-lo.

Momento do hemisfério esquerdo: Pequenas quantidades de dinheiro podem crescer com investimentos inteligentes feitos no tempo certo.

Momento do hemisfério direito: Robert sempre encoraja os estudantes adultos a ver os jogos como algo que mostra aquilo que já sabem e o que precisam aprender. Mais importante, os jogos refletem o comportamento. São sistemas de feedback instantâneo. Em vez do professor que ensina leitura, os jogos lhe dão uma interpretação de texto personalizada, feita sob medida para você.

Momento subconsciente: Todos nós temos um potencial gigantesco, e todos fomos abençoados com dons. Porém, algo que nos impede de usá-lo é a insegurança. Não é uma lacuna de informação técnica que faz isso, mas a falta de autoconfiança.

O que Robert Quer Dizer

Agora é hora de refletir. Pergunte a si mesmo: "*O que* Robert quer dizer nesta citação?" E: "*Por que* ele diz isso?" Nesta seção, você não precisa concordar ou discordar dele. O objetivo é *entender* o que Robert está dizendo.

Lembre-se, esta seção de estudos é projetada para ser coadjuvante e de apoio. Duas cabeças pensam melhor do que uma. Se você não entende o que Robert está dizendo, não desista da lição. Peça ajuda. Aproveite o tempo para discutir cada citação até compreendê-las:

"Muitas vezes, no mundo real, não são os espertos que tomam a dianteira, mas os ousados."

"Como professor, reconheço que são o medo excessivo e a falta de autoconfiança os grandes empecilhos à manifestação do gênio pessoal. Partia-me o coração ver estudantes que sabiam as respostas e que, no entanto, não tinham a coragem de colocá-las em prática."

"Ideias obsoletas são o seu maior passivo. Porque as pessoas simplesmente não conseguem perceber que aquela ideia ou maneira de fazer alguma coisa era um ativo ontem, e hoje já não faz mais sentido.

"Os ricos, comumente, são criativos e assumem riscos calculados."

"Então, por que você quer aumentar sua inteligência financeira? Porque você quer ser o tipo de pessoa que faz sua própria sorte."

"O ativo mais poderoso que temos é a nossa mente. Se bem treinada, cria uma riqueza sem precedentes no que parece ser um instante. Uma mente destreinada também pode criar uma pobreza extrema, que destruirá famílias por gerações."

"Se a oportunidade é muito complexa e eu não entendo o investimento, não faço. Tudo que você precisa para alcançar o sucesso financeiro é matemática simples e bom senso."

"O problema com os investimentos 'seguros' é que muitas vezes são herméticos, ou seja, tão seguros que os ganhos são reduzidos."

"Se souber o que está fazendo, você não está jogando. Jogo é quando você põe dinheiro em um negócio e reza para que dê certo."

"As grandes oportunidades não são vistas com seus olhos. Mas com sua mente."

"Sua maior riqueza é o que você sabe. O seu maior risco é o que desconhece."

Questões Adicionais

Agora é o momento de usar as histórias deste capítulo para entender o que Robert estava dizendo, e aplicá-las a você e sua vida. Faça a si mesmo as perguntas abaixo e as discuta com o seu parceiro de estudos. Seja honesto consigo mesmo e com seu parceiro. Se não gostar das respostas que der, pergunte a si mesmo se está disposto a mudar e aceitar o desafio de transformar seus pensamentos e mentalidade:

1. Robert diz que não é uma lacuna de informação técnica que nos trava, mas a falta de autoconfiança. Em que momento da sua vida ou de outra pessoa a insegurança o impediu de aproveitar uma grande oportunidade?
2. Algumas pessoas têm muito dinheiro, mas não progridem financeiramente. Por que isso acontece?
3. Como desenvolver sua inteligência financeira o ajuda a perceber se uma negociação é boa?
4. A filosofia de Robert é plantar a semente na coluna de ativos, começando pequeno e vendo-a crescer. Como você está plantando sementes na sua coluna de ativos agora? Se não estiver, como poderia se capacitar para começar?
5. Robert elenca dois tipos de investidor: os que compram investimentos herméticos e aqueles que os criam. Você é de que tipo? É este o tipo que deseja ser?
6. Como o medo do fracasso interferiu em sua vida, e como o impediu de aproveitar oportunidades? O que pode fazer para vencer esse medo no futuro?

NOTAS

Capítulo 6

LIÇÃO #6: TRABALHE PARA APRENDER – NÃO POR DINHEIRO

A segurança no emprego era tudo para o meu pai instruído. Para o meu pai rico, era aprender.

Anos atrás, concedi uma entrevista a um jornal de Singapura. A jovem repórter chegou na hora e, imediatamente, começou a entrevista. Sentamos na recepção de um hotel luxuoso, tomamos café e falamos do objetivo da minha visita à cidade. Eu devia dividir o palco com Zig Ziglar. Ele falaria de motivação e eu, dos "Segredos dos Ricos".

"Gostaria de ser, um dia, uma autora de best-sellers como o senhor", disse ela. Eu já lera alguns de seus artigos no jornal e fiquei impressionado. Tinha um estilo forte e claro. Seus artigos atraíam o interesse do leitor.

"A senhora tem um ótimo estilo", respondi. "O que a impede de alcançar seu sonho?"

"Parece que não consigo ir adiante", respondeu ela, calmamente. "Todos dizem que os meus romances são ótimos, mas não acontece nada. Então eu continuo no jornal. Pelo menos dá para pagar as contas. O senhor teria alguma sugestão?"

"Sim", retruquei, animadamente. "Um amigo meu tem, aqui em Singapura, um curso que ensina as pessoas a vender. Ele dá cursos de treinamento em vendas para as principais empresas desta cidade e penso que se a senhora assistisse a um deles, sua carreira poderia se beneficiar bastante."

Ela se espantou: "O senhor está dizendo que eu deveria aprender a vender?"

Balancei a cabeça afirmativamente.

"Está falando sério?"

Voltei a fazer que sim com a cabeça. "O que há de errado com isso?" Agora eu estava recuando. Ela se ofendera com o que eu disse. Preferiria não ter dito nada. Na minha tentativa de ser útil, comecei a defender a minha sugestão.

A repórter disse para mim: "Tenho um mestrado em literatura inglesa. Por que frequentaria um curso de vendas? Sou uma profissional. Fui para a universidade para não ser vendedora. Odeio vendedores. Eles só pensam em dinheiro. Diga-me, para que vou estudar vendas?", ela começou a arrumar suas coisas. A entrevista tinha acabado.

Na mesa em frente ao sofá, estava um exemplar de um best-seller que eu publicara. Peguei o livro e algumas notas que ela fizera em um bloco.

"Está vendo isso?", disse eu apontando para suas anotações.

Ela olhou para o bloco: "O quê?", disse, confusa. Novamente, apontei para suas anotações. No bloco, escrevera: "Robert Kiyosaki, autor de best-sellers."

"Aqui fala 'autor de best-sellers', não diz 'melhor escritor'", falei, calmamente. Seus olhos se arregalaram de imediato.

"Sou um péssimo escritor. Você é uma grande escritora. Eu frequentei cursos de vendas. Você tem um mestrado. Junte as duas coisas e você terá uma 'autora de best-sellers' e uma 'boa escritora'."

Seu olhar estava enfurecido. "Nunca me rebaixarei tanto quanto chegar a aprender a vender. Pessoas como o senhor não têm nada que ficar escrevendo. Fui treinada profissionalmente para escrever e o senhor, para vender. Não é justo", exasperou.

Guardou o resto das suas notas e disparou pelas amplas portas de vidro para a úmida manhã de Singapura.

Pelo menos, na manhã seguinte, sua reportagem era equilibrada e favorável. O mundo está cheio de gente inteligente, talentosa, instruída e qualificada. Encontramos com elas todos os dias. Estão todas ao nosso redor.

Alguns dias atrás, o meu carro estava com problemas. Entrei em uma oficina e o jovem mecânico o consertou em alguns minutos. Ele sabia o que estava errado apenas pelo barulho do motor. Fiquei impressionado.

Sempre fico chocado ao perceber o quão pouco as pessoas talentosas ganham. Ouvi outro dia que menos de 5% dos norte-americanos recebem mais de US$100 mil ao ano. Já encontrei gente muito instruída, brilhante, que ganha menos de US$20 mil por ano. Um consultor comercial especializado na área de saúde me dizia que muitos médicos, dentistas e quiropráticos têm dificuldades financeiras. Até então eu pensava que, quando se formavam, os dólares choviam. Foi esse consultor que me disse: "Falta uma habilidade para que atinjam a grandeza."

O que isso quer dizer é que muitas pessoas precisam apenas aprender e dominar uma habilidade a mais, e sua renda aumentará exponencialmente. Já mencionei que a inteligência financeira é uma sinergia entre contabilidade, investimento, marketing e direito. Combine essas quatro habilidades técnicas e ganhar dinheiro, com dinheiro, será mais fácil. Quando se fala de dinheiro, a única habilidade que a maioria das pessoas conhece é trabalhar mais.

O exemplo clássico dessa sinergia era a jovem jornalista. Se ela aprendesse ativamente as habilidades de vendas e marketing, sua renda poderia aumentar de forma espetacular. Se eu fosse ela, faria alguns cursos de redação publicitária além de vendas. Então, em vez de trabalhar no jornal, procuraria um emprego em uma agência de publicidade. Mesmo se seu salário reduzisse, ela aprenderia a se comunicar sinteticamente, como se faz com tanto sucesso na publicidade. Ela também aprenderia relações-públicas, uma habilidade importante. Aprenderia a obter milhões em publicidade gratuita. Então, à noite e nos fins de semana, escreveria seu grande romance. Quando tivesse terminado, estaria mais apta a vender seu livro. E, assim, em pouco tempo, ela poderia se tornar uma "autora de best-sellers".

Quando publiquei meu primeiro livro, *If you want to be rich and happy, don't go to school* ("Se quiser ser rico e feliz, não vá para a escola", em tradução livre), um editor sugeriu que eu mudasse o título para *A economia da educação.* Falei que com um título como este eu só conseguiria vender dois exemplares: um para minha família, o outro para o meu melhor amigo. O problema é que eles esperariam ganhá-lo. O título agressivo, *If you want to be rich and happy, don't go to school,* foi escolhido porque eu sabia que assim obteria toneladas de publicidade.

Sou favorável à educação e acredito em reforma educacional. De outra forma, por que continuaria insistindo em mudanças no nosso sistema de ensino antiquado? Por isso, escolhi um título que me permitisse ir a mais programas de televisão e rádio, simplesmente por causa da controvérsia. Muitas pessoas pensaram que eu era louco, mas o livro vendeu muito bem.

20 Anos Atrás...

POR QUE A EDUCAÇÃO FRACASSA

Muitos professores não têm experiência prática — não fazem o que ensinam. Eles não viveram de fato o que ensinam, cometeram erros, aprenderam com eles ou aplicaram essa vivência conforme praticavam e se aprimoravam. As escolas nos ensinam a ler e memorizar. Acredito que "estudar" é a chave para implementar o que aprendemos. Kim e eu nos reunimos com nossos conselheiros várias vezes por ano e escolhemos livros para ler e estudar juntos. Como o Cone de Aprendizagem (Capítulo 1) mostra, discutir e interagir são ótimas maneiras de aprender.

Quando me formei na Academia de Marinha Mercante dos Estados Unidos, em 1969, meu pai instruído ficou feliz. A *Standard Oil* da Califórnia me contratara para sua frota de navios-tanque. Eu era terceiro imediato e o pagamento era baixo em comparação ao dos meus colegas, mas era um bom emprego para um recém-formado. Meu salário inicial era cerca de US$42 mil ao ano, incluindo as horas extras, e eu só trabalhava durante sete meses. Tinha cinco meses de férias. Se eu quisesse, poderia ter ido para o Vietnã com uma empresa de navegação subsidiária e teria com facilidade dobrado o meu salário, em vez de descansar nas férias.

"Você deve saber um pouco de tudo", era a sugestão do pai rico.

Tinha uma grande carreira na minha frente; contudo, me demiti seis meses depois e fui para a Marinha dos Estados Unidos para aprender a voar. Meu pai instruído ficou arrasado. Meu pai rico me deu parabéns.

Nos contextos tanto escolar quanto profissional, estava na moda a especialização: isto é, para ganhar mais ou obter uma promoção, era necessário se especializar. É por isso que médicos começam a residência imediatamente em uma área específica, como ortopedia ou pediatria. O mesmo se aplica a contadores, arquitetos, advogados, pilotos e outros.

Meu pai instruído acreditava no mesmo dogma. Ficou empolgado quando finalmente concluiu o doutorado. Ele muitas vezes admitia que as escolas recompensam as pessoas que estudam mais e mais a respeito de menos e menos.

O pai rico me incentivava a fazer exatamente o oposto. "Você deve saber um pouco de tudo", era sua sugestão. É por isso que durante anos trabalhei em diferentes áreas das suas empresas. Por um tempo, trabalhei no departamento de contabilidade. Embora eu, provavelmente, nunca chegasse a ser um contador, ele queria que eu aprendesse por osmose. O pai rico sabia que eu pegaria o jargão e uma noção daquilo que é importante e do que não é. Também trabalhei como ajudante de garçom e como operário de construção civil, bem como em vendas, reservas e marketing. Ele estava preparando Mike e a mim. Insistia em que nos sentássemos para assistir a seus encontros com diretores de banco, advogados, contadores e corretores. Queria que conhecêssemos um pouco sobre cada aspecto do seu império.

Quando abandonei o meu emprego bem-remunerado na *Standard Oil*, meu pai instruído teve uma conversa séria comigo. Estava perplexo. Não entendia a minha decisão de largar uma carreira que oferecia salário alto, grandes benefícios, muito tempo de folga e oportunidades de promoção. Quando me perguntou certa noite: "Por que se demitiu?", não consegui, por mais que tentasse, explicar para ele. Minha lógica não se encaixava na dele. O grande problema é que minha lógica era a do meu pai rico.

A segurança no emprego era tudo para o meu pai instruído. Para o meu pai rico, era aprender. Meu pai instruído pensou que eu tivesse ido para o curso para aprender a ser um oficial náutico. O pai rico sabia que eu estava lá para estudar comércio internacional. Enquanto estudava, fiz transporte de cargas, naveguei em grandes cargueiros, em navios de passageiros pelo Extremo Oriente e pelo Pacífico Sul. O pai rico me incentivava a navegar pelo Pacífico em vez de ir para a Europa porque sabia que as nações emergentes estavam na Ásia e não no velho continente. A maioria dos meus colegas de turma, incluindo Mike, ainda participava de festas nas suas fraternidades, e eu já estudava comércio, pessoas, estilos de negócio e culturas no Japão, Taiwan, Tailândia, Singapura, Hong Kong, Vietnã, Coreia, Taiti, Samoa e Filipinas. Eu também frequentava festas, mas não em fraternidades. Cresci rapidamente.

O meu pai instruído não conseguia entender por que eu me demitira do emprego e entrara para a Marinha dos Estados Unidos. Disse-lhe que queria aprender a voar, mas realmente queria aprender a comandar tropas. O pai rico me explicara que a parte mais difícil da condução de uma empresa é a gestão de pessoas. Ele passara três anos no exército; meu pai instruído fora dispensado do serviço militar. O pai rico me falou do valor de aprender a liderar pessoas em situações difíceis. "Liderança é o que você precisa aprender agora", dizia. "Se não for um bom líder, receberá um tiro pelas costas, como ocorre nos negócios."

Ao voltar do Vietnã, em 1973, me desliguei, embora adorasse voar. Consegui um emprego na Xerox Corporation. Fui para lá por uma razão, e não eram os benefícios. Eu era bastante tímido e a ideia de vender me parecia a coisa mais apavorante do mundo. A Xerox tem um dos melhores programas de treinamento em vendas dos Estados Unidos.

O pai rico ficou muito orgulhoso de mim. Meu pai instruído ficou envergonhado. Sendo um intelectual, considerava que os vendedores estavam abaixo dele. Trabalhei na Xerox durante quatro anos, até que superei o medo de bater às portas e ser rejeitado. Ao alcançar, permanentemente, um lugar entre os cinco maiores vendedores, me demiti e fui em frente, deixando para trás outra grande carreira em uma ótima empresa.

Em 1977, formei minha primeira empresa. O pai rico preparara Mike e eu para assumirmos empresas. De modo que agora eu precisava formá-las e colocá-las para funcionar. Meu primeiro produto, uma carteira de náilon e velcro, era fabricado no Extremo Oriente e remetido para um armazém em Nova York, perto da escola que eu frequentara. Minha educação formal estava completa e era tempo de testar as minhas asas. Se eu fracassasse, estaria falido. O pai rico achava que era melhor quebrar antes dos trinta. "Você ainda tem tempo de se recuperar", era seu

Ser empregado é estar pregado em dívidas.

conselho. Na véspera do meu trigésimo aniversário, a primeira remessa saiu da Coreia para Nova York.

Hoje, ainda faço negócios internacionais. E, conforme o pai rico me incentivou, procuro os países emergentes. Atualmente, a minha empresa de investimentos abarca países da América do Sul e da Ásia, além da Noruega e da Rússia.

Existe um trocadilho que define bem: "Ser empregado é estar pregado em dívidas." Infelizmente, eu diria que isso se aplica a milhões de pessoas. Como a escola não acha que a inteligência financeira é inteligência, a maioria dos trabalhadores vive dentro das suas posses. Trabalham e pagam as contas.

Há outra terrível teoria da administração, que diz: "Os empregados trabalham apenas o suficiente para não serem demitidos, e os empregadores pagam apenas o suficiente para os trabalhadores não irem embora." E se você observar a escala salarial da maioria das empresas, dirá que há uma certa verdade nessa afirmação.

20 Anos Atrás...

QUEM SÃO SEUS PROFESSORES?

Uma lição do pai rico que se tornou clara como água ao longo dos últimos 20 anos é a importância de escolher os professores que realmente REALIZARAM o que você deseja.

A consequência prática é que, em geral, os trabalhadores não progridem. Eles fazem o que foram ensinados a fazer: "Conseguir um emprego seguro." A maioria dos empregados se concentra em salários e benefícios que os remuneram em curto prazo, mas que são frequentemente desastrosos em longo prazo.

Já eu recomendo aos jovens que procurem emprego pelas oportunidades de aprendizado, mais do que pelo que possam receber. É preciso ver que habilidades se deseja adquirir antes de escolher uma profissão específica e cair na Corrida dos Ratos.

Uma vez aprisionadas em um processo permanente de pagamento de contas, as pessoas se tornam os pequenos hamsters correndo em suas gaiolas. Suas pequenas pernas peludas correm agitadas, a roda gira furiosamente, mas dia vai, dia vem, ainda estão na mesma gaiola. Ótimo emprego.

No filme *Jerry Maguire: A Grande Virada*, com Tom Cruise, há grandes bordões. Talvez o mais memorável seja: "Me mostre o dinheiro." Mas há outra frase que me parece mais verdadeira. Aparece na cena em que Tom Cruise está saindo da empresa. Ele acaba de ser demitido e pergunta para toda a empresa: "Quem quer me acompanhar?" E todos permanecem silenciosos e petrificados. Apenas uma mulher se levanta e diz: "Eu gostaria, mas daqui a três meses serei promovida."

A afirmação é provavelmente a mais verdadeira de todo o filme. É o tipo de frase que as pessoas usam para continuar trabalhando de forma a pagar suas contas. Sei que meu pai instruído aguardava por seu aumento anual e todo ano ficava desapontado. Então ele voltava a estudar para se tornar mais qualificado, na esperança de ganhar outro aumento, mas novamente sofria uma decepção.

Frequentemente, pergunto às pessoas: "Para onde essa atividade diária está levando você?" Como o pequeno hamster, duvido que as pessoas olhem para onde seu trabalho árduo as está levando. O que o futuro lhe reserva?

Em seu livro, *The Retirement Myth* ("O Mito da Aposentadoria", em tradução livre), Craig S. Karpel escreve: "Visitei a sede de uma grande empresa nacional de consultoria especializada em aposentadorias e falei com uma diretora administrativa que planeja exuberantes planos para altos executivos. Quando lhe perguntei o que as pessoas comuns poderiam esperar receber como aposentadoria, ela disse, com um sorriso confiante: "A Bala de Prata."

"O que é 'A Bala de Prata?'", perguntei.

---

20 Anos Atrás...

O PRINCIPAL MEDO

Vale repetir: o principal medo dos norte-americanos ao envelhecer é viver mais do que seu dinheiro. Muitos planos de aposentadoria mudaram — para um plano de "benefício definido" versus um de "contribuição definida", com um limite máximo para o montante total —, alterando as regras de planejamento da aposentadoria e as dos programas assistenciais.

Ela deu de ombros e falou: "Se os *baby boomers*[1] descobrem que não têm dinheiro suficiente para viver quando forem mais velhos, sempre podem dar um tiro nos miolos."

Karpel continua explicando a diferença entre os antigos planos de Benefícios Definidos e os novos, de Contribuições Programadas, que são mais arriscados. Não é um quadro animador para a maioria das pessoas que está trabalhando atualmente. E isso é só a aposentadoria. Quando se acrescentam despesas médicas e casas de repouso para idosos, o quadro se torna aterrador.

Então, muitos hospitais em países em que a medicina é socializada já enfrentam dilemas dramáticos, como: "Quem permanecerá vivo e quem vai morrer?" Eles tomam essas decisões com base no orçamento e na idade dos pacientes. Os cuidados médicos são destinados ao paciente mais jovem. O paciente mais velho fica para o fim da fila. Assim como os ricos podem se permitir uma educação, eles também podem se manter vivos enquanto aqueles com pouca fortuna morrem.

Então, eu penso: "Há trabalhadores focados no futuro ou a preocupação é apenas o próximo contracheque, sem questionamento algum sobre o que virá mais adiante?"

Quando falo com adultos que querem ganhar mais dinheiro, sempre dou o mesmo conselho. Sugiro que pensem em longo prazo. Em vez de trabalhar simplesmente pelo dinheiro e pela segurança, que são, admito, importantes, sugiro que procurem um segundo emprego, em que possam aprender outra habilidade. Muitas vezes recomendo que se integrem a uma

20 Anos Atrás...

OS CUSTOS MÉDICOS SOBEM

As pessoas estão vivendo mais tempo e os cuidados de saúde ficam cada vez mais caros. Os fabricantes de medicamentos cobram mais e as companhias de seguros pagam menos. Quase todos sentem o aperto no orçamento. Embora as especificidades e estatísticas variem, a maioria das pesquisas aponta que as falências nos EUA resultam de custos médicos descontrolados.

[1] Depois da Segunda Guerra Mundial, a Europa (especialmente a Grã-Bretanha e a França), os Estados Unidos, o Canadá e a Austrália tiveram um aumento de natalidade repentino, que ficou conhecido como *baby boom*; daí pessoas nascidas nesses países, entre 1946 e 1964, serem chamadas de *baby boomers*. (N. E.)

empresa de marketing de rede, também chamada de marketing multinível, se quiserem adquirir habilidades de venda. Algumas dessas empresas têm excelentes programas de treinamento que ajudam as pessoas a suportar o medo do fracasso e da rejeição, que são as principais razões pelas quais a maioria das pessoas não é bem-sucedida. A instrução vale mais do que o dinheiro, em longo prazo.

Quando ofereço esta sugestão, ouço muitas vezes: "Ah, isso é muito trabalhoso" ou "Só quero fazer o que me interessa".

Quanto à primeira resposta, retruco: "Então o senhor prefere passar a vida entregando 50% do que ganha ao governo?" Quanto à segunda observação, digo: "Eu não tenho interesse em ir à academia de musculação, mas vou para me sentir melhor e viver mais."

Infelizmente, há verdade no velho ditado: "Não se pode ensinar truques novos a um cachorro velho." A menos que a pessoa esteja acostumada a se reinventar, é difícil mudar.

Mas, para aqueles que ainda estão em cima do muro em relação à ideia de trabalhar para aprender algo novo, ofereço esta palavra de incentivo: viver é como ir à academia. A parte mais difícil é se decidir a começar. Uma vez feito isso, fica fácil. Em muitas ocasiões, ficava aborrecido de ter que ir para a academia, mas chegando lá, em movimento, era ótimo. Depois dos exercícios fico feliz de ter me decidido a ir.

Se não estiver disposto a trabalhar para aprender algo novo e insiste em se especializar em sua área, assegure-se de trabalhar em uma empresa sindicalizada. Os sindicatos foram planejados para proteger especialistas. Meu pai instruído, depois de ter caído em desgraça junto ao governador, tornou-se presidente do sindicato de professores do Havaí. Ele dizia que esse era o trabalho mais pesado que já tivera na vida. Meu pai rico, por outro lado, passou toda sua vida fazendo o possível para que suas empresas não fossem sindicalizadas. Ele foi bem-sucedido. Embora os sindicatos fizessem força, o pai rico sempre conseguiu combatê-los.

Pessoalmente, não tomo partido, porque posso ver a necessidade e os benefícios de ambas as situações. Se seguir os conselhos da escola, tornando-se altamente especializado, então procure a proteção do sindicato. Por exemplo, se eu tivesse prosseguido na carreira de piloto comercial, teria procurado trabalhar em uma empresa em que o sindicato fosse forte. Por quê? Porque minha vida teria sido dedicada a aprender uma habilidade que só tem valor em um ramo de atividade. Se eu tivesse que abandonar esse ramo, as minhas habilidades não teriam valor em outras áreas. Um piloto sênior — com 100 mil horas de voo, ganhando US$150 mil ao ano — teria dificuldades em encontrar um emprego com igual remuneração como professor. As habilidades não se transferem necessariamente de um ramo de atividade para outro; os pilotos recebem salários altos por possuírem habilidades que não teriam valor, por exemplo, no sistema de ensino.

Atualmente, o mesmo pode ser dito sobre os médicos. Com todas as mudanças ocorridas na medicina, os especialistas têm que se agrupar em organizações médicas como os planos de saúde. Sem dúvida, os professores precisam se sindicalizar. Atualmente nos Estados Unidos o sindicato dos professores é o maior e mais rico deles. A Associação Nacional de Educação tem uma força política tremenda. Os professores precisam da proteção do seu sindicato porque suas habilidades também têm valor escasso fora da área da educação. De modo que a regra prática é: "Se for altamente especializado, sindicalize-se." É a coisa inteligente a se fazer.

Quando pergunto às minhas turmas: "Quais de vocês fazem um hambúrguer melhor do que o do McDonald's?", quase todos levantam a mão. Então, pergunto: "Se a maioria de vocês faz um hambúrguer melhor do que o do McDonald's, como é possível que o McDonald's ganhe mais dinheiro do que vocês?"

A resposta é óbvia: o McDonald's é um ótimo sistema de negócios. A razão pela qual tantas pessoas talentosas são pobres é que se concentram na preparação do melhor hambúrguer e sabem pouquíssimo sobre sistemas de negócios.

Um amigo meu, do Havaí, é um grande artista. Ganha bastante dinheiro. Um dia, o advogado de sua mãe ligou dizendo que ela lhe deixara US$35 mil. Isso foi o que sobrou dos seus

20 Anos Atrás...

SISTEMAS = TI

No mundo de hoje, os sistemas são TI... a Tecnologia da Informação. Como você usa todos os recursos disponíveis? Esse é outro motivo para escolher com sabedoria sua equipe, seus conselheiros e professores. Atualmente, o presidente da Rich Dad *é um gênio da TI e construiu uma equipe que usa a tecnologia para melhorar nossos sistemas, processos e comunicações... enquanto mantém um olho no futuro e nas novas ferramentas que nos serão oferecidas.*

bens depois que o advogado e o governo pegaram sua parte. Imediatamente, ele viu uma oportunidade de aumentar seus negócios usando parte desse dinheiro em publicidade. Dois meses depois, seu primeiro anúncio em cores, de página inteira, apareceu em uma revista cara voltada para os muito ricos. O anúncio rodou durante três meses. Ele não teve nenhum retorno e toda sua herança foi embora. Agora ele quer processar a revista por ter sido enganado.

Esse é um caso típico de alguém que pode fazer um belo hambúrguer, mas conhece pouco de negócios. Quando eu lhe perguntei o que tinha aprendido, sua resposta foi que "publicitários são impostores". Então lhe perguntei se não gostaria de fazer um curso de vendas e outro de marketing direto. Sua resposta foi: "Não tenho tempo e não quero jogar dinheiro fora."

O mundo está repleto de pessoas talentosas. Com frequência, são pobres, têm dificuldades financeiras ou ganham menos do que poderiam; não pelo que sabem, mas pelo que desconhecem. Concentram-se em aperfeiçoar suas habilidades de fazer um hambúrguer melhor em vez de pensar em como vender e entregá-lo. Talvez o McDonald's não faça o melhor hambúrguer, mas é o melhor na distribuição de um sanduíche mediano básico.

O pai pobre queria que eu me especializasse. Era assim que ele acreditava que eu ganharia mais. Mesmo depois de ouvir do governador do Havaí que não poderia mais trabalhar no governo do estado, meu pai instruído continuou me incentivando a me especializar. O pai pobre, então, tomou posse da causa do sindicato dos professores, fazendo campanhas por mais proteção e maiores benefícios para esses profissionais altamente especializados e instruídos. Ele nunca entendeu que quanto mais especializado você se torna mais fica amarrado e dependente dessa especialização.

O pai rico aconselhava Mike e a mim a nos prepararmos. Muitas grandes empresas fazem o mesmo: procuram jovens recém-formados nas faculdades e começam a preparar essas pessoas para exercerem, um dia, altos cargos na organização. Esses jovens brilhantes não se especializam em um departamento; eles percorrem os vários departamentos para aprender todos os aspectos dos sistemas de negócios. Os ricos frequentemente preparam seus filhos ou os filhos dos outros. Ao fazê-lo, os jovens adquirem uma visão geral das operações da empresa e conhecem a inter-relação entre os vários departamentos.

A geração da Segunda Guerra Mundial considerava ruim ficar trocando de emprego. Hoje, considera-se uma atitude inteligente. Já que as pessoas pretendem ficar mudando de emprego em vez de buscar maior especialização, por que não pensar em aprender mais do que em ganhar? Em curto prazo, você pode ganhar menos. Em longo prazo, resultará em grandes dividendos.

As principais habilidades de gestão necessárias para o sucesso são:

1. Gerenciamento de fluxo de caixa
2. Administração de sistemas
3. Coordenação de pessoas

As habilidades especializadas mais importantes são vendas e compreensão da comercialização. É a habilidade de vender — portanto, de comunicar-se com outro ser humano, seja cliente, funcionário, chefe, cônjuge ou filho — a base para o sucesso pessoal. São habilidades de comunicação como redigir, falar e negociar que são cruciais para uma vida de sucesso. São habilidades que exercito constantemente, fazendo cursos ou comprando materiais educacionais para expandir o meu conhecimento.

20 Anos Atrás...

VENDAS = RENDA

O consultor da Rich Dad *e grande amigo Blair Singer — nosso especialista em vendas — tem martelado na minha cabeça por trinta anos: Vendas = Renda. Sua capacidade de vender — comunicar e ressaltar seus pontos fortes — afeta diretamente seu sucesso.*

Como já mencionei, meu pai instruído, quanto mais competente se tornava, mais arduamente trabalhava. Ele também se via cada vez mais encurralado conforme se especializava. Embora seu salário aumentasse, suas opções diminuíam. Pouco depois de ter sido mandado embora do trabalho no governo, descobriu como era vulnerável profissionalmente. É semelhante ao que ocorre com os atletas profissionais que de repente sofrem uma lesão ou ficam velhos demais para o esporte. Sua posição bem-remunerada é perdida e eles têm habilidades limitadas às quais recorrer. Penso que é por isso que o meu pai instruído se envolveu tanto com os sindicatos a partir daí. Ele percebeu o quanto o sindicato poderia tê-lo favorecido.

O pai rico incentivou Mike e a mim a saber de tudo um pouco. Ele nos encorajou a trabalhar com pessoas mais espertas do que nós e a reunir pessoas inteligentes para trabalhar em equipe. Hoje, isso seria chamado de sinergia de especialidades profissionais.

Atualmente, encontro ex-professores ganhando centenas de milhares de dólares ao ano. Eles ganham tanto porque têm outras habilidades além das especializadas de sua área. Eles podem tanto ensinar quanto vender e comercializar. As habilidades de venda e marketing são difíceis para muitas pessoas, sobretudo em decorrência do medo da rejeição. Quanto melhor você se comunicar, negociar e lidar com esse medo, mais fácil será a vida. Da mesma maneira que aconselhei àquela jornalista que queria se tornar autora de best-sellers, repito isso para todos hoje em dia.

Ter uma especialização técnica tem seus prós e contras. Tenho amigos que são gênios, mas não conseguem se comunicar efetivamente e, em consequência, seus ganhos são lamentáveis. Eu os aconselho a passar um ano aprendendo a vender. Mesmo se não ganharem nada, sua capacidade de comunicação melhorará. E isso não tem preço.

Além de sermos bons aprendizes e vendedores e de entendermos de marketing, devemos ser tanto bons professores quanto excelentes alunos. Para sermos verdadeiramente ricos, devemos ser capazes tanto de doar quanto de receber. Em casos de dificuldades financeiras, frequentemente, o que falta é essa troca. Sei de muita gente que é pobre porque não é nem bom estudante nem bom mestre.

Ambos os meus pais eram homens generosos. Ambos tinham doar como primeira regra. A educação era uma de suas formas de doação. Quanto mais doavam, mais recebiam. Uma diferença evidente estava na doação de dinheiro. Meu pai rico doava altos montantes. Doava para a igreja, para instituições de caridade, para sua fundação. Ele sabia que para receber dinheiro, você deve doá-lo. A doação de dinheiro é o segredo da maioria das grandes famílias ricas. É por isso que existem instituições como a Fundação Rockfeller e a Fundação Ford. São organizações destinadas a pegar a própria riqueza e aumentá-la, bem como a distribuí-la perpetuamente.

O meu pai instruído costumava dizer sempre: "Quando tiver algum dinheiro sobrando, vou doá-lo." O problema é que nunca havia um extra. Trabalhava sempre mais para conseguir mais dinheiro em vez de se concentrar na principal lei do dinheiro: "Dê e, então, receberá". Em vez disso, ele acreditava em: "Receba para poder doar."

20 Anos Atrás...

ARES DE MUDANÇA

Os ventos da transição — da educação e de seus sistemas — estão soprando... com sangue jovem em Washington, há um novo requisito para a escolha da escola, e os estudantes procuram (e até exigem) professores com experiência prática. Eu sempre acreditei que mudar as coisas requer primeiro que eu me transforme. Hoje, muitas pessoas escolhem a mudança e a defendem... em um sistema antiquado, obsoleto. Os verdadeiros vencedores serão as crianças — que poderão finalmente aprender sobre o dinheiro na escola.

Concluindo, me tornei meus dois pais. Uma parte de mim é um capitalista convicto que adora o jogo do dinheiro fazendo dinheiro. A outra é o mestre socialmente responsável que está profundamente preocupado com o crescente hiato que separa os privilegiados dos desvalidos. Acredito que o principal responsável por esse abismo é o sistema de ensino obsoleto.

SEÇÃO DE ESTUDO

Capítulo 6

LIÇÃO #6: TRABALHE PARA APRENDER – NÃO POR DINHEIRO

CAPÍTULO 6

LIÇÃO #6: TRABALHE PARA APRENDER — NÃO POR DINHEIRO

Resumo

Robert foi entrevistado uns anos atrás em Singapura por uma jornalista que, durante a conversa, revelou que queria ser autora de best-sellers, como ele. Mas seus romances, que todos diziam ser excelentes, nunca chegaram a lugar algum.

Robert sugeriu a ela um treinamento em vendas. Aquilo ofendeu a jornalista, que disse ter um mestrado em literatura inglesa e não entendia como aprender a vender a ajudaria. Na verdade, ela odiava vendedores. Quando Robert apontou que ele era um autor de best-seller e não um exímio autor, ela respondeu que nunca se rebaixaria tanto quanto um vendedor, e encerrou a entrevista.

Há pessoas talentosas ao redor de todos nós que travam batalhas financeiras, tal como aquela jornalista. Nas palavras de um consultor empresarial: "Falta uma habilidade para que atinjam a grandeza."

Isso significa que muitos de nós nos especializamos. Se aprendermos e dominarmos apenas mais uma habilidade, a nossa renda se multiplicará exponencialmente. Quando se trata de dinheiro, a única habilidade que a maioria das pessoas conhece é trabalhar arduamente.

Se aquela repórter fizesse alguns cursos de marketing e vendas e depois conseguisse um emprego em uma agência de publicidade, aprenderia a fazer milhões com publicidade gratuita — uma habilidade que poderia usar para transformar seu romance em um best-seller.

Quando Robert lançou seu primeiro livro, *If You Want To Be Rich and Happy, Don't Go to School* ("Se quiser ser rico e feliz, não vá para a escola", em tradução livre), um editor sugeriu que alterasse o título para *A Economia da Educação.* Mas Robert sabia que aquele título não venderia. Mesmo sendo a favor da educação, escolheu um título controverso, porque sabia que daria mais mídia. E funcionou.

Quando se formou na Academia de Marinha Mercante dos EUA, em 1969, foi contratado como oficial náutico por uma frota de petroleiros da *Standard Oil.* O pagamento era razoável, tinha cinco meses de férias anuais. Poderia ter sido uma boa carreira, mas, depois de seis meses, Robert saiu para integrar o Corpo de Fuzileiros Navais e aprender a voar.

Em vez de se especializar — como muitos fazem, incluindo o pai pobre —, Robert buscava novas habilidades. O pai rico o encorajava, dizendo para ele aprender um pouco de tudo. Foi por isso que Robert e seu amigo, Mike, trabalharam em diversas áreas na juventude para ter experiências diversificadas.

O pai pobre não entendia a decisão de deixar o trabalho na *Standard Oil.* Ele pensava que Robert fora à escola para se tornar um oficial naval. Mas o que o pai rico sabia era que Robert ia à escola para aprender sobre negociações internacionais. E entrou para os Fuzileiros Navais para aprender a liderar tropas. Aquela habilidade de liderança o ajudaria em qualquer negócio que surgisse em seu caminho.

Em 1973, Robert deixou a Marinha e conseguiu um emprego como vendedor na Xerox Corporation, apesar de ser uma pessoa tímida. Na verdade, *porque* era tímido que aceitou o trabalho. A Xerox tinha um dos melhores programas de treinamento em vendas do país, e lá Robert pôde superar seu medo de bater de porta em porta e ser rejeitado. Quando se tornou um dos vendedores mais produtivos, ele saiu.

Robert montou sua primeira empresa em 1977, vendendo carteiras fabricadas no Extremo Oriente, que eram enviadas para um armazém de Nova York. Era a hora de testar suas asas. Atualmente, ele ainda fecha negócios internacionais.

Muitas pessoas trabalham com afinco para conseguir um emprego seguro, focando o pagamento e os benefícios em curto prazo.

O que deveriam fazer é procurar um trabalho que os ensine as habilidades de que precisam.

As pessoas estão mirando o horizonte ou só o próximo pagamento? Em seu livro, *The Retirement Myth*, Craig S. Karpel escreve sobre os muitos desafios que aguardam as pessoas na aposentadoria, e o quadro assustador que será a realidade de muitas pessoas.

Robert recomenda ter uma visão de longo alcance: em vez de simplesmente trabalhar por dinheiro e segurança, arranjar um segundo emprego para adquirir uma segunda habilidade. Muitos resistem a essa ideia, porque não estão preparados para mudanças. Mas é como ir à academia. Você pode ter que se forçar a começar, mas se sentirá realizado por tê-lo feito depois que o treino terminar.

Se não estiver disposto a trabalhar para aprender algo novo e, em vez disso, insistir em se tornar altamente especializado na sua área, certifique-se de que a empresa em que trabalha é sindicalizada. Sua especialização pode ser inútil em outros campos.

Robert pergunta a seus alunos quantos deles fazem um hambúrguer melhor do que o do McDonald's. Muitos levantam as mãos. Mas a razão pela qual o McDonald's faz milhões é por que é um sistema de negócios impecável.

O mundo está cheio de pessoas pobres que são talentosas. Para ter sucesso, elas precisam despender seu tempo adquirindo mais habilidades, como o sistema comercial do McDonald's.

O pai pobre queria que Robert se especializasse, mesmo que isso não fosse aplicável para sua vida. Ele nunca entendeu que quanto mais especializado se torna, mais você se prende e depende daquela área restrita.

O pai rico, por outro lado, encorajava Mike e Robert a se preparar e aprender sobre diferentes áreas de negócios.

Para a geração da Segunda Guerra Mundial, era considerado ruim ficar trocando de emprego. Hoje, isso é algo sagaz. Faz com que aprenda mais e gera dividendos em longo prazo.

As principais habilidades de gestão necessárias para o sucesso são:

1) Gerenciamento do fluxo de caixa, 2) Administração de sistemas e 3) Coordenação de pessoas. E as habilidades específicas mais importantes são vendas e marketing. Habilidades de comunicação como escrever, falar e negociar são cruciais para uma vida bem-sucedida. São essas habilidades que Robert aprimora constantemente, participando de cursos ou adquirindo materiais educacionais para expandir seu conhecimento.

As habilidades de vendas e marketing são difíceis para a maioria das pessoas, principalmente pelo medo da rejeição. Quanto melhor souber comunicar, negociar e lidar com o medo da rejeição, mais fácil sua vida se tornará.

Ter especialização técnica tem seus prós e contras. As pessoas que se enquadram neste caso devem expandir suas habilidades de comunicação.

Todos nós devemos aprender a ser tanto bons professores quanto alunos. Para sermos verdadeiramente ricos, precisamos ser capazes de doar e receber.

Ensinar era uma das maneiras pelas quais ambos os meus pais doavam aos outros. Mas o pai rico também doava dinheiro para sua igreja, instituições de caridade e à sua fundação. Ele sabia que, para receber dinheiro, também precisava doá-lo. O pai pobre sempre dizia que doaria dinheiro se restasse algum — mas nunca sobrava. Em vez de: "Dê e, então, receberá", ele acreditava em: "Receba para poder doar."

Robert se tornou seus dois pais, tanto o capitalista radical, que ama o jogo do dinheiro que faz dinheiro, quanto o professor com a responsabilidade social profundamente preocupado com a diferença avultante entre os privilegiados e os desvalidos. Ele considera o obsoletismo do sistema educacional o responsável por esse abismo.

Momento do hemisfério esquerdo: Relegar um trabalho promissor pode não ter uma lógica matemática imediata, mas as habilidades que adquirir falarão mais alto que os números em longo prazo.

Momento do hemisfério direito: Aprender habilidades que você pensa que não são da sua área irá beneficiá-lo.

Momento subconsciente: A habilidade que precisa aprender e conquistar é aquela que você mais teme. E, mesmo que tenha que se forçar a isso — como ir à academia —, se sentirá satisfeito por tê-lo feito.

O que Robert Quer Dizer

Agora é hora de refletir. Pergunte a si mesmo: "*O que* Robert quer dizer nesta citação?" E: "*Por que* ele diz isso?" Nesta seção, você não precisa concordar ou discordar dele. O objetivo é *entender* o que Robert está dizendo.

Lembre-se, esta seção de estudo é projetada para ser coadjuvante e de apoio. Duas cabeças pensam melhor do que uma. Se você não entende o que Robert está dizendo, não desista da lição. Peça ajuda. Aproveite o tempo para discutir cada citação até compreendê-las:

"A segurança no emprego era tudo para o meu pai instruído. Para o meu pai rico, era aprender."

"Sempre fico chocado ao perceber o quão pouco as pessoas talentosas ganham."

"Existe um trocadilho que define bem: 'Ser empregado é estar pregado em dívidas.' Infelizmente, eu diria que isso se aplica a milhões de pessoas."

"Recomendo aos jovens que procurem emprego pelas oportunidades de aprendizado, mais do que pelo que possam receber."

"Viver é como ir à academia. A parte mais difícil é se decidir a começar. Uma vez feito isso, fica fácil."

"O mundo está repleto de pessoas talentosas. Com frequência, são pobres, têm dificuldades financeiras ou ganham menos do que poderiam; não pelo que sabem, mas pelo que desconhecem."

"Ter uma especialização técnica tem seus prós e contras."

"A doação de dinheiro é o segredo da maioria das grandes famílias ricas."

Questões Adicionais

Agora é o momento de usar as histórias deste capítulo para entender o que Robert estava dizendo, e aplicá-las a você e sua vida. Faça a si mesmo as perguntas abaixo e as discuta com seu parceiro de estudos. Seja honesto consigo mesmo e com seu parceiro. Se não gostar das respostas que der, pergunte a si mesmo se está disposto a mudar e aceitar o desafio de transformar seus pensamentos e mentalidade:

1. Você conhece pessoas altamente talentosas que ganham pouco dinheiro? O que poderiam fazer de diferente?
2. Como procurou habilidades adicionais além da sua especialização? Qual foi o resultado?

3. Alguma vez você ficou dividido entre um emprego estável e experimentar uma posição que podia lhe dar ganhos maiores em longo prazo? O que baseou sua decisão?
4. Se alguém lhe pedisse conselhos sobre as habilidades profissionais mais importantes, o que diria?
5. Dar tudo de si desempenha um papel crucial na sua vida? Você vê isso como parte importante do seu sucesso?
6. Como poderia agir de maneiras diferentes das atuais?

NOTAS

NOTAS

Capítulo 7

SUPERE OS OBSTÁCULOS

A principal diferença entre os ricos e os pobres é a maneira como administram o medo.

Mesmo que as pessoas tenham estudado e se tornado financeiramente proficientes, ainda podem enfrentar obstáculos para alcançar a independência financeira. Há cinco razões principais que levam pessoas proficientes em termos financeiros a não desenvolver uma coluna de ativos significativa, que poderia render grandes montantes de fluxo de caixa. Essas razões são:

1. Medo
2. Ceticismo
3. Preguiça
4. Maus hábitos
5. Arrogância

Supere o Medo

Nunca encontrei alguém que gostasse realmente de perder dinheiro. E em toda a minha vida, jamais conheci uma pessoa rica que nunca tivesse perdido dinheiro. Mas vi uma porção de gente pobre que nunca perdeu um tostão, quero dizer, nunca perdeu investindo.

O medo de perder dinheiro é real. Todo mundo tem. Mesmos os ricos. Mas o problema não está no medo, está na maneira de lidar com as perdas. É a maneira de lidar com o fracasso que faz a diferença na vida das pessoas. A principal diferença entre os ricos e os pobres é a maneira como administram o medo.

Não há nada errado em ter medo. É aceitável ser um covarde quando se trata de dinheiro. Você ainda pode ser rico. Somos todos heróis em algumas circunstâncias e covardes em outras. Uma amiga de minha mulher é enfermeira de um pronto-socorro. Quando vê sangue, entra em ação. Quando falo em investir, ela sai correndo. Quando eu vejo sangue, não fujo, desmaio.

Meu pai rico entendia as fobias relativas ao dinheiro. "Algumas pessoas têm pavor de cobra. Outras têm pavor de perder dinheiro. Ambas têm fobias", dizia. Sua solução para a fobia de perder dinheiro era um pequeno verso: "Se odeia risco e preocupação, comece cedo."

Se você começar jovem, será fácil ser rico. Não vou me estender sobre isso, mas há uma grande diferença entre pessoas que começam a poupar aos vinte anos e as que começam aos trinta. A aquisição da Ilha de Manhattan é considerada uma das maiores pechinchas de todos os tempos. Nova York foi comprada por US$24 em badulaques e contas de vidro. Contudo, se esses US$24 tivessem sido investidos a juros de 8% ao ano, esses US$24 estariam valendo mais de US$28 trilhões em 1995. Manhattan poderia ser recomprada e ainda sobraria dinheiro para comprar boa parte de Los Angeles.

Mas se não tiver muito tempo pela frente ou se quiser se aposentar mais cedo? Como você lida com o medo de perder dinheiro?

Meu pai pobre não fez nada. Ele simplesmente evitava o assunto, recusando-se a discuti-lo.

O pai rico, por outro lado, recomendava que eu pensasse como um texano. "Gosto do Texas e dos texanos", falava. "No Texas tudo é maior. Quando os texanos ganham, eles ganham muito. E quando perdem, é espetacular."

"Eles gostam de perder?", perguntei.

"Não estou dizendo isso. Ninguém gosta de perder. Mostre-me um perdedor feliz e eu lhe mostro um fracassado", respondeu o pai rico. "É da atitude dos texanos em face do risco, da recompensa e da derrota que estou falando. É como encaram a vida. Eles vivem grandiosamente. Não como a maioria do pessoal daqui, que vive como baratas quando se trata de dinheiro. Baratas com medo que alguém jogue um facho de luz em cima delas. Gente que se lamuria quando o empregado do armazém erra o troco por vinte centavos.

O pai rico continuou explicando. "O que mais gosto é da atitude dos texanos. Eles se orgulham de ganhar e se gabam quando perdem. Os texanos têm um ditado: 'Se você for quebrar, quebre em grande estilo.' Você não vai querer admitir que quebrou por uma ninharia."

Ele falava constantemente com Mike e comigo que o principal motivo do infortúnio financeiro era que a maioria das pessoas buscava segurança demais. "As pessoas têm tanto medo de perder que perdem", costumava dizer.

Fran Tarkenton, que foi um grande zagueiro do futebol americano, dizia isso de outra forma: "Vencer significa não ter medo de perder."

Ao longo da minha vida, observei que os ganhos em geral se seguem às perdas. Antes de aprender a andar de bicicleta, levei muitas quedas. Nunca encontrei um jogador de golfe que não tenha alguma vez perdido uma bola. Nunca conheci alguém apaixonado que nunca teve o coração despedaçado. E nunca vi um rico que não tivesse perdido dinheiro.

20 Anos Atrás...

A ARTE DE VENCER

O conceito e o nosso desejo de vencer em todas as áreas da vida foram temas da eleição presidencial dos EUA de 2016. É uma mentalidade, um objetivo a que todos podemos aspirar, e que nos motiva a abraçar os nossos erros, aprender com eles e projetar a vitória.

Muitas pessoas não vencem financeiramente porque a dor de perder dinheiro supera a alegria de ser rico.

Muitas pessoas não vencem financeiramente porque a dor de perder dinheiro supera a alegria de ser rico.

Outro ditado do Texas é: "Todos querem ir para o céu, mas ninguém quer morrer." Todos sonham em ser ricos, mas têm pavor de perder dinheiro. Então nunca chegarão ao céu.

O pai rico costumava contar para Mike e para mim as histórias das suas viagens ao Texas. "Se quiser realmente aprender a lidar com o risco, com as perdas e com os fracassos, vá para San Antonio e visite o Álamo. O Álamo representa uma grande história de gente corajosa que optou por lutar, sabendo que não havia esperança de sucesso contra a superioridade do inimigo. Eles preferiram morrer a se entregar. É uma história inspiradora que merece ser estudada; contudo, não deixa de ser uma trágica derrota militar. Eles fracassaram. Perderam. Então, como é que os texanos lidam com o fracasso? Eles ainda gritam: 'Lembre-se do Álamo!'"

Mike e eu ouvimos essa história muitas vezes. O pai rico sempre a repetia quando estava entrando em um grande negócio e ficava nervoso. Depois que tinha estudado tudo e era pegar ou largar, ele nos contava a história. Toda vez que sentia medo de cometer um erro ou de perder dinheiro, a narrava para nós. Ela lhe dava força, lembrava-lhe de que sempre é possível reverter uma perda financeira em um ganho. O pai rico sabia que esse fracasso o tornaria mais forte e esperto. Não é que ele quisesse perder; apenas sabia quem era e como aceitaria a perda. Ele transformaria a perda em vitória. Isso era o que o tornava um vencedor e os outros, perdedores. A história lhe dava coragem para avançar quando os outros recuavam. "É por isso que gosto tanto dos texanos. Eles pegaram um grande fracasso e o transformaram em uma grande atração turística, que lhes rende milhões."

Os fracassos inspiram os vencedores. E frustram os perdedores.

Provavelmente, as palavras que mais significam para mim nos dias de hoje são estas: "Os texanos não escondem seus fracassos. São inspirados por eles. Pegam suas derrotas e as transformam em gritos de guerra. O fracasso inspira os texanos a se tornar vencedores. Mas isso não é apenas uma fórmula para os texanos. É uma fórmula para todos os vencedores."

É como andar de bicicleta: as quedas foram parte do meu aprendizado. Lembro que elas aumentavam a minha determinação para aprender. Não a diminuíam. Também disse que nunca encontrei um jogador de golfe que nunca tivesse perdido uma bola. Perder uma bola ou um torneio serve de inspiração aos jogadores de golfe para serem melhores, praticarem e estudarem mais. Isso é o que os aperfeiçoa. Para os vencedores, os fracassos são uma inspiração. Para os perdedores, é uma derrota. Eu gosto da citação de John D. Rockefeller que diz: "Sempre tentei transformar cada fracasso em uma oportunidade."

Sendo nipo-americano, posso falar o seguinte. Muitas pessoas dizem que Pearl Harbor foi um erro norte-americano. Eu digo que foi um erro nipônico. No filme *Tora, Tora, Tora,* um sombrio almirante japonês diz a seus subordinados: "Receio que tenhamos acordado um gigante adormecido." "Lembre-se de Pearl Harbor" tornou-se um grito de guerra. Transformou uma das maiores derrotas dos Estados Unidos em uma razão para vencer. Esse grande fracasso deu força aos Estados Unidos, que logo se transformaram em uma potência mundial.

Os fracassos inspiram os vencedores. E frustram os perdedores. É o maior segredo dos ganhadores. É o segredo que os perdedores não conhecem. A maior artimanha dos vencedores é que o fracasso inspira a vitória; por isso eles não têm medo de perder. Repetindo Fran Tarkenton: "Vencer significa não ter medo de perder." Pessoas como Tarkenton não têm esse temor porque sabem quem são. Odeiam perder, de modo que sabem que o fracasso apenas as incentivará a se tornar melhores. Há uma grande diferença entre detestar e temer perder. A maioria das pessoas tem tanto medo de perder dinheiro que acaba perdendo. Elas quebram por uma ninharia. Financeiramente, desejam segurança demais e têm um horizonte estreito. Compram casas e carros grandes, mas não fazem investimentos relevantes. A principal razão que leva 90% dos norte-americanos a ter problemas financeiros é que eles jogam para não perder. Não jogam para ganhar.

Eles procuram seus consultores financeiros, contadores ou corretores e adquirem um portfólio equilibrado. Muitos aplicam altas somas em certificados de depósito, em títulos de baixo rendimento, em fundos mútuos e em poucas ações. É um portfólio seguro e inteligente. Mas não é um portfólio vencedor. É o portfólio de quem não quer perder.

Não me entenda mal. É provavelmente um portfólio melhor do que o de 70% da população, mas isso é apavorante. É um grande portfólio para quem adora a segurança. Mas buscar a segurança e o equilíbrio em seu portfólio de aplicações não é a forma como os investidores bem-sucedidos jogam. Se você tem pouco dinheiro e quer ficar rico, deve estar focado, não equilibrado. Ao observar qualquer pessoa bem-sucedida, verá que no início elas não estavam equilibradas. Pessoas equilibradas não vão a lugar algum. Ficam estagnadas. Para progredir é preciso, no início, de algum desequilíbrio. Basta ver como se chega longe apenas caminhando.

Thomas Edison não estava equilibrado. Estava focado. Bill Gates não estava equilibrado. Estava focado. Donald Trump é focado. George Soros é focado. George Patton não distribuiu seus tanques por uma área ampla. Ele os focou e arrasou os pontos fracos da linha alemã. Os franceses se espalharam pela Linha Maginot e você sabe o que aconteceu com eles.

Se deseja ser rico, você deve ter foco. Não fazer o que fazem os pobres e a classe média: apostam todas suas fichas. Aposte aos poucos e pense em FOCO: Fomentar O sucesso Criando Oportunidades.

Se odeia perder, procure a segurança. Se perder o enfraquece, procure a segurança. Encontre aplicações equilibradas. Se você tem mais de 25 anos e está apavorado em assumir riscos, não mude. Procure a segurança, mas comece cedo. Comece a formar suas poupanças cedo, porque vai levar tempo.

Mas se você tem sonhos de independência, a primeira coisa a se perguntar é: "Qual é a minha reação ante o fracasso?" Se o fracasso o inspirar a ganhar, talvez você deva seguir adiante — mas só talvez. Se o enfraquece ou o leva ao desespero — como os garotos mimados que correm ao advogado para processar alguém toda vez que as coisas não saem do seu jeito —, então procure a segurança. Fique com seu emprego. Ou compre títulos ou fundos mútuos. Mas lembre-se de que esses instrumentos financeiros também têm seus riscos mesmo sendo mais seguros.

Digo tudo isso, citando os texanos e Fran Tarkenton, porque aumentar a coluna de ativos é fácil. É realmente um jogo que não exige grandes atitudes. Não exige muita instrução. Matemática básica resolve. Mas aumentar a coluna de ativos é um jogo de atitude. Exige garra, paciência e resistência ante o fracasso. Os covardes o evitam. Mas o fracasso transforma perdedores em vencedores, lembre-se do Álamo.

Supere o Ceticismo

"O céu está caindo. O céu está caindo." Todos nós conhecemos a história do galinho Chicken Little, que corria em torno do quintal anunciando o fim do mundo. Todos conhecemos gente assim. Mas todos temos, também, um Chicken Little dentro de nós.

Como já disse em outra ocasião, o cético é verdadeiramente um galinho pessimista. Todos nós parecemos com o galinho pessimista quando o medo e a dúvida obscurecem nossos pensamentos.

Todos nós temos dúvidas. "Não sou inteligente", "Não sou tão bom assim", "Fulano é melhor do que eu". Nossas dúvidas muitas vezes nos paralisam. Jogamos o jogo do "E se?". "E se a economia entrar em colapso logo depois de eu fazer o investimento?", "E se eu me descontrolar e não conseguir pagar as dívidas?", "E se as coisas não funcionarem como planejado?". Ou temos amigos ou pessoas amadas que nos lembram sempre das nossas falhas. Dizem com frequência: "O que o faz pensar que você pode fazer isso?", "Se é uma ideia tão boa, então como ninguém pensou nisso antes?", "Isso nunca vai dar certo. Você não sabe do que está falando". Essas palavras de dúvida muitas vezes nos calam tão profundamente que deixamos de agir. Um sentimento horrível aperta o nosso estômago. Às vezes, não conseguimos dormir. Não seguimos adiante, de modo que ficamos com a segurança e abandonamos as oportunidades. Observamos a vida passando por nós enquanto sentamos imobilizados. Todos já passamos por isso na vida, alguns mais do que outros.

20 Anos Atrás...

ERROS SÃO OPORTUNIDADES DE APRENDIZADO

A escola nos condiciona a evitar os erros — e pune os alunos que os cometem. No mundo real, aprendi que os erros — se reconhecidos, avaliados e usados como uma ferramenta para tomar decisões melhores no futuro — são inestimáveis. Um pouco de medo é saudável, mas não devemos viver com medo de errar. Os erros são coisas boas, se encontrarmos a lição em cada fracasso.

Peter Lynch, do Fidelity Magellan, um conhecido fundo mútuo, chama de "ruído" os alertas sobre o "fim do mundo", que todos nós ouvimos.

Esse ruído pode ser criado dentro da nossa cabeça ou vir de fora. Muitas vezes, de amigos, familiares, colegas de trabalho ou da mídia. Lynch lembra o tempo, na década de 1950, em que a ameaça de uma guerra nuclear era tão comum no noticiário que as pessoas começaram a construir abrigos antinucleares e a estocar alimentos e água. Se investissem esse dinheiro sabiamente no mercado, em vez de construir os abrigos, provavelmente teriam atingido a independência financeira nos dias de hoje.

Quando a violência explode ao redor de uma cidade, as vendas de armas aumentam em todo o país. Uma pessoa morreu depois de ter ingerido um hambúrguer malpassado no estado de Washington, e o Departamento de Saúde do Arizona determinou que os restaurantes preparassem somente carne bem passada. Uma empresa farmacêutica divulgou nacionalmente em fevereiro um anúncio de televisão mostrando pessoas gripadas. Os casos de gripe aumentaram, bem como as vendas do medicamento anunciado.

A maioria das pessoas é pobre porque quando se trata de investir, o mundo está cheio de Chicken Littles que correm gritando: "O céu está caindo, o céu está caindo." E os Chicken Littles atingem seus objetivos porque todos somos um pouco pessimistas. Muitas vezes é necessário coragem para não permitir que rumores e anúncios de desastres afetem nossas dúvidas e medos. Mas um investidor experiente sabe que o que parece o pior dos tempos é realmente o melhor momento para se ganhar dinheiro. Quando o resto do mundo tem muito medo de agir, são eles que puxam o gatilho e são recompensados.

Algum tempo atrás, um amigo chamado Richard foi de Boston a Phoenix para visitar Kim e a mim. Ele estava impressionado com o que tínhamos feito por meio de ações e imóveis. Os preços dos imóveis em Phoenix estavam em baixa. Passamos dois dias lhe mostrando o que considerávamos excelentes oportunidades de geração de fluxo de caixa e de valorização de capital.

Na verdade, Kim e eu não somos corretores imobiliários. Somos apenas investidores. Depois de identificar uma unidade em um condomínio, chamamos o corretor que a vendeu para Richard naquela mesma tarde. O preço era de apenas US$42 mil para uma casa de dois quartos. Unidades semelhantes estavam sendo vendidas a US$65 mil. Meu amigo achou que era uma pechincha, fechou o negócio e voltou para Boston.

Duas semanas depois, o corretor ligou dizendo que o meu amigo tinha voltado atrás. Liguei imediatamente para ele a fim de saber o que ocorrera. Tudo o que ele disse foi que falou com um vizinho e este lhe disse que era um mau negócio. O preço era alto demais. Perguntei a Richard se o vizinho era um investidor. Richard respondeu que não. Quando eu lhe perguntei por que, então, lhe dava ouvidos, meu amigo partiu para a defensiva e simplesmente disse que preferia procurar um pouco mais.

O mercado imobiliário de Phoenix se recuperou e, por volta de 1994, aquela pequena unidade estava sendo alugada por US$1 mil mensais — US$2,5 mil nos meses de inverno. Seu valor alcançava, em 1995, US$95 mil. Tudo o que Richard teria precisado era dar uma entrada de US$5 mil, e já teria dado o primeiro passo para sair da Corrida dos Ratos. Até hoje ele não fez nada.

O recuo de Richard não me surpreendeu. É o chamado remorso de comprador, e afeta a todos. O pessimismo ganhou, e uma chance de libertação foi perdida.

Outro exemplo. Uma pequena parte dos meus ativos está aplicada em Títulos da Dívida de Impostos Prediais[1] em vez de Certificados de Depósitos. Assim, meu dinheiro rende 16% ao ano, o que sem dúvida é melhor do que os 5% que o banco oferece. Esses certificados são garantidos por imóveis e estabelecidos por leis estaduais, o que também é melhor do que o oferecido pela maioria dos bancos. A fórmula em que estão embasados os torna seguros. Eles só não têm liquidez. De modo que eu os considero Certificados de Depósito com prazo de dois a sete anos. Sempre que menciono para alguém, especialmente para aqueles que aplicam em Certificados de Depósito, que também aplico daquela forma, ouço que se trata de uma opção arriscada. Dizem que eu não deveria aplicar nesses títulos. Quando pergunto como obtiveram essa informação, mencionam um amigo ou uma revista de negócios. Eles nunca aplicaram nisso e falam para quem o faz que é um equívoco fazê-lo. O rendimento mais baixo que procuro é 16%, mas pessoas cheias de dúvidas se conformam com 5%. A dúvida é cara.

Quero ressaltar que são essas dúvidas e esse ceticismo que mantêm muitas pessoas na pobreza, correndo atrás da segurança. O mundo real está aí esperando que você enriqueça. Só as dúvidas mantêm as pessoas na pobreza. E, como já disse, sair da Corrida dos Ratos é tecnicamente fácil. Não requer muita instrução, mas as dúvidas são um obstáculo para muita gente.

"Os céticos nunca vencem", dizia o pai rico. "A dúvida não esclarecida e o medo criam o cético. Os céticos criticam e os vencedores analisam" era outra das suas frases favoritas. O pai rico explicava que a crítica cegava, enquanto a análise abria os olhos. A análise permitia que os vencedores vissem aquilo que os

[1] Em inglês: Tax-Lien Certificates são títulos de dívida de imposto predial emitidos por alguns condados americanos. Através deles o condado emissor recebe o imposto devido através da venda do título a um investidor, enquanto que o proprietário (devedor do imposto) ganha de 1 a 3 anos para saldar o imposto devido + os juros e demais taxas. O investidor recebe a soma investida + juros de até 36% ao ano, ao final do prazo acordado. (N. E.)

críticos não conseguiam e que percebessem oportunidades que todos os demais não enxergavam. E encontrar o que os outros deixam passar é a chave para o sucesso.

Os imóveis são uma poderosa ferramenta de investimento para quem busca a independência financeira. É um instrumento único.

20 Anos Atrás...

USANDO DÍVIDAS E LEIS TRIBUTÁRIAS

Hoje, muitas pessoas dão conselhos financeiros. Alguns orientam as pessoas a cortar seus cartões de crédito; outros, para se livrar das dívidas. Atualmente, Kim e eu continuamos seguindo as lições do pai rico de usar dívidas e impostos para aumentar a nossa riqueza. A educação financeira, o entendimento da diferença entre dívidas boas e ruins e o uso das leis fiscais como os ricos o fazem são parte da nossa fórmula.

Contudo, sempre que menciono imóveis como meio de investimento, ouço alguém dizer: "Não quero consertar vasos sanitários." Isso é o que Peter Lynch chama de "ruído". É o que o pai rico chamava de conversa de cético. Alguém que critica e não analisa. Alguém que deixa que suas dúvidas e medos fechem sua mente em vez de abrir seus olhos.

Quando alguém fala: "Não quero consertar vasos sanitários", tenho vontade de retrucar: "E o que o faz pensar que eu quero?" Eles estão dizendo que um vaso é mais importante do que seus desejos. Eu falo de libertação da Corrida dos Ratos, e eles pensam em vasos sanitários. Esse é o padrão de pensamento que mantém muita gente na pobreza. Criticam em vez de analisar.

"A chave do seu sucesso está nos 'não quero'", dizia o pai rico. Eu também não estou a fim de consertar vasos sanitários, procuro sempre um bom administrador de imóveis que o faça. E, ao encontrar um que cuide bem dos imóveis, o meu fluxo de caixa aumenta. Mais importante ainda, um bom administrador me permite comprar ainda mais imóveis, pois não preciso me preocupar com o conserto dos vasos sanitários. Ele é o segredo para o sucesso com imóveis, é mais importante do que o próprio imóvel. Ele muitas vezes sabe de bons negócios antes dos corretores, o que os torna ainda mais valiosos.

É isso o que o meu pai rico queria dizer quando falava: "A chave de seu sucesso está nos 'não quero'." Como eu também não quero consertar vasos, descobri uma forma de comprar mais imóveis e apressar minha saída da Corrida dos Ratos. As pessoas que continuam falando: "Não quero consertar vasos sanitários", muitas vezes se privam desse poderoso instrumento de investimento. Os vasos são mais importantes do que sua independência financeira.

No mercado de ações, ouço muita gente declarar: "Não quero perder dinheiro." Bom, o que os leva a pensar que eu ou qualquer outra pessoa gostamos de perder dinheiro? Eles não ganham dinheiro porque optam por não perder. Em vez de analisar, fecham suas mentes a outro poderoso meio de investimento, o mercado de ações.

Eu estava passando com um amigo pelo posto de gasolina do bairro. Ele olhou e viu que o preço da gasolina estava aumentando. Meu amigo é um cara encucado, um Chicken Little. Para ele, o céu está sempre a ponto de cair e, em geral, cai sobre sua cabeça.

Quando chegamos em minha casa, ele me expôs todas as estatísticas que mostravam por que o preço do petróleo deveria aumentar nos próximos anos. Estatísticas que eu nunca vira antes, mesmo já possuindo um grande número de ações de uma empresa petrolífera. Com essa informação em mãos, comecei a procurar, e achei uma nova empresa petrolífera, ainda não muito valorizada, que estava a ponto de descobrir algumas jazidas de petróleo. Meu corretor ficou entusiasmado com essa nova empresa e eu comprei 15 mil ações por 65 centavos cada.

Três meses depois, esse amigo e eu passamos pelo mesmo posto de gasolina, e, de fato, o preço do combustível subira cerca de 15%. Novamente, o Chicken Little se preocupou e se queixou. Eu sorri, porque, um mês antes, aquela pequena empresa havia conseguido chegar ao petróleo, e o preço daquelas 15 mil ações subiu para mais de US$3 desde que ele me dera a dica. E o preço da gasolina deverá continuar aumentando, se o que meu amigo diz for verdade.

Se a maioria das pessoas entendesse como uma ordem de *stop* funciona nos investimentos em ações, haveria mais gente investindo para ganhar do que para não perder. A ordem de *stop* é simplesmente um comando de computador que vende automaticamente suas ações se o preço começa a cair, ajudando-o a minimizar as perdas e a maximizar alguns ganhos. É uma grande ferramenta para aqueles que têm pavor de perder.

Por isso, sempre que ouço pessoas preocupadas com os "não quero" em vez de pensar no que querem, sei que o ruído nas suas cabeças deve ser grande. O Chicken Little incorporou nelas e grita: "O céu caiu e os vasos sanitários estão enguiçando." Assim, elas evitam seus "não quero", mas pagam um preço alto. Nunca conseguirão o que querem na vida. Em vez de analisar, permitem que seu Chicken Little interior feche suas mentes.

O pai rico me mostrou uma maneira de olhar o Chicken Little. "Faça o que fez o coronel Sanders." Com 66 anos, ele perdeu seu negócio e começou a viver da aposentadoria da Previdência Social. Não era o suficiente. Começou a percorrer o país tentando vender sua receita de frango frito. A proposta foi recusada 1.009 vezes antes que alguém dissesse sim. E ele acabou se tornando um multimilionário em uma idade em que a maioria das pessoas está desistindo. "Ele era um homem corajoso e tenaz", dizia o pai rico a respeito de Harland Sanders.

Assim, quando estiver em dúvida e um pouco receoso, faça o que o coronel Sanders fez com seu frango pessimista. Ele o fritou.

Supere a Preguiça

Pessoas ocupadas são, com frequência, as mais preguiçosas. Todos nós conhecemos histórias do homem de negócios que trabalha arduamente para ganhar dinheiro. Ele se esforça para ser um bom provedor para a sua família. Passa longas horas no escritório e leva trabalho para casa nos fins de semana. Um dia, ao chegar em casa, encontra-a vazia. Sua esposa foi embora com as crianças. Ele sabia que estava tendo problemas com a esposa, mas em vez de se esforçar para fortalecer a relação, se dedicou ao trabalho. Desiludido, seu desempenho no emprego declina e ele é demitido.

Hoje em dia, encontro frequentemente gente muito ocupada para cuidar da sua riqueza. E há pessoas muito ocupadas para cuidar da própria saúde. A causa é a mesma. Estão ocupadas e continuam ocupadas como forma de evitar algo que não desejam enfrentar. Ninguém precisa lhes dizer isso. No seu íntimo, elas sabem. Na verdade, quando alguém tenta lhes falar sobre o assunto, essas pessoas muitas vezes respondem com raiva ou irritação.

Se não estão ocupadas com o trabalho ou com as crianças, muitas vezes estão ocupadas assistindo à televisão, jogando golfe ou fazendo compras. Contudo, lá no fundo sabem que estão fugindo de algo importante. Essa é a forma mais comum de ócio: a preguiça de agir transformada em ocupação constante.

E qual é a cura para a preguiça? A resposta é — um pouco de ambição.

Muitos de nós fomos educados pensando que a ambição ou a ganância são ruins. “Pessoas gananciosas são más”, dizia a minha mãe. Contudo, todos nós temos o desejo de possuir coisas belas, novas ou empolgantes.

Para manter essa emoção do desejo sob controle, muitas vezes os pais encontram formas de suprir esse sentimento com culpa. “Você só pensa em você mesmo, não sabe que tem irmãos e irmãs?” era uma das frases favoritas da minha mãe. Ou: “Você quer que eu compre o que para você?”, repetia o meu pai. “Pensa que fabricamos dinheiro? Que dinheiro dá em árvore? Você sabe que não somos ricos.”

Não eram tanto as palavras, mas o sentimento de culpa que as acompanhava, o que me deixava possesso.

O reverso da criação desse sentimento de culpa era: “Sacrifico minha vida para lhe comprar isso. Estou comprando para você porque nunca tive coisas assim quando criança.” Tenho um vizinho que está totalmente falido, mas que não consegue colocar o carro na sua garagem. A garagem está cheia dos brinquedos das crianças. Esses garotos mimados têm tudo o que sonham. “Não quero que saibam o que é passar necessidade”, diz o pai. Ele não tem um tostão guardado para mandar os filhos para a universidade ou para ele mesmo se aposentar, mas seus filhos têm todos os brinquedos possíveis. Recentemente, recebeu pelo correio um novo cartão de crédito e levou os filhos para conhecer Las Vegas. “Faço isso pelos garotos”, diz, com ar de profunda abnegação.

O pai rico acreditava que as palavras “não posso arcar com isso” fecham seu cérebro. Já “Como posso fazê-lo?” cria possibilidades, obstinação e sonhos.

O pai rico proibia que se dissesse: “Não posso comprar.” Na casa da minha família de verdade, escutava isso a toda hora. Já o pai rico queria que seus filhos dissessem: “Como posso comprar isso?” O pai rico acreditava que as palavras “não posso arcar com isso” fecham seu cérebro. Já “Como posso fazê-lo?” cria possibilidades, obstinação e sonhos. Obriga você a pensar e buscar alternativas.

Mas, mais importante do que isso, ele considerava que “não posso comprar” é uma mentira. E a nossa alma sabe disso. “O espírito humano é poderoso, muito poderoso”, dizia. Quando sua mente preguiçosa repete: “Não posso comprar”, uma guerra se estabelece dentro de você. Seu espírito se enfurece, e sua mente preguiçosa deve defender a mentira dita. O espírito grita: “Vamos. Vamos para a academia fazer exercícios.” E a mente preguiçosa responde: “Estou cansada. Trabalhei muito hoje.” Ou o espírito diz: “Estou cansado de ser pobre. Vamos sair daqui e enriquecer.” E a mente: “Pessoas ricas são gananciosas. Além disso, dá muito trabalho. Não é seguro. Posso perder dinheiro. Já trabalho demais. Tenho que fazer coisas demais no meu emprego. Veja o que tenho que fazer hoje à noite. O chefe quer que eu entregue de manhã.”

“Não posso arcar com isso” também traz tristeza. Uma sensação de desamparo que leva ao desânimo e muitas vezes à depressão. “Apatia” é outra palavra que se aplica. “Como posso arcar com isso?” abre oportunidades, empolgação e sonhos. O pai rico não estava tão preocupado com o que queríamos comprar desde que entendêssemos que “como posso comprar isso?” fortalece a mente e dinamiza o espírito.

Assim, raramente ele dava alguma coisa a Mike ou a mim. Em vez disso, perguntava: “Como você pode arcar com isso?”, e isso incluía a mensalidade da universidade que tínhamos que pagar com o nosso dinheiro. O que ele procurava passar para nós não era o objetivo almejado, mas o processo de atingi-lo.

O problema é que hoje sinto que milhões de pessoas se sentem culpadas por sua “ambição”. É um condicionamento que vem da infância. Desejam ter as melhores condições que a vida pode oferecer. A maioria foi condicionada, entretanto, a dizer subconscientemente: “Você não pode ter isso” ou “Você nunca conseguirá comprar isso”.

Quando decidi sair da Corrida dos Ratos, havia uma questão simples: “Como posso conseguir nunca mais ter que trabalhar?” E a minha mente começou a disparar respostas e soluções. A parte mais difícil foi romper com os dogmas da minha família de verdade: “Não podemos comprar isso”, “Pare de pensar só em você” ou “Por que não pensa nos outros?”, e outras expressões parecidas que se destinavam a criar culpa e suprimir a minha “ambição”.

Assim, como combater a preguiça? A resposta é ter um pouco de ganância. É como diz aquela estação de rádio, WII-FM: “O que Tem Aí para Mim?” A pessoa precisa sentar e pensar: “Como seria a minha vida se eu nunca tivesse que voltar a trabalhar?”, “O que seria de mim se eu tivesse todo o dinheiro de que preciso?” Sem esse pouco de ambição, não há o desejo de ter algo melhor, de progredir. Vamos à escola e estudamos muito porque queremos algo melhor. Então sempre que se flagrar evitando algo que você sabe que deveria realizar, a única coisa a fazer é se perguntar: "O que tem aí para mim?" Seja um pouco ambicioso. É a melhor cura para a preguiça.

Contudo, ambição demais, como todo exagero, não é bom. Mas lembre-se do que Michael Douglas falava no filme *Wall Street — Poder e Cobiça*: "A ambição é boa." O pai rico falava de forma diferente: "A culpa é pior do que a ambição, pois a culpa nos rouba a alma." E, para mim, quem falou melhor foi Eleanor Roosevelt: "Faça o que seu coração acha certo — de qualquer forma você será criticado. Fazendo ou não, você estará perdido."

Supere os Maus Hábitos

As nossas vidas são mais um reflexo dos nossos hábitos do que da nossa educação. Depois de ver o filme *Conan, o Bárbaro*, protagonizado por Arnold Schwarzenegger, um amigo falou: "Queria ter o corpo do Schwarzenegger." A maioria dos caras concorda.

"Ouvi dizer que antes ele era magro e fracote", acrescentou outro amigo.

"Também já ouvi isso", reforçou outro. "Dizem que ele malha todos os dias na academia."

"Aposto que sim."

"O quê?!", exclamou o debochado do grupo. "Aposto que é assim de nascença. Vamos mudar de assunto e tomar umas cervejas."

Este é um exemplo de comportamento controlado pelos hábitos. Lembro-me de fazer perguntas ao pai rico sobre os hábitos dos ricos. Em vez de dar uma resposta direta, ele tentou ensinar pelo exemplo, como costumava fazer.

"Quando seu pai paga as contas dele?", perguntou o pai rico.

"No início do mês", respondi.

"E sobra alguma coisa?", prosseguiu o pai rico.

"Pouco", falei.

"É por isso que ele tem dificuldades", falou o pai rico. "Ele tem maus hábitos. Seu pai paga todos os outros primeiro. Ele paga a si mesmo por último, mas só se sobrar alguma coisa."

"O que em geral não acontece", comentei. "Mas ele tem que pagar as contas, não tem? O senhor está dizendo que ele não deveria pagá-las?"

"Claro que não", disse o pai rico. "Acredito firmemente em pagar minhas contas no prazo. Só que eu pago a mim mesmo em primeiro lugar. Mesmo antes de pagar ao governo.

"Mas o que acontece se o dinheiro não for suficiente?", retruquei. "O que o senhor faz, então?"

"A mesma coisa", prosseguiu o pai rico. "Primeiro pago a mim mesmo. Mesmo se tiver pouco dinheiro. Minha coluna de ativos é muito mais importante para mim do que o governo."

"Mas", continuei, "eles não vão atrás do senhor?"

"Sim, se eu não pagar", disse o pai rico. "Olhe, não estou falando para não pagar. Só que eu pago a mim mesmo primeiro, mesmo quando tenho pouco dinheiro."

"Mas como consegue isso?", retruquei.

"A questão não é como. A questão é por quê?", replicou o pai rico.

"Ok, por quê?", perguntei.

"Motivação", falou o pai rico. "Quem reclamará mais se eu não pagar — eu ou meus credores?"

"Sem dúvida, os credores gritarão mais alto", respondi à pergunta óbvia. "O senhor não faria nada se não pagasse a si próprio."

"Está vendo, depois de pagar a mim mesmo, a pressão para pagar meus impostos e os demais credores é tão grande que me obriga a buscar outras formas de renda. A pressão para pagar se torna uma motivação. Já tive empregos extras, comecei outros empreendimentos, negociei na bolsa, qualquer coisa para ter certeza de que esses caras não ficassem gritando comigo. Essa pressão me fez trabalhar mais, me obrigou a pensar, e tudo isso me tornou mais esperto e ativo no que se refere ao dinheiro. Se eu deixasse para me pagar no final, não teria sentido as pressões, e estaria quebrado."

"Quer dizer que é o medo do governo ou de outras pessoas a quem deve dinheiro que o motiva?"

"Isso mesmo", disse o pai rico. "Você vê, o pessoal do governo é forte. Os demais credores também. A maioria das pessoas se rende a esses tiranos. Elas pagam a eles e nunca a si mesmas. Você conhece a história do fracote a quem atiram areia na cara?"

Acenei a cabeça afirmativamente:

> ***Se pago a mim primeiro, fico mais forte financeira, mental e fiscalmente.***

"Já vi esse anúncio de aulas de fisiculturismo nos gibis muitas vezes."

"Bem, grande parte das pessoas deixa que os fortes lhes joguem areia na cara. Eu decidi usar o medo do tirano para me tornar mais forte. Outros ficam mais fracos. Ao me forçar a pensar em como ter mais dinheiro, faço um treino equivalente ao da academia. Quanto mais trabalho os músculos da minha mente, mais forte me torno. Agora não tenho medo desse pessoal."

Gostei do que o pai rico estava falando. "Então se pago a mim primeiro, fico mais forte financeira, mental e fiscalmente."

O pai rico concordou.

"E, se eu me pagar por último, ou deixar de fazê-lo, fico mais fraco. Chefes, administradores, credores e locadores ficarão me perturbando a vida inteira — só porque não tenho bons hábitos quanto ao dinheiro.

Ele assentiu de novo. "Igualzinho ao fracote do anúncio."

Supere a Arrogância

"O que eu sei me faz ganhar dinheiro. O que desconheço, perdê-lo. Toda vez que fui arrogante, perdi dinheiro, porque quando sou arrogante, acredito mesmo que o que não sei não é importante", repetia frequentemente o pai rico.

Descobri que muita gente usa a arrogância para tentar esconder a própria ignorância. Isso costuma acontecer quando discuto demonstrações financeiras com contadores ou até com outros investidores.

Eles tentam vencer a discussão usando de arrogância. Para mim, fica claro que não sabem do que falam. Não estão mentindo, mas também não estão falando a verdade.

Há muita gente no mundo do dinheiro, das finanças e do investimento que não tem nenhuma ideia do que está falando. A maioria das pessoas do setor fica fazendo discursos de venda vazios, como as de um vendedor de carros usados. Se for ignorante a respeito de um assunto, comece a se instruir, achando um especialista ou um livro sobre o tema.

SEÇÃO DE ESTUDO

CAPÍTULO 7

LIÇÃO #7: SUPERE OS OBSTÁCULOS

CAPÍTULO 7

LIÇÃO #7: SUPERE OS OBSTÁCULOS

Resumo

As cinco principais razões pelas quais as pessoas financeiramente proficientes não desenvolvem seu fluxo de caixa são: 1) medo, 2) ceticismo, 3) preguiça, 4) maus hábitos e 5) arrogância. Vamos olhar cada uma delas em pormenores.

Supere o Medo

Ninguém gosta de perder dinheiro. As únicas pessoas que nunca perderam dinheiro investindo são as que nunca o fizeram.

Todos têm medo de perder dinheiro; o que difere é sua maneira de lidar com o dinheiro e as perdas. A principal diferença entre os ricos e os pobres é a maneira como gerenciam o medo.

É normal ter receios. Uma maneira de superar isso é começar cedo e deixar que o poder dos juros compostos trabalhe para você. Há uma diferença gritante entre uma pessoa que começa a economizar com vinte anos e uma que o faz com trinta. Mas e se não tiver tempo sobrando para investir ou quiser se aposentar mais cedo?

O pai rico recomenda pensar como um texano. Vença grandiosamente, perca em grande estilo — é sua atitude diante as perdas que importa. Os texanos se orgulham quando vencem e se gabam de quando perdem.

Na vida de Robert, uma vitória é comumente seguida de um fracasso. Ele nunca conheceu alguém que já não tenha perdido dinheiro. Mas eles não deixam o medo tirá-los do jogo.

A queda do Álamo foi uma trágica derrota militar, mas os texanos a transformaram em um grito de guerra — "Lembre-se do Álamo!" — para motivá-los para grandes vitórias.

Assim como os texanos, não esconda suas falhas. Inspire-se por elas.

Para os vencedores, as perdas são inspiradoras. Para os perdedores, frustrantes. John D. Rockefeller disse, certa vez: "Sempre tentei transformar cada fracasso em uma oportunidade."

Mesmo que Pearl Harbor tenha sido uma das principais perdas norte-americanas, impulsionou a nação ao posto de potência mundial.

Os vencedores sabem que os fracassos inspiram as vitórias — então, por que ter medo dos fracassos, se podem levá-lo à grandeza? Entender que não se deve ter medo das derrotas não representa que não possa detestá-las.

A maioria das pessoas joga para não perder, quando precisa jogar para ganhar. E é por isso que muitos enfrentam dificuldades financeiras. Eles podem ter um portfólio seguro, ponderado e equilibrado, mas não um vencedor. Estão jogando para não perder.

Um portfólio balanceado não é algo ruim. Mas não o ajuda a vencer de maneira magistral. Não se trata de como os investidores bem-sucedidos jogam. Você deve ser um pouco instável no começo — mas permanecer focado. Aposte suas fichas aos poucos e mantenha o foco.

Construir sua coluna de ativos não é uma matemática complexa, mas é preciso coragem e atitude correta frente aos fracassos.

Supere o Ceticismo

Quando se trata das nossas inseguranças ou das de outras pessoas em nossas vidas, frequentemente permitimos que a dúvida nos impeça de agir. Escolhemos a segurança, e as oportunidades passam por nós.

Muitas vezes, é preciso coragem para não deixar os rumores, julgamentos negativos e a angústia afetarem suas dúvidas e medos. Mas um investidor experiente sabe que aquele que parece o pior dos tempos pode ser, na verdade, o melhor para se ganhar dinheiro. Enquanto o resto do mundo tem muito medo de agir, ele puxa o gatilho e é recompensado.

Robert dá o exemplo de um amigo que comprou uma unidade em um condomínio por um ótimo preço, mas desistiu de última hora quando seu vizinho — que não era investidor — falou para ele que era um péssimo negócio. Se não tivesse desistido, seu investimento teria dobrado e ele sairia da Corrida dos Ratos.

Robert detém uma pequena parcela em títulos de dívidas de impostos prediais em vez de certificados de depósitos (CDB). Os outros dizem que ele não deve fazer isso, mas estão em uma posição de dúvida. Eles nunca investiram nesses títulos estão dizendo a quem o faz que não deveria. O menor rendimento que Robert procura é de 16%, mas os que têm muitas dúvidas se dispõem a aceitar retornos menores. A dúvida é cara.

As dúvidas e o ceticismo mantêm as pessoas pobres. O pai rico costumava dizer: "Os cínicos criticam e os ganhadores analisam." Os vencedores deixam seus olhos bem abertos e veem as oportunidades que todos perdem.

Imóveis são a ferramenta de investimento mais poderosa para quem procura a independência financeira e a liberdade. É um recurso único. Porém, a cada vez que Robert menciona os imóveis como veículos de investimento, frequentemente ouve: "Não quero consertar banheiros." Eles se concentram nos banheiros, e isso os mantém pobres.

Muitas pessoas ficam fora do mercado de ações porque não querem perder dinheiro. Mas se afastam dos ganhos financeiros ao fechar suas mentes para este veículo de investimento.

Supere a Preguiça

Uma das formas mais comuns de preguiça é se manter ocupado. O bastante para cuidar da sua riqueza, saúde ou relacionamentos.

Qual é a cura? Um pouco de ambição. Isso pode ser difícil de digerir porque muitos de nós fomos criados para achar a ganância e o desejo ruins.

Em vez de dizer: "Não posso arcar com isso", mude sua percepção. "Como torná-lo possível?" abre sua mente e o força a pensar em soluções.

"Não posso arcar com isso" é uma mentira. O espírito humano sabe que pode fazer qualquer coisa. Ao dizer que não pode fazer algo, você cria um conflito entre seu espírito e sua mente preguiçosa. "Como tornar isso real?" cria uma mente forte e um espírito dinâmico.

Quando Robert decidiu sair da Corrida dos Ratos, se perguntou: "Como posso conseguir nunca mais ter que trabalhar? Sua mente começou a propor soluções, mas a parte mais difícil era lutar contra o dogma tradicional que tentava inculcar culpa para suprimir sua "ambição".

Sem essa pequena ganância, o desejo de fazer algo melhor, o progresso, não acontece. Nosso mundo avança porque todos nós desejamos uma vida melhor. Novas invenções acontecem porque queremos melhorias. Vamos à escola e estudamos porque almejamos ter mais.

Muita ambição é ruim, mas um pouco o estimula.

Supere os Maus Hábitos

Para ser bem-sucedido, você deve desenvolver hábitos de sucesso. O pai pobre sempre pagava a todos antes dele mesmo, e raramente havia alguma sobra. O pai rico sempre pagava primeiro a ele, ainda que a renda estivesse curta.

Ele sabia que os credores e o governo fariam uma grande confusão se não fossem pagos, e isso o motivava a buscar outras fontes de renda para pagá-los. Se pagasse a si mesmo por último, não teria esse tipo de pressão produtiva. Forçar-se a pensar em como conseguiria a renda adicional para pagar os credores o tornou forte em termos fiscais.

Supere a Arrogância

O pai rico dizia que toda vez que fora arrogante tinha perdido dinheiro, porque pensava que o que ele desconhecia não era importante.

Muitas pessoas usam a arrogância para esconder a própria ignorância. Robert percebeu isso em discussões com contadores e outros investidores, que faziam muita cena nas discussões, e deixavam claro que não sabiam sobre o que estavam falando.

A ignorância não é ruim, se você reage à sua se educando através de um especialista na área em questão.

Momento do hemisfério esquerdo: Escolha analisar em vez de criticar. Os cínicos criticam, mas os vencedores analisam e descobrem oportunidades negligenciadas.

Momento do hemisfério direito: Supere os maus hábitos substituindo-os por novos, como pagar primeiramente a você mesmo.

Momento subconsciente: O medo do fracasso tira muitas pessoas do jogo. Em vez disso, use os fracassos para inspirá-lo ao sucesso, como os texanos com a memória do Álamo.

O que Robert Quer Dizer

Agora é hora de refletir. Pergunte a si mesmo: "*O que* Robert quer dizer nesta citação?" E: "*Por que* ele diz isso?" Nesta seção, você não precisa concordar ou discordar dele. O objetivo é *entender* o que Robert está dizendo.

Lembre-se, esta seção de estudo é projetada para ser coadjuvante e de apoio. Duas cabeças pensam melhor do que uma. Se você não entende o que Robert está dizendo, não desista da lição. Peça ajuda. Aproveite o tempo para discutir cada citação até compreendê-las:

> "A principal diferença entre os ricos e os pobres é a maneira como administram o medo."
>
> "Nunca encontrei um jogador de golfe que não tenha alguma vez perdido uma bola. Nunca conheci alguém apaixonado que nunca teve o coração despedaçado. E nunca vi um rico que não tivesse perdido dinheiro."
>
> "Muitas pessoas não vencem financeiramente porque a dor de perder dinheiro supera a alegria de ser rico."
>
> "O pai rico sabia que esse fracasso o tornaria mais forte e esperto. Não é que ele quisesse perder; apenas sabia quem era e como aceitaria a perda. Ele transformaria a perda em vitória."
>
> "Os texanos não escondem seus fracassos. São inspirados por eles. Pegam suas derrotas e as transformam em gritos de guerra."
>
> "Todos nós parecemos com o galinho pessimista quando o medo e a dúvida obscurecem nossos pensamentos."
>
> "Sair da Corrida dos Ratos é tecnicamente fácil. Não requer muita instrução, mas as dúvidas são um obstáculo para muita gente."
>
> "O pai rico acreditava que as palavras 'não posso arcar com isso' fecham seu cérebro. Já 'Como posso fazê-lo?' cria possibilidades, obstinação e sonhos."
>
> "Se pago a mim primeiro, fico mais forte financeira, mental e fiscalmente."
>
> "Há muita gente no mundo do dinheiro, das finanças e do investimento que não tem nenhuma ideia do que está falando."

Questões Adicionais

Agora é o momento de usar as histórias deste capítulo para entender o que Robert estava dizendo, e aplicá-las a você e sua vida. Faça a si mesmo as perguntas abaixo e as discuta com seu parceiro de estudos. Seja honesto consigo mesmo e com seu parceiro. Se não gostar das respostas que der, pergunte a si mesmo se está disposto a mudar e aceitar o desafio de transformar seus pensamentos e mentalidade:

1. Como experienciou o medo do fracasso na sua vida? Você é capaz de dominá-lo? Como?
2. O pai rico recomendava uma atitude texana: vença grandiosamente, mas se perder de maneira catastrófica, supere a derrota e use-a como um grito de guerra. Qual é o maior desafio para que assuma essa atitude? Isso o motiva ou assusta?
3. Como lida com os céticos na sua vida que tentam desencorajá-lo a assumir riscos que você acredita que são boas chances de vencer?
4. Você evitou certos veículos de investimento por causa de uma atitude "eu não quero" (tal como: "Não vou investir em imóveis porque não quero consertar banheiros")? Como agiria diferente em outra ocasião?
5. Você concorda com a afirmação de que um pouco de ambição é a cura para a preguiça? Se sim ou não, por quê?
6. Como a ambição ou a obstinação guiam sua vida?
7. Você paga primeiro a você mesmo ou suas contas? Se paga a si mesmo por último, quais atitudes pode tomar para mudar isso?
8. A arrogância já lhe custou uma oportunidade? O que aprendeu com isso?
9. Qual área do conhecimento financeiro você ignora? Quais recursos poderia buscar para educar a si mesmo neste tema?

NOTAS

NOTAS

Capítulo 8

MOVIMENTE-SE

O ouro está por toda parte.
A maioria das pessoas não foi treinada para vê-lo.

Gostaria de poder dizer que adquirir riqueza foi fácil, mas não foi.

Para responder à pergunta: "Como começo?", apresento o processo mental que realizo diariamente. É realmente fácil encontrar bons negócios. Garanto isso. É como andar de bicicleta. Depois de alguma hesitação, vira um passeio. Mas quando se trata de dinheiro, é necessário determinação para ultrapassar a fase da hesitação. É uma decisão pessoal.

Descobrir "negócios únicos na vida", de milhões de dólares, exige que convoquemos o nosso gênio financeiro. Acredito que em cada um de nós reside um gênio financeiro. O problema é que ele está adormecido, esperando ser despertado. Está adormecido porque a nossa cultura nos educa para acreditar que o amor ao dinheiro é a raiz de todos os males. Ela nos incentiva a aprender uma profissão para que possamos trabalhar pelo dinheiro, mas não nos ensina a fazer o dinheiro trabalhar para nós. Ela nos ensina a não nos preocuparmos com o nosso futuro financeiro, que o governo ou a empresa em que trabalharmos cuidarão de nós quando chegar o dia da aposentadoria. Contudo, são nossos filhos, formados no mesmo sistema de ensino, que acabarão pagando por ela. A mensagem é trabalhar arduamente, ganhar e gastar o dinheiro; e, quando ele faltar, sempre poderemos fazer um empréstimo.

Infelizmente, 90% do mundo ocidental aceita essa teoria, simplesmente porque é mais fácil encontrar um emprego e trabalhar pelo dinheiro. Se não faz parte dessa multidão, eu lhe mostrarei os dez passos para despertar seu gênio financeiro. São simplesmente os passos que segui. Se quiser tentar alguns deles, ótimo. Se não, crie os seus. Seu gênio financeiro é suficientemente esperto para desenvolver sua própria lista.

Conversando com um garimpeiro de 45 anos, no Peru, eu lhe perguntei por que tinha tanta confiança em encontrar uma mina de ouro. Ele respondeu: "O ouro está por toda parte. A maioria das pessoas não foi treinada para vê-lo."

E eu diria que isso é verdade. Quanto a imóveis, posso sair qualquer dia e achar quatro ou cinco bons negócios em potencial, onde uma pessoa comum não encontra nada, mesmo procurando no mesmo bairro. A razão é que ela não dedica tempo para desenvolver seu gênio financeiro.

Ofereço a você os dez passos a seguir, como um processo que pode ajudá-lo a desenvolver os dons que Deus lhe deu, que só você pode controlar.

1. Ache um motivo além da realidade: o poder do espírito

Se perguntar à maioria das pessoas se desejaria ser rica ou financeiramente independente, a resposta é sim. Mas então vem a realidade. A estrada parece demasiadamente longa, com muitas montanhas a escalar. É mais fácil trabalhar pelo dinheiro e colocar o que sobra nas mãos de um corretor.

Certa vez, conheci uma jovem que sonhava em participar da equipe olímpica de natação dos Estados Unidos. Ela acordava todos os dias às 4h para treinar durante três horas antes de ir à faculdade. Não ia a festas com os amigos nas noites de sábado. Tinha que estudar para obter notas altas como todo mundo.

Quando lhe perguntei o que a levava a essa ambição e a esse sacrifício sobre-humano, simplesmente respondeu: "Faço isso por mim mesma e pelas pessoas que amo. É o amor que me leva a superar obstáculos e dificuldades."

Uma razão ou um propósito são uma combinação de alguns "quero" e alguns "não quero". Quando as pessoas me perguntam qual a razão que me levou a querer ser rico, digo que foi a combinação profunda e emocional dos "quero" e "não quero".

Listarei alguns. Primeiro os "não quero", pois são eles que criam os "quero". Não quero trabalhar a vida inteira. Não quero o que meus pais aspiravam para mim, que era segurança no emprego e uma casa em um bairro de classe média alta. Não quero ser um empregado. Odiava quando meu pai não assistia aos meus jogos de futebol porque estava ocupado com a sua carreira. Odiava ver o meu pai trabalhando arduamente, e o governo levando boa parte do que tinha obtido, quando morreu. Ele não pôde nem mesmo deixar para os filhos aquilo pelo qual tinha trabalhado tanto. Os ricos não fazem isso. Eles trabalham com afinco e deixam um legado para seus filhos.

Agora os "quero". Quero ser financeiramente independente para viajar por todo o mundo e viver o estilo de vida que gosto. Quero fazer isso ainda jovem. Quero ser simplesmente livre. Quero controlar meu tempo e minha vida. Quero que o dinheiro trabalhe para mim.

Essas são minhas razões emocionais profundas. Quais são as suas? Se elas não forem suficientemente fortes, então a realidade da estrada à frente pode ser maior do que os seus motivadores. Perdi dinheiro e tive vários fracassos, mas foram essas razões emocionais que me mantiveram de pé e me fizeram prosseguir. Queria ser financeiramente independente por volta dos 40 anos, mas precisei esperar até os 47, com muitas experiências de aprendizado ao longo do caminho. Como disse, gostaria de dizer que foi fácil. Não foi, mas também não foi árduo. Sem uma razão forte ou um propósito, qualquer coisa na vida é difícil.

SE NÃO TIVER UM MOTIVO FORTE, CONTINUAR A LEITURA NÃO FAZ SENTIDO. PARECERÁ TRABALHOSA DEMAIS.

2. Faça escolhas diárias: o poder da decisão

Esta é a principal razão pela qual as pessoas querem viver em um país livre. Queremos o poder da decisão.

Financeiramente, com qualquer quantia de dinheiro que temos em nossas mãos, temos o poder de escolher nosso futuro como ricos, pobres ou classe média. Nossos hábitos de despesa refletem quem somos. As pessoas pobres têm simplesmente maus hábitos de gastos. Uma vantagem que eu tive quando criança foi a de que gostava de jogar *Banco Imobiliário* constantemente. Ninguém me disse que *Banco Imobiliário* era só para crianças, de modo que continuei jogando depois de adulto. Também tinha o pai rico que me mostrou a diferença entre um ativo e um passivo. Sendo assim, há muito tempo, quando ainda era garoto, escolhi ser rico, e sabia que tudo o que eu tinha que fazer era adquirir ativos legítimos. Meu melhor amigo, Mike, tinha uma coluna de ativos que lhe fora dada, mas teve que optar por aprender a mantê-la. Muitas famílias ricas perdem os ativos na geração seguinte simplesmente porque não há ninguém treinado para ser um bom guardião deles.

Muitas pessoas optam por não ser ricas. Para 90% da população, ser rico é aborrecimento demais. Então inventam coisas como: "Não estou interessado em dinheiro", "Nunca serei rico", "Não preciso me preocupar, ainda sou jovem", "Quando tiver algum dinheiro, vou pensar sobre o meu futuro" ou "Meu cônjuge cuida das finanças". O problema dessas afirmações é que elas roubam das pessoas duas coisas: a primeira, o tempo, que é o nosso ativo mais precioso; e, a segunda, o aprendizado. Só porque não tem dinheiro, não é desculpa para não aprender. Mas é uma escolha que fazemos a cada dia, do que fazer com nosso tempo, dinheiro e com o que colocamos em nossa cabeça. É o poder da decisão. Todos nós temos escolhas. Escolhi ser rico e faço essa opção a cada dia.

Invista primeiro em educação. Na verdade, o único ativo real que possui é sua mente, o instrumento mais importante que dominamos. Como disse, cada um de nós pode escolher o que põe em sua mente, uma vez alcançada idade suficiente. Você pode ficar assistindo à TV o dia inteiro, ler revistas de golfe, fazer um curso de cerâmica ou de planejamento financeiro. Você escolhe. A maioria das pessoas simplesmente compra investimentos em vez de aprender a investir.

Uma amiga minha, uma mulher rica, teve recentemente seu apartamento roubado. Os ladrões levaram seus aparelhos eletrônicos e deixaram todos os seus livros. Nós todos temos essa escolha. Novamente, 90% da população compra aparelhos de televisão e somente uns 10%, livros de negócios.

Então, o que faço? Vou a seminários. Gosto quando eles duram pelo menos dois dias porque gosto de me aprofundar em um tema. Em 1973, estava assistindo à televisão e vi o anúncio de um seminário de três dias sobre como comprar imóveis sem precisar dar entrada. Gastei US$385, e o curso me permitiu ganhar pelo menos US$2 milhões, talvez mais. Porém, mais importante, ele me deu vida. Não preciso trabalhar pelo resto dela graças àquele curso. Faço pelo menos dois desses seminários por ano.

Eu adoro audiolivros. A razão: posso facilmente voltar o que acabei de ouvir. Estava ouvindo um investidor dizer algo de que discordo completamente. Em vez de me mostrar arrogante e crítico, simplesmente escutei aquele trecho de cinco minutos pelo menos vinte vezes, talvez mais. E, de repente, mantendo a minha mente aberta, entendi por que ele dissera aquilo. Foi como uma mágica. Senti como se uma janela se abrisse para a mente de um dos maiores investidores do nosso tempo. Ganhei um conhecimento tremendo sobre os vastos recursos do seu conhecimento e experiência.

Consequência prática: ainda tenho a minha velha maneira de pensar e também uma nova para encarar o mesmo problema ou situação. Tenho dois pensamentos em vez de um. Mais de uma forma de analisar um problema ou tendência, e isso não tem preço. Hoje me pergunto muitas vezes: "Como Donald Trump faria isso, Warren Buffett ou George Soros?" A única maneira pela qual posso acessar seu vasto poder mental é sendo suficientemente humilde para ler ou ouvir o que eles têm a dizer. Pessoas arrogantes e críticas são muitas vezes pessoas com baixa autoestima que têm medo de assumir riscos. Isso porque, quando aprendemos algo novo, precisamos cometer erros a fim de entender totalmente o que foi aprendido.

Se leu até aqui, a arrogância não é um dos seus problemas. Pessoas arrogantes raramente leem ou escutam especialistas. Por que o fariam? Elas são o centro do universo.

Há pessoas "inteligentes" que discutem ou se defendem quando uma ideia nova se choca com o que pensam. Neste caso, sua assim chamada inteligência combinada com a arrogância se torna ignorância. Cada um de nós conhece alguém muito instruído, ou que se acha esperto, mas cujo balanço patrimonial mostra outra coisa. Uma pessoa verdadeiramente inteligente saúda as novas ideias, porque elas podem aumentar a sinergia de outras ideias acumuladas. Ouvir é mais importante do que falar. Se isso não fosse verdade, Deus não teria nos dado dois ouvidos e apenas uma boca. Gente demais pensa com a boca, em vez de ouvir para assimilar novas ideias e possibilidades. Discute-se em vez de se fazer perguntas.

Penso em minha riqueza em longo prazo. Não sou partidário da mentalidade de milionário instantâneo como a de muitos compradores de bilhetes de loteria ou frequentadores de cassino. Posso comprar e vender ações, mas sempre adquiro conhecimento. Se quiser pilotar um avião, deve ter aulas antes. Sempre fico perplexo com gente que compra ações ou imóveis, mas nunca investe no seu maior ativo: sua mente. O fato de ter comprado um ou dois imóveis não o torna um especialista em imóveis.

3. Selecione amigos com cuidado: o poder da associação

Em primeiro lugar, não escolho meus amigos levando em conta suas demonstrações financeiras. Tenho amigos que fizeram, de fato, voto de pobreza, bem como amigos que ganham milhões todo ano. O importante é que aprendo com todos eles.

Agora, admito que há pessoas que procurei porque têm dinheiro. Mas eu não estava atrás do seu dinheiro, queria o seu conhecimento. Em alguns casos, essas pessoas de vastas posses se tornaram amigos queridos, mas nem todas. Há uma diferença que quero destacar. Observei que os meus amigos ricos falam de dinheiro. E não estou querendo dizer que se gabem. Eles se interessam pelo assunto. Já os amigos que têm dificuldades financeiras não gostam de falar de dinheiro, negócios ou investimentos. Muitas vezes, pensam que isso é deselegante ou vulgar. Ou seja, também aprendo com os amigos que têm problemas financeiros: descubro o que não fazer.

Tenho vários amigos que obtiveram mais de um bilhão de dólares durante suas breves vidas. Três deles observam o mesmo fenômeno: seus amigos que não têm dinheiro nunca lhes perguntaram como o conseguiram. Mas eles pedem duas coisas: dinheiro emprestado e/ou um emprego.

> *AVISO: Não ouça as pessoas pobres ou apavoradas. Tenho amigos assim, e gosto muito deles, mas são Chicken Littles na vida. Quando se trata de dinheiro, especialmente investimentos, "o céu está sempre caindo". Eles sempre sabem por que as coisas não funcionam. O problema é que as pessoas as ouvem, mas os que aceitam cegamente essas informações pessimistas são também pessimistas. E, como diz o velho ditado: "Diga-me com quem anda e lhe direi quem você é."*

Se assistir a canais de negócios na TV, verá que frequentemente apresentam mesas-redondas chamadas de especializadas. Sempre há um participante dizendo que o mercado está a ponto de desabar e outro, que está em ascensão. Se você for esperto, ouvirá os dois: mantenha sua mente aberta, porque ambos têm motivos válidos. Infelizmente, a maioria das pessoas ouve apenas os Chicken Littles.

Tenho alguns amigos próximos que procuraram me fazer desistir de algum negócio ou investimento. Alguns anos atrás, um amigo me contou que estava empolgado porque descobrira um certificado de depósito que rendia 6% ao ano. Contei então que estava ganhando 16% com títulos da dívida de impostos prediais. No dia seguinte, ele me enviou um artigo que mostrava por que a minha aplicação era perigosa. Há anos estou obtendo os 16%, e ele continua com os 6%.

Diria que o mais difícil quanto à formação de uma fortuna é ser fiel a si mesmo e estar disposto a não acompanhar a multidão. No mercado, é muito comum que essa multidão que chega tarde seja relegada. Se um grande negócio está nas manchetes, na maioria dos casos é tarde demais. Procure um negócio novo. Como dizem os surfistas: "Sempre há outra onda." As pessoas que correm e pegam a onda tarde demais são as que em geral se dão mal.

Investidores espertos não se afobam. Se perdem uma onda, esperam pela próxima e se preparam. Isso é difícil para a maioria dos investidores porque comprar o que não é popular lhes parece apavorante. Os investidores tímidos gostam de acompanhar a multidão. Sua ganância os leva para as aplicações somente quando os investidores sábios já auferiram seus lucros e se retiraram. Investidores sábios aplicam quando o negócio ainda não é popular. Eles sabem que os seus ganhos são gerados quando compram e não quando vendem. Esperam pacientemente. Como já disse, não se afobam. Como um surfista, eles se preparam para a onda seguinte.

Tudo é uso de "informação privilegiada". Há formas de se obter informações privilegiadas que são ilegais e outras legais. Mas de qualquer forma são informações privilegiadas. A única distinção é: "O quanto você está longe de estar por dentro?" A razão pela qual quer ter amigos ricos que estão por dentro é que o dinheiro é feito aí. É informação fabricada. Você quer saber quando haverá a próxima subida, entrar e sair antes da queda seguinte. Não estou dizendo para fazer algo ilegal, mas quanto antes tiver acesso a essas informações, maiores são as chances de lucro com risco mínimo. Para isso existem os amigos. E isso é inteligência financeira.

4. Domine uma fórmula e, então, aprenda uma nova: o poder do aprendizado rápido

Para fazer o pão, todo padeiro segue uma receita, mesmo que esta só exista em sua cabeça. O mesmo é válido sobre ganhar dinheiro.

Muitos de nós já ouvimos a expressão: "Você é o que come." Eu tenho uma paráfrase: "Você se torna o que estuda." Em outras palavras, seja cuidadoso com o que estuda e aprende, porque sua mente é tão poderosa que você se torna aquilo que põe em sua cabeça. Por exemplo, se estuda culinária, tende a ser cozinheiro. Se não quiser continuar sendo cozinheiro, precisará estudar outra coisa.

Quando se trata de dinheiro, as massas têm uma fórmula básica aprendida na escola. E essa é: trabalhe pelo dinheiro. A fórmula que vejo predominar no mundo é que todos os dias milhões de pessoas acordam e vão trabalhar, ganham dinheiro, pagam contas, conferem seus talões de cheque, compram alguns fundos mútuos e voltam ao trabalho. Essa é a fórmula, ou receita, básica.

Se estiver cansado do que está fazendo ou se não ganha o suficiente, basta mudar a fórmula que usa para ganhar dinheiro.

Quando eu tinha 26 anos, fiz um curso de fim de semana chamado *Como Comprar Imóveis em Execução Judicial*. Aprendi a fórmula. O passo seguinte foi ter a disciplina para pôr em ação o que tinha aprendido. É aí que a maioria das pessoas para. Durante três anos, enquanto eu trabalhava na Xerox, passava minhas horas de folga aprendendo a arte de comprar imóveis em execução. Ganhei vários milhões de dólares usando essa fórmula.

Então, depois de ter dominado a fórmula, passei a procurar outras. Em muitos dos casos, não usei de forma direta a informação que obtive, mas sempre aprendi algo novo.

Já fiz cursos destinados a corretores especializados em derivativos, um curso de negociação de opções de commodities e sobre a teoria do caos. Neste, estava fora do meu ambiente, em uma sala cheia de pessoas com doutorado em física nuclear e ciência espacial. Contudo, aprendi uma porção de coisas que tornaram meus investimentos em imóveis e ações mais significativos e lucrativos.

Muitas instituições comunitárias de ensino superior têm cursos de planejamento financeiro e aquisição de investimentos tradicionais. São lugares excelentes para se começar, mas sempre procuro a fórmula mais rápida. É por isso que, com bastante regularidade, faço mais em um dia do que muitas pessoas em toda sua vida.

Outra observação secundária: no mundo em rápida mudança dos nossos dias, a questão não é tanto o que você sabe, porque com frequência o que sabe já está ultrapassado. É a rapidez com que aprende. Essa habilidade não tem preço. É impagável para encontrar fórmulas — receitas, se preferir — mais rápidas de ganhar dinheiro. Trabalhar arduamente pelo dinheiro é uma fórmula velha nascida nos dias do homem das cavernas.

5. Pague a si mesmo em primeiro lugar: o poder do autocontrole

Se não consegue se controlar, não tente ficar rico. Talvez fosse bom entrar para a Marinha ou alguma ordem religiosa para aprender a se controlar. É a falta de autocontrole que leva muitos ganhadores de loteria à insolvência pouco depois de terem ganhado milhões. É a falta de autocontrole que leva pessoas que acabaram de obter um aumento a comprar um carro novo ou fazer um cruzeiro.

É difícil dizer qual dos dez passos é o mais importante. Mas de todos, este é possivelmente o mais difícil de dominar se não integrar a sua personalidade. Eu arriscaria dizer que é a falta de autocontrole que se constitui no fator número um a separar ricos, pobres e a classe média.

Dito de forma simples, pessoas que têm baixa autoestima e pouca tolerância à pressão financeira não poderão nunca ser ricas. Como já disse, uma lição aprendida com o pai rico foi que o mundo vai bater em você. Isso não acontece porque as outras pessoas são ruins, mas porque os indivíduos não têm autocontrole e disciplina. Quem não tem força interior muitas vezes se torna vítima daqueles que a têm.

Nos cursos para empreendedores em que leciono, lembro constantemente aos participantes de que não devem focar seu produto, serviço ou atividade, mas o desenvolvimento de habilidades de gestão. As três habilidades de gestão mais importantes para se iniciar um negócio próprio são:

1. Fluxo de caixa
2. Pessoas
3. Tempo pessoal

Diria que essas habilidades de gestão se aplicam a qualquer coisa, não apenas a empreendedores. As três influenciam a forma como você vive sua vida como indivíduo, como parte de uma família, um negócio, uma organização de caridade, uma cidade ou uma nação.

Cada uma dessas habilidades é realçada pelo domínio do autocontrole.

Não trato a assertiva: "Pague a si mesmo em primeiro lugar" de maneira leviana.

A citação "Pague a si mesmo em primeiro lugar" vem do livro de George Clason, *The Richest Man in Babylon* ("O Homem Mais Rico da Babilônia", em tradução livre). Milhões de cópias foram vendidas. Mas embora milhões de pessoas repitam livremente essa afirmação poderosa, poucas seguem o conselho. Como disse, a proficiência financeira nos permite ler os números, e estes contam a história. Vendo a demonstração financeira e o balanço patrimonial de uma pessoa, posso ver facilmente se a pessoa que diz "pague a si mesmo em primeiro lugar" está praticando o que prega.

Uma imagem vale mais do que mil palavras. Comparemos então as demonstrações financeiras de pessoas que pagam primeiramente a si mesmas e as que não o fazem.

Estude os diagramas e observe se pode notar algumas diferenças. Repito, tem a ver com o entendimento do fluxo de caixa, que conta a história. Muitas pessoas olham os números e perdem a história.

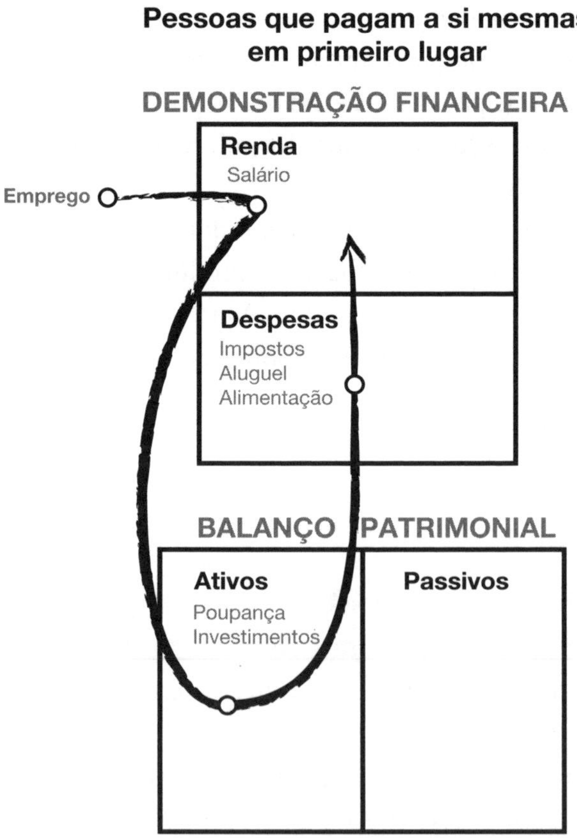

Está vendo? O diagrama anterior reflete as ações de uma pessoa que opta por pagar a si mesma em primeiro lugar. Todo mês ela destina dinheiro para sua coluna de ativos antes de pagar as despesas fixas. Embora milhões de pessoas tenham lido o livro de Clason e entendido a expressão "pague a si mesmo em primeiro lugar", na verdade elas o fazem por último.

Agora, posso ouvir as reclamações daqueles que acreditam sinceramente em pagar as contas prioritariamente. Ouço todas as pessoas responsáveis que pagam suas contas no vencimento. Não estou dizendo para ser irresponsável e ignorá-las. Tudo o que digo é para agir como o livro diz: "Pague a si mesmo em primeiro lugar." E o diagrama anterior é o quadro contábil correto dessa ação.

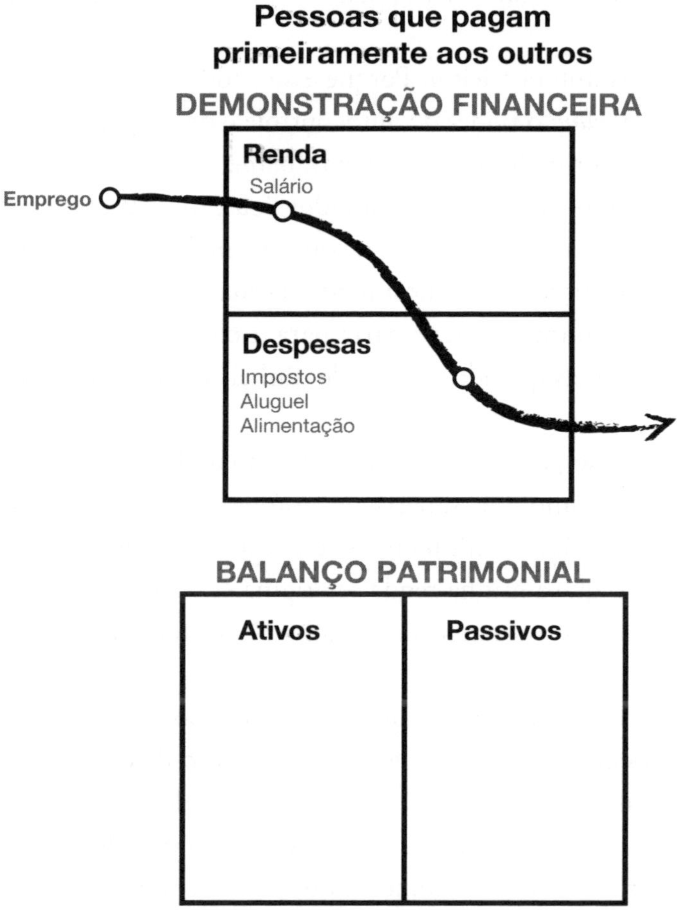

Se você pode realmente começar a compreender o poder do fluxo de caixa, perceberá rapidamente o que há de errado com o diagrama anterior, em que 90% das pessoas trabalham arduamente durante toda a vida e precisam de apoio do governo, a Previdência Social, quando não podem mais trabalhar.

Kim e eu tivemos muitos corretores, contadores e gerentes de banco que tinham grandes problemas com a orientação do "pague a si mesmo em primeiro lugar". A razão é que estes profissionais fazem de fato o mesmo que as massas, pagam a si mesmos por último. Eles pagam a todos os demais primeiro.

Houve momentos na minha vida em que por qualquer razão o fluxo de caixa foi bem menor do que as minhas contas. Ainda paguei a mim mesmo em primeiro lugar. Meu corretor e contador gritaram em pânico: "Eles vão atrás do senhor. A receita vai colocá-lo na cadeia. O senhor vai acabar com sua capacidade de tomar crédito. Vão cortar a eletricidade." Ainda assim, pago a mim mesmo em primeiro lugar.

"Por quê?", perguntará o leitor. Porque esse é todo o sentido da história de *The Richest Man In Babylon*: o poder do autocontrole e da força interior. E, como o pai rico me ensinou no primeiro mês em que trabalhei para ele, a maioria das pessoas permite que o mundo bata nelas. O cobrador liga e diz: "Pague, ou então..." Um vendedor diz: "Coloque no cartão." Seu corretor imobiliário diz: "Vá em frente. O governo permite dedução do financiamento da sua casa no imposto de renda." É disso tudo que o livro trata — ter a garra para ir contra a maré e enriquecer. Você pode não ser fraco, mas quando se trata de dinheiro, muitas pessoas se deixam influenciar.

Não estou falando para ser irresponsável. Não tenho dívidas no cartão de crédito, nem com a compra de supérfluos, porque pago a mim mesmo primeiro. A razão pela qual minimizo minha renda é porque não quero entregá-la ao governo. É por isso que a minha renda se origina em minha coluna de ativos por meio de uma sociedade anônima em Nevada. Se eu trabalhar por dinheiro, o governo o pega.

Embora pague minhas contas por último, tenho astúcia financeira suficiente para não me colocar em uma bola de neve. Não gosto de dívidas de consumo. Na verdade, tenho passivos que são mais altos do que os de 99% da população, mas não pago por eles, outros o fazem — os locatários. O principal, então, para pagar a si mesmo em primeiro lugar é começar por não se endividar. Apesar de pagar minhas contas por último, me organizo para ter apenas pequenas contas sem importância, que terei que pagar.

Quando eventualmente estou em um aperto, ainda assim pago primeiro a mim mesmo. Deixo que os credores, e até o governo, gritem. Gosto quando ficam zangados. Por quê? Porque eles me fazem um favor. Eles me inspiram a sair e criar mais dinheiro. Continuo pagando a mim mesmo primeiro, invisto o dinheiro e deixo os credores reclamarem. Em geral, acabo, de qualquer forma, pagando logo. Kim e eu temos excelente crédito. Apenas não cedemos à pressão e não gastamos nossa poupança ou liquidamos ações para pagar dívidas de consumo. Isso não é muito inteligente do ponto de vista financeiro.

Para pagar com êxito a si mesmo em primeiro lugar, tenha em mente o seguinte:

1. Não se endivide demais. Mantenha suas despesas reduzidas. Forme seus ativos primeiro. Então compre uma casa maior ou um bom carro. Ficar preso na Corrida dos Ratos não é inteligente.
2. Quando estiver apertado de dinheiro, não se afobe e gaste suas poupanças ou investimentos. Use a pressão para inspirar seu gênio financeiro a descobrir novas formas de ganhar mais dinheiro, e então pague as contas. Você terá aumentado sua habilidade de ganhar dinheiro bem como sua inteligência financeira.

Muitas vezes tive problemas financeiros e usei meu cérebro para criar mais renda, enquanto defendia firmemente os meus ativos. Meu contador gritava e procurava cobertura, mas eu parecia um bom soldado de cavalaria defendendo o forte — o Forte dos Ativos.

Pessoas pobres têm hábitos pobres. Um mau hábito comum, e errado, é retirar dinheiro da poupança. Os ricos sabem que as poupanças só são usadas para criar mais dinheiro, não para pagar contas.

Sei que isso parece cruel, mas, como já disse, caso não se mantenha forte, o mundo vai sempre bater em você.

Se é do tipo que não gosta da pressão financeira, então descubra uma fórmula que funcione para você. Uma fórmula cristalizada é cortar despesas, pôr o dinheiro no banco, pagar mais do que o necessário em imposto de renda, aplicar em fundos mútuos seguros e esperar sempre resultados medianos. Mas isso viola a regra de pagar a si mesmo em primeiro lugar.

Este princípio não estimula a abnegação ou a abstinência financeira. Não significa pagar a você mesmo primeiro e passar fome. A vida foi feita para ser desfrutada.

Basta recrutar seu gênio financeiro para poder ter todas as coisas boas da vida, enriquecer e pagar contas, sem se sacrificar. E isso é inteligência financeira.

6. Pague bem a seus corretores: o poder do bom conselho

Muitas vezes vejo pessoas colocando um cartaz na frente de casa: "Proprietário vende." Ou vejo na televisão anúncios de "discount brokers", corretoras onde o investidor paga uma corretagem fixa, independente do valor do negócio.

O pai rico me ensinou a fazer exatamente o contrário. Ele acreditava que os profissionais deviam ser bem pagos, e eu adotei a mesma política. Hoje, tenho a meu serviço advogados, contadores, corretores de imóveis e de ações que cobram caro. Por quê? Porque se, e destaco o *se*, as pessoas forem profissionais, seus serviços devem render dinheiro para você. E quanto mais dinheiro ganharem, mais eu ganho.

Vivemos na Era da Informação. A informação não tem preço. Um bom corretor deve lhe oferecer informação e dedicar tempo para instruí-lo. Tenho vários corretores dispostos a fazer isso por mim. Alguns me ensinaram quando eu tinha pouco ou nenhum dinheiro e até hoje trabalho com eles.

O que pago a um corretor é pouco em comparação ao dinheiro que posso ganhar em consequência das informações que me trazem. Adoro quando meu corretor de imóveis ou de ações ganha muito dinheiro. Em geral, isso significa que ganhei muito dinheiro também.

Um bom corretor, além de ganhar dinheiro para mim, me poupa tempo — como quando comprei um lote vazio por US$9 mil e o vendi logo em seguida por US$25 mil, de modo que pude comprar mais depressa o meu Porsche.

Corretores são seus olhos e ouvidos no mercado. Eles estão lá todos os dias, e assim eu não preciso estar. Prefiro jogar golfe.

As pessoas que vendem sua casa por conta própria não dão muito valor ao próprio tempo. Por que eu deixaria de gastar alguns dólares quando posso empregar esse tempo para ganhar mais dinheiro ou para estar com aqueles que amo? O que acho engraçado é que tantas pessoas pobres e de classe média insistem em dar gorjetas de 15% a 20% nos restaurantes por um mau serviço e reclamam de pagar a um corretor algo entre 3% e 7%. Elas gostam de dar gorjeta a pessoas que figuram na coluna das despesas e maltratam as que estão na coluna dos ativos. Isso não é inteligente do ponto de vista financeiro.

Tenha em mente que nem todos os corretores são iguais. Infelizmente, em sua maioria, são apenas vendedores. Eles vendem, mas têm poucos ou nenhum imóvel próprio. Há uma grande diferença entre um corretor que vende casas e um que vende investimentos. E o mesmo se aplica a corretores de ações, títulos, fundos mútuos e seguros que se autodenominam consultores financeiros.

Quando entrevisto algum profissional, procuro primeiro descobrir quantos imóveis ou ações possui e qual a alíquota de imposto que paga. E isso se aplica aos meus advogados tributaristas e ao meu contador. Uma das minhas contadoras tem seu próprio negócio. Sua profissão é a contabilidade, mas seu negócio são os imóveis. Eu tinha um contador que tinha uma pequena empresa de contabilidade, mas não tinha nenhum imóvel. Troquei, porque nós não gostávamos do mesmo tipo de negócio.

Descubra um corretor que leve a sério os seus interesses. Muitos dedicarão seu tempo a instruí-lo, e podem ser o melhor ativo que você vai encontrar. Seja apenas justo e a maioria deles será justa com você. Se você se preocupar em cortar suas comissões, então como podem se interessar em trabalhar por você? É uma lógica simples.

Como disse anteriormente, uma das habilidades gerenciais é a administração de pessoas. Muitos só conseguem gerir pessoas que consideram inferiores a si mesmos e sobre quem podem exercer poder, como subordinados em uma relação de trabalho. Muitos gerentes de médio escalão continuam nessa posição e não são promovidos porque sabem como trabalhar com pessoas que estão abaixo deles, mas não com pessoas acima. A verdadeira habilidade consiste em administrar e pagar bem pessoas que são mais inteligentes do que você em alguma área técnica. É por isso que as grandes empresas têm conselhos administrativos. Você também precisa de um. E isso é inteligência financeira.

7. Seja um "doador indígena": o poder do retorno

Quando os primeiros colonizadores brancos chegaram aos Estados Unidos, ficaram espantados com a prática cultural de alguns indígenas norte-americanos. Por exemplo, se um colono estava com frio, o indígena lhe dava um cobertor.

Enganado achando que fosse um presente, o colono frequentemente ficava ofendido quando o indígena o pedia de volta.

Os indígenas também ficavam perturbados quando constatavam que os colonos não queriam devolver o cobertor. É daí que se origina a expressão americana "doador indígena". Um simples desentendimento cultural.

No mundo da coluna de ativos, é vital para a riqueza ser um doador indígena. A principal pergunta do investidor sofisticado é: "Quão rápido terei o meu dinheiro de volta?" Ele também quer saber o que poderá obter de graça ou o que se chama de "participação nos lucros". É por isso que o retorno sobre o investimento é tão importante.

Por exemplo, descobri um pequeno imóvel, a alguns quarteirões de onde moro, que estava sendo executado judicialmente. O banco pedia US$60 mil, e eu apresentei uma oferta de US$50 mil, que foi aceita, simplesmente porque estava acompanhada de um cheque à vista no valor de US$50 mil. Notaram que eu era sério. Muitos investidores perguntarão: "Você não estava imobilizando muito dinheiro de uma vez? Não seria melhor pegar um empréstimo?" A resposta é: "Não nesse caso." Minha empresa de investimentos o aluga por temporada nos meses de inverno e obtém US$2.500 ao mês durante quatro meses, quando os amantes da neve procuram o Arizona. Fora da temporada de férias, seu aluguel é de apenas US$1 mil mensais. Em cerca de três anos consegui meu dinheiro de volta. Agora sou proprietário desse ativo, que gera dinheiro para mim todos os meses.

A principal pergunta do investidor sofisticado é: "Quão rápido terei o meu dinheiro de volta?"

O mesmo se aplica às ações. Frequentemente, meu corretor liga e sugere que eu aplique uma considerável quantia em ações de alguma empresa que, segundo ele, está a ponto de fazer alguma coisa que aumentará o valor delas, como lançar um produto novo. Então, durante uma semana ou um mês, aplico meu dinheiro nessas ações, enquanto seus preços sobem. Depois, tiro aquela soma inicial e paro de me preocupar com as flutuações do mercado, porque tenho de volta meu dinheiro inicial e agora sou dono de um ativo que, tecnicamente, me saiu de graça.

Sem dúvida, em muitas ocasiões perdi dinheiro, mas somente jogo com dinheiro que posso perder. Diria que, em uma média de dez investimentos, faço uns dois ou três gols de placa, cinco ou seis não são lá essas coisas e perco em dois ou três. Mas limito minhas perdas ao dinheiro que apliquei neles naquele momento.

As pessoas que odeiam o risco põem seu dinheiro no banco. E, em longo prazo, qualquer poupança é melhor do que nenhuma. Mas leva muito tempo para você recuperar seu dinheiro e, em muitos casos, você não leva nada de graça.

Em todos os meus investimentos, precisa haver algo a mais, algo de graça — como um condomínio, um pequeno galpão, um lote de terreno, uma casa, ações ou um prédio comercial. E o risco deve ser limitado ou deve ser uma ideia de baixo risco. Há livros inteiros que tratam deste assunto, então não me estenderei aqui. Ray Kroc, do McDonald's, vendia franquias de hambúrgueres não porque gostasse do sanduíche, mas porque queria os terrenos das franquias de graça.

Assim, os investidores sábios devem dar mais atenção ao retorno sobre o investimento: são os ativos que você obtém de graça depois que recebe seu dinheiro de volta. Isso é inteligência financeira.

8. Use ativos para comprar supérfluos: o poder do foco

O filho de um amigo estava desenvolvendo um hábito desagradável de gastar demais. Aos dezesseis anos, naturalmente, desejava ter seu carro. A desculpa: os pais de todos os seus amigos tinham comprado um carro para os filhos. O garoto queria pegar suas poupanças e dar de entrada para o carro. Foi aí que o pai me procurou.

"Você acha que devo fazer o que ele quer ou deveria fazer como os outros pais, e dar um carro para ele?"

A minha resposta foi: "Em curto prazo pode ser bom, mas o que você terá lhe ensinado em longo prazo? Você não pode usar seu desejo de ter um carro e incentivar o seu filho a aprender alguma coisa?" De repente, se acendeu uma luz e ele foi correndo para casa.

Dois meses depois, voltei a encontrar o meu amigo. "Seu filho já está com o carro?", perguntei.

"Não. Mas lhe dei US$3 mil para comprá-lo. Falei para ele usar o meu dinheiro em vez do dele, reservado para a universidade.

"Você foi bastante generoso", respondi.

"Nem tanto. O dinheiro veio acompanhado de uma condição."

"Qual?", perguntei.

"Bom, primeiro jogamos o seu jogo *CASHFLOW*®. Jogamos e tivemos uma longa discussão sobre o uso sábio do dinheiro. Depois, fiz uma assinatura do *Wall Street* para ele e comprei alguns livros sobre o mercado de ações."

"E então?", questionei. "Qual foi o ponto?"

"Falei que os US$3 mil eram dele, mas que não poderia comprar o carro diretamente. Deveria usar o dinheiro para comprar e vender ações, achar seu próprio corretor, e quando tivesse ganhado US$6 mil, poderia usar metade para comprar o carro, e colocar o resto na poupança para pagar a faculdade.

"E o resultado?", continuei.

"Bem, ele teve sorte nos primeiros negócios, depois perdeu tudo. Então começou a ficar interessado de verdade. Hoje, ainda lhe faltam uns US$2 mil e está mais interessado ainda. Leu todos os livros que dei e pegou outros na biblioteca. Lê avidamente o *Wall Street*, acompanhando os indicadores. Ele sabe que se perder dinheiro vai ter que andar a pé mais uns dois anos. Mas não está preocupado. Já nem liga tanto para o carro, porque encontrou algo mais divertido para fazer."

"E o que acontece se ele perder todo o dinheiro?", perguntei.

"Aí vamos ver. Prefiro que perca tudo agora do que ter que esperar chegar à nossa idade para arriscar e perder. E, além do mais, esses são os melhores US$3 mil que gastei com sua educação. O que está aprendendo lhe servirá por toda a vida, e ele parece ter adquirido mais respeito pelo poder do dinheiro."

Como já falei na seção "Pague a si mesmo em primeiro lugar: o poder do autocontrole", se uma pessoa não domina esse poder, é melhor nem tentar enriquecer. Embora o processo de gerar fluxo de caixa a partir da coluna de ativos seja fácil, a força mental de direcionar o dinheiro é difícil. Devido às tentações externas, é mais cômodo neste mundo de consumismo torrar o dinheiro na coluna das despesas. A falta de motivação mental leva o dinheiro a fluir pelos caminhos de menor resistência. Esta é a causa da pobreza e dos problemas financeiros.

Os exemplos seguintes ilustram a inteligência financeira necessária para fazer com que o dinheiro gere mais dinheiro.

Se eu der a cem pessoas US$10 mil no início do ano, acho que ao fim do ano:

- Oitenta não terão mais nada. De fato, terão aumentado seu endividamento usando o dinheiro para dar entrada em um carro novo, eletrodomésticos, aparelhos eletrônicos ou em uma viagem de férias.
- Dezesseis terão aumentado esses US$10 mil em torno de 5% e 10%.
- Quatro terão aumentado a soma para US$20 mil ou para alguns milhões.

Estudamos para aprender uma profissão que nos fará trabalhar pelo dinheiro. Na minha opinião, é também importante aprender a fazer o dinheiro trabalhar para nós.

Gosto dos meus supérfluos tanto quanto qualquer outro ser humano. A diferença é que algumas pessoas compram seus supérfluos em prestações. É a armadilha de querer imitar o vizinho. Quando eu quis comprar um Porsche, o caminho mais fácil foi procurar o gerente do banco e conseguir um financiamento. Em vez de me preocupar com a coluna dos passivos, decidi me concentrar na dos ativos.

Como de praxe, empreguei o meu desejo de consumir para me inspirar e motivar o meu gênio financeiro a investir.

Constantemente, nos preocupamos com obter as coisas que desejamos em vez de nos concentrarmos em criar dinheiro. É mais fácil em curto prazo, porém, mais difícil em longo prazo. É um mau hábito em que incorremos como indivíduos e como nação. Lembre-se, o caminho mais fácil muitas vezes se torna o mais árido, e o caminho árduo, o mais aprazível.

Quanto mais cedo você aprender a controlar o dinheiro e ensinar àqueles que ama, melhor. O dinheiro é uma força poderosa. Infelizmente, as pessoas usam esse poder contra elas mesmas. Se sua inteligência financeira for baixa, o dinheiro escorrerá das suas mãos, será mais esperto que você. E se o dinheiro for mais astuto, você trabalhará por toda sua vida.

Para ser o senhor do dinheiro, precisa ser mais inteligente do que ele. Então o dinheiro fará o que você mandar. Ele lhe obedecerá. Em vez de ser um escravo, você será o senhor. Isso é inteligência financeira.

9. Escolha os heróis: o poder dos mitos

Quando eu era criança, admirava muito Willie Mays, Hank Aaron e Yogi Berra. Eles eram os meus heróis e eu queria ser como eles. Seus cartões de beisebol eram meu tesouro. Queria saber tudo a respeito deles, e eu conhecia suas estatísticas, suas jogadas, quanto ganhavam e como tinham ascendido aos times profissionais.

Como um garoto de nove anos de idade, quando pulava para arremessar ou jogar na primeira base ou como receptor, não era eu. Eu fingia ser um famoso jogador de beisebol. A simulação é uma das maneiras mais poderosas pelas quais aprendemos, e muitas vezes perdemos isso quando adultos. Perdemos os nossos heróis.

Hoje, observo os garotos jogando beisebol perto de casa. Na quadra, não há um Joãozinho. Eles fingem ser os seus ídolos. Copiar ou emular heróis é um aprendizado poderoso.

Quando cresci, encontrei novos ídolos. Tenho heróis do golfe, imito as suas jogadas e faço o possível para ler tudo a respeito deles. Também tenho heróis como Donald Trump, Warren Buffett, Peter Lynch, George Soros e Jim Rogers. Sigo suas estatísticas como fazia com os meus heróis do beisebol. Acompanho os investimentos de Warren Buffett e leio tudo sobre suas opiniões a respeito do mercado. Leio sobre Donald Trump, tentando descobrir como ele negocia e monta operações.

20 Anos Atrás...

NOVOS HERÓIS

Hoje, acrescentaria alguns nomes à lista, incluindo David Stockman e Jim Rickards.

Da mesma maneira que não era eu no campo de beisebol, quando estou no mercado ou fechando um negócio, estou agindo subconscientemente com a ousadia de Trump. Ou, ao analisar uma tendência, procuro pensar em como Warren Buffet teria feito. Tendo heróis, me aproprio de uma fonte imensa de gênio em estado puro.

Mas heróis fazem mais do que simplesmente inspirá-lo. Heróis fazem com que as situações pareçam fáceis. Ao mostrar que é possível, nos convencem a querer ser como eles.

"Se eles conseguiram, eu também posso."

Quando se trata de investimentos, há gente demais para complicar. Procure heróis que façam as situações parecerem fáceis.

10. Ensine e receberá: o poder da doação

Ambos os meus pais eram mestres. O pai rico me ensinou uma lição que me acompanha por toda a vida, a necessidade de ser caridoso e de doar. Meu pai instruído doava muito na forma de tempo ou conhecimento, mas quase nunca doava dinheiro.

Ele costumava dizer que doaria quando tivesse algum dinheiro sobrando, mas raramente restava algum.

O pai rico doava tanto dinheiro quanto ensinamentos. Ele acreditava firmemente na troca. "Se deseja algo, primeiro você precisa doar", dizia sempre. Quando tinha pouco dinheiro, ele simplesmente doava dinheiro à igreja ou a alguma instituição de caridade.

Se eu tivesse que passar apenas uma única ideia para o leitor, seria esta. Sempre que sentir falta ou escassez de alguma coisa, doe, antes, o que quer, e isso retornará para você aos montes. Isso vale para dinheiro, sorrisos, amor e amizade. Sei que muitas vezes doar é a última coisa que se deseja fazer, mas, para mim, sempre funcionou. Apenas acredito que o princípio da reciprocidade funciona, e doo o que desejo. Se quero dinheiro, doo dinheiro, e ele volta multiplicado. Se desejo vendas, ajudo alguém a vender, e as vendas aparecem para mim. Se desejo contatos, ajudo alguém a obtê-los, e, como em um passe de mágica, os contatos vêm para mim. Há muitos anos, ouvi algo assim: "Deus não precisa receber, mas os homens precisam doar."

O pai rico dizia com frequência: "Os pobres são mais gananciosos do que os ricos." Ele então explicava que, se uma pessoa era rica, era porque oferecia algo que os outros desejavam. Ao longo da minha vida, em todos estes anos, sempre que senti necessidade de dinheiro ou de auxílio, procurava no fundo do meu coração o que eu queria, e doava antes. Ao fazê-lo, o que eu doava sempre retornava para mim.

Isso me lembra a história do cara sentado com lenha nos braços em uma noite gelada. Ele gritava para a lareira à sua frente: "Quando me esquentar um bocado, ponho um pouco de lenha dentro de você." Quando se trata de dinheiro, amor, felicidade, vendas e contatos, tudo do que a gente precisa se lembrar é de doar prioritariamente.

Muitas vezes, apenas o processo de refletir sobre o que deseja e como poderia doá-lo para alguém desencadeia uma torrente de generosidade. Sempre que sinto que as pessoas não estão sorrindo para mim, simplesmente começo a sorrir e a cumprimentá-las, e, como por milagre, de repente há mais gente sorrindo à minha volta. É verdade que o seu mundo é apenas um espelho de você.

Por isso, eu digo: "Ensine e receberá." Descobri que quanto mais sinceramente ensino aos que estão desejosos de aprender, mais aprendo. Se quiser aprender sobre dinheiro, ensine a alguém. Uma torrente de novas ideias e de distinções mais sutis surgirá.

Houve momentos em que doei e nada retornou ou em que o que recebi não era o que desejava. Mas, depois de refletir e examinar a minha alma, concluí que em vez de doar por doar, eu estava doando para receber.

O meu pai pobre ensinava professores, e se tornou mestre dos mestres. O pai rico sempre ensinava aos jovens seu jeito de fazer negócios. Em retrospecto, foi a generosidade deles com o que sabiam que os tornou melhores. Há poderes neste mundo muito mais fortes do que nós. Você pode chegar lá por si mesmo, mas chegará mais rápido com o auxílio desses poderes. Tudo o que precisa é ser generoso com o que tem, e os poderes superiores serão generosos com você.

SEÇÃO DE ESTUDO

Capítulo 8

LIÇÃO #8: MOVIMENTE-SE

CAPÍTULO 8

LIÇÃO #8: MOVIMENTE-SE

Resumo

Grandes negócios são fáceis de se encontrar. É como andar de bicicleta. Depois de alguns desequilíbrios, vira um passeio. Mas quando se trata de dinheiro, é necessária determinação para ultrapassar a fase de desequilíbrios.

Você deve despertar seu gênio financeiro interior para encontrar bons negócios. A nossa cultura nos diz que o amor ao dinheiro é a raiz de todo o mal, que só precisamos achar uma profissão e trabalhar arduamente, e o governo cuidará de nós quando envelhecermos. A mensagem ainda é trabalhar com afinco, ganhar dinheiro e gastá-lo e, quando não for suficiente, sempre podemos pegar um empréstimo — e isso porque, para a maioria de nós, nosso gênio financeiro interior está adormecido.

Mas devemos acordar esse gênio a fim de encontrar o negócio milionário das nossas vidas. É muito mais fácil encontrar um emprego e trabalhar por dinheiro, mas esse não é o caminho para a riqueza. Se quiser ir contra as massas, Robert mostra o processo mental que ele segue todos os dias: dez passos que pode usar para despertar seu gênio financeiro. Siga os que quiser ou crie os seus próprios — seu gênio financeiro está a postos.

1. Ache um motivo além da realidade: o poder do espírito

Muitos desejam ser ricos ou financeiramente independentes, mas não conseguem porque a estrada para chegar lá parece muito difícil. Como um futuro nadador olímpico, que sacrifica tempo e vida social para ir à piscina e estudar bastante, as pessoas precisam de um objetivo ou de uma razão clara e forte para que superem os obstáculos.

Uma razão ou propósito são a combinação dos “quero” e “não quero” — como a motivação de Robert para querer ficar rico.

Primeiro, o seu “não quero” motiva os seus desejos. Ele não queria trabalhar por toda sua vida. Não queria um emprego seguro e uma casa em um bairro de classe média alta, como seus pais. Não queria ser um empregado e se ocupar trabalhando em uma carreira — em detrimento do tempo com seus entes queridos — apenas para o governo tomar a maior parte do fruto do seu trabalho quando morresse, como aconteceu com seu pai.

O que ele quer? Robert quer ser financeiramente independente para viajar ao redor do mundo enquanto jovem e viver a vida do jeito que ama. Ele quer ser livre e ter o controle do seu tempo. Quer que o dinheiro trabalhe para ele.

Como Robert, você deve ter razões emocionais suficientemente fortes por trás do seu desejo de ser rico, para sustentá-lo durante os contratempos. Robert perdeu dinheiro muitas vezes, mas ele continuou, porque o seu propósito era forte o bastante. Ele queria ser financeiramente independente aos 40 anos, mas só o conseguiu aos 47.

Enriquecer não era fácil, mas também não era assim tão difícil. Mas, se Robert não tivesse uma razão forte por trás dos seus propósitos, teria sido incrivelmente difícil.

Se não tiver uma razão consistente, Robert pede para que interrompa a leitura ou parecerá muito trabalhosa.

2. *Faça escolhas diárias: o poder da decisão*

Você tem o poder da escolha diária de ser rico, pobre ou de classe média. Seus hábitos de consumo refletem quem você é. Os pobres têm maus hábitos de consumo.

Há muito tempo, Robert escolheu ser rico. Seu amigo Mike, depois de herdar uma coluna saudável de ativos, escolheu aprender a conservá-la — que não é a situação padrão quando famílias ricas passam os seus ativos para a geração seguinte.

Muitas pessoas escolhem não ser ricas. Dizem a si mesmas que não estão interessadas no dinheiro, ou que são jovens e ainda não precisam se preocupar com isso, ou arrumam inúmeras outras desculpas.

Mas esses pretextos lhe roubam o tempo (seu ativo mais precioso) e o aprendizado. Todos nós temos a cada dia a escolha do que fazer com nosso tempo e dinheiro, e do que colocamos em nossos pensamentos.

Robert escolhe ser rico, e toma essa decisão todos os dias.

Ele exorta as pessoas a investirem primeiro em educação, já que a nossa mente é o nosso ativo mais poderoso. Assim que alcançamos idade suficiente, todos temos a escolha do que colocar em nossas mentes. Mas, em vez de escolher investir em aprendizado, muitas pessoas simplesmente compram investimentos.

Para continuar o seu próprio aprendizado, Robert vai a pelo menos dois seminários por ano. Em 1973, foi a um congresso de três dias sobre aquisição de imóveis sem entrada. Ele gastou US$385 com o curso, e isso gerou pelo menos US$2 milhões e possibilitou que não trabalhasse mais pelo resto da sua vida.

Robert também gosta de CDs e audiolivros, que permitem que possa revisar o que já ouviu. Certa vez, estava ouvindo um investidor do qual discordou, mas, após escutá-lo por cerca de vinte vezes, finalmente compreendeu por que o homem dizia aquilo.

Ele conseguiu entender porque manteve sua mente aberta, mesmo que tenha originalmente discordado do investidor. E agora tem duas maneiras de analisar problemas, o que é impagável. Robert escolheu ler e ouvir o que inúmeras pessoas pensam, de Donald Trump a George Soros, e isso lhe dá acesso ao poder mental delas.

Quando se aprende algo novo, geralmente é preciso cometer erros para entender plenamente a lição. Pessoas arrogantes ou críticas têm medo de assumir riscos, então, normalmente não ouvem os especialistas.

Não é uma questão de inteligência. Pessoas inteligentes podem ser ignorantes se combinarem suas espertezas à arrogância. Uma pessoa realmente inteligente, por outro lado, é aberta a novas ideias. Elas podem ser combinadas àquelas já acumuladas, e o resultado é grandioso.

Ouça. Aprenda. Assuma uma postura de riqueza de longo prazo, não uma mentalidade de enriquecer rapidamente. Invista no seu maior ativo — sua mente — antes de investir em ações ou imóveis.

3. Selecione amigos com cuidado: o poder da associação

Robert aprende com todos os seus amigos, tanto com os que têm dinheiro — buscando seu conhecimento — quanto com os que têm problemas financeiros. O último grupo o ensina o que não se deve fazer.

Ele diz que vários dos seus amigos que geraram mais de um bilhão de dólares relatam o mesmo fenômeno: seus amigos que não têm dinheiro nunca perguntam a eles como fizeram isso. Pedem apenas um trabalho ou empréstimo, ou ambos.

Robert nos adverte para não ouvir as pessoas pobres ou medrosas. Para elas, quando se trata de investimentos, o céu está sempre caindo. Elas sempre dirão que não vai funcionar.

Qualquer quadro de especialistas tem alguém para dizer que o mercado está em queda ou em ascensão. Escute ambos, pois eles têm considerações válidas.

Seja fiel a você mesmo e não vá com a multidão. Esta pode ser uma das partes mais difíceis na construção da riqueza. A multidão geralmente chega tarde demais a um bom negócio. Em vez disso, procure uma nova oferta — uma perspectiva que pode ser assustadora.

Não espere o tempo do mercado. Prepare-se para a próxima onda. Investidores sábios compram investimentos quando não são populares. Sabem que os seus lucros vêm da compra e não da venda.

Trata-se de "informação privilegiada" (da forma legal): ficar perto da origem da informação, ter amigos ricos que a conheçam ou saibam onde o dinheiro está sendo criado. Procure saber sobre a próxima alta de mercado; entre, e depois saia do mercado antes da próxima queda. É para isso que os amigos são, e é para isso que a inteligência financeira serve.

4. Domine uma fórmula e, então, aprenda uma nova: o poder do aprendizado rápido

Seja cuidadoso com o que aprende, porque você se torna o que coloca na sua cabeça.

As massas têm uma fórmula básica: vá para o trabalho, ganhe dinheiro, pague contas, salde os cheques, compre fundos mútuos e volte ao trabalho.

Se não estiver ganhando o suficiente, precisa mudar a fórmula.

Anos atrás, Robert foi a um curso de final de semana chamado *Como Comprar Imóveis Executados Judicialmente*. Ele aprendeu a fórmula e a colocou em prática, fazendo muitos milhões no processo.

Ele foi, então, em busca de novas fórmulas. Nem sempre usava diretamente a nova informação, mas estava constantemente aprendendo.

Muitas faculdades têm aulas sobre planejamento financeiro e aquisição de investimentos tradicionais. É uma boa maneira de começar, mas Robert está sempre procurando a fórmula mais rápida. Ele diz que é por isso que pode ganhar mais em um dia do que muitos levam a vida inteira.

E não se trata apenas de fórmulas mais rápidas, mas de aprendê-las com mais rapidez.

5. *Pague a si mesmo em primeiro lugar: o poder do autocontrole*

De todos os passos, o autocontrole talvez seja o mais difícil de dominar, se não for parte da sua personalidade. Mas a disciplina pessoal é o principal fator que separa os ricos dos pobres e da classe média.

O mundo bate em você e o coloca contra a parede. E, se não tiver tolerância à pressão financeira, nunca se tornará rico.

Robert ensina a estudantes em suas aulas de empreendedorismo que as três habilidades de gestão mais importantes para se começar um negócio são o fluxo de caixa, de pessoas e do tempo pessoal. Isso se aplica a qualquer um, não é exclusivo dos empresários, e cada uma dessas habilidades é aprimorada pelo autocontrole.

Embora muitos repitam a afirmação: "Pague a si mesmo em primeiro lugar", poucos têm a disciplina para colocá-la em prática. Compare esses dois diagramas.

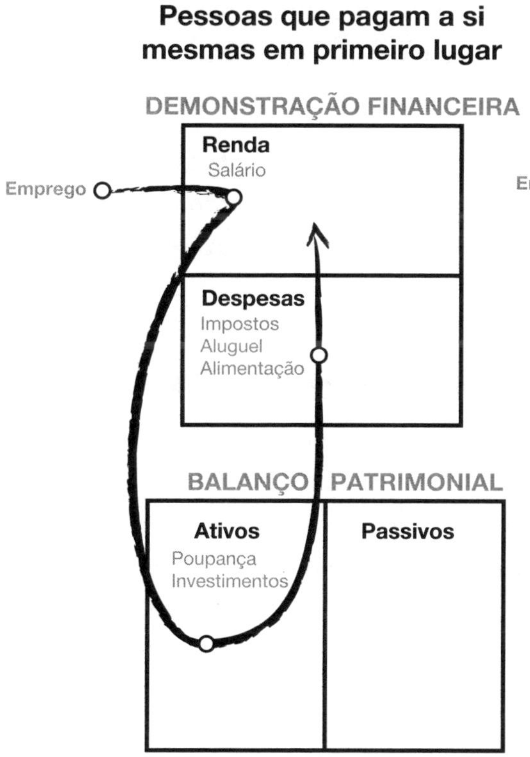

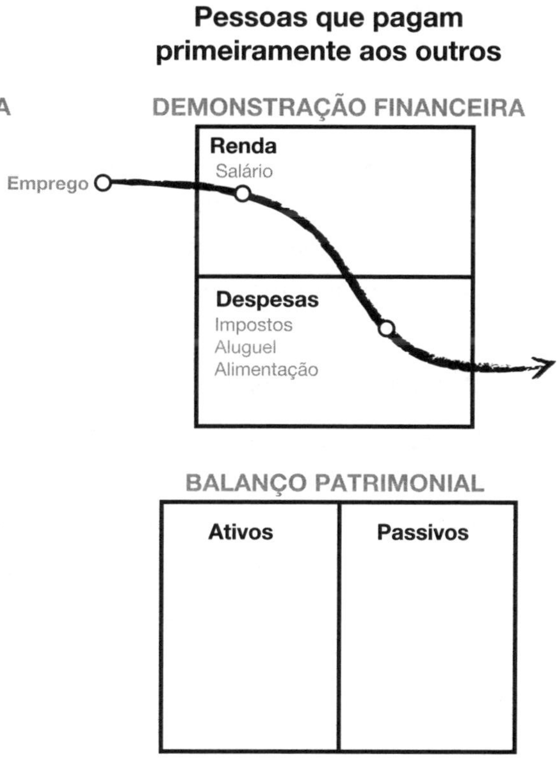

Siga o fluxo do dinheiro e veja como esses indivíduos pagam primeiramente a si mesmos (via investimentos na coluna de ativos) antes de pagar as contas. Isso não significa que suas contas não são pagas de maneira responsável; só representa pagar a si mesmo primeiro.

Você pode ver como pagar primeiramente aos outros deixa pouco ou nada a ser investido na coluna de ativos.

Aconteceu com Robert e outras pessoas de haver momentos em que o fluxo de caixa não foi suficiente para lhes pagar antes de às suas contas. Eles pagaram primeiramente a si mesmos de qualquer forma. É preciso motivação interna quando os credores estão gritando, mas torna o investimento em ativos uma prioridade e o leva à riqueza.

Para pagar com êxito a si mesmo em primeiro lugar:

1. Não se endivide demais. Mantenha suas despesas reduzidas. Forme seus ativos primeiro. Então compre uma casa maior ou um bom carro.
2. Quando estiver apertado de dinheiro, não se afobe e gaste suas poupanças ou investimentos. Use a pressão para inspirar seu gênio financeiro a descobrir novas formas de ganhar mais dinheiro e, então, pague as contas. Você terá aumentado sua habilidade de ganhar dinheiro bem como sua inteligência financeira.

Lembre-se de que esta regra não o encoraja à abnegação ou à abstinência financeira. Não significa pagar primeiramente a si mesmo e passar fome. A vida é para ser vivida. Se recrutar seu gênio financeiro, terá todos os prazeres da vida, ficará rico e pagará suas contas.

6. Pague bem a seus corretores: o poder do bom conselho

Muitas pessoas tentam economizar alguns dólares usando “discount brokers”, as chamadas corretoras de desconto, ou comprando sua casa por conta própria. Os profissionais não só otimizam seu tempo, mas também seu dinheiro.

A informação é impagável. Um bom corretor deve lhe oferecer informação, da mesma maneira que o faz ganhar dinheiro. Aprenda com eles. Na verdade, o que paga a eles é pouco em comparação ao quanto de dinheiro pode ser ganho com a informação que lhe dão.

Tenha em mente que nem todos os corretores são iguais. Entreviste-os e descubra quantas propriedades e investimentos têm. Encontre um com interesses semelhantes aos seus, e trate-o bem.

As empresas têm um conselho de diretores porque sabem o valor de ter pessoas mais inteligentes por perto. Você deve ter seu conselho, também.

7. Seja um "doador indígena": o poder do retorno

A expressão "doador indígena" originou-se de um mal-entendido cultural, quando os primeiros colonos europeus chegaram ao Novo Mundo. Se um colono sentisse frio, um indígena lhe dava um cobertor. O colono confundia com um presente e se ofendia quando o nativo o pedia de volta. O indígena ficava chateado quando o colono não queria devolver. Houve um mal-entendido no sentido dessa transação.

Em termos de investimentos e coluna de ativos, é fundamental ser um doador indígena; isto é, querer o seu investimento inicial de volta, e rápido.

Um exemplo é um apartamento comprado por Robert por US$50 mil em dinheiro. Ele o alugou na alta temporada por US$2.500 e por US$1 mil no resto do ano. Em cerca de três anos, o imóvel se pagou. Essencialmente, os US$50 mil originais de Robert voltaram para seu bolso. E, mês após mês, o ativo continua a gerar dinheiro.

Alguns não gostam do risco e preferem manter seu dinheiro em uma poupança, mas lá o dinheiro fica parado. E eles também não têm a possibilidade de receber nenhum benefício com isso.

Para cada um dos seus investimentos, Robert diz que deve haver uma vantagem, algo de graça — como um pequeno galpão, um pequeno terreno, ações e um imóvel. E deve haver um risco limitado.

8. Use ativos para comprar supérfluos: o poder do foco

Robert ama os supérfluos tanto quanto ao próximo. Mas ele não pega dinheiro emprestado por causa deles; em vez disso, concentra-se na coluna de ativos para criar dinheiro para bancá-los.

Ele mostra um exemplo de um amigo cujo filho adolescente queria um carro. Em vez de comprá-lo para ele ou deixar que usasse sua poupança para isso, seu pai lhe deu US$3 mil, algumas orientações sobre o mercado de ações e lhe disse que não poderia usar os US$3 mil para comprar diretamente o carro. Ele tinha que investi-los, e, quando tivesse US$6 mil, poderia comprar o carro, e os US$3 mil originais iriam para a poupança da faculdade.

Embora o filho ainda tivesse que produzir esse ganho, seu interesse e aprendizado foram às alturas. Estava aprendendo uma lição para a vida: ampliar os seus ativos para que comprem as coisas que deseja.

Desenvolver o fluxo de caixa na coluna de ativos é fácil na teoria — difícil é a motivação mental para direcionar o dinheiro para o uso correto. Empréstimos são fáceis de maneira imediata, mas difíceis em longo prazo.

9. Escolha os heróis: o poder dos mitos

Uma das maneiras mais poderosas pelas quais aprendemos quando crianças é fingindo ser os nossos heróis.

Robert faz o mesmo ainda adulto, embora os seus heróis tenham mudado. Em vez de fingir ser Willie Mays no bastão, canaliza a bravata de Trump ao fechar negócios ou as habilidades analíticas de Warren Buffett ao observar tendências.

Tendo heróis, alcançamos seu gênio e, como fazem as coisas parecerem fáceis, nos inspiram a tentar.

10. Ensine e receberá: o poder da doação

Robert aprendeu com o pai rico que doar dinheiro é uma forma de aprendizado. Ele diria: "Se quiser algo, primeiro precisa doar." Mesmo com o orçamento apertado, ele doava à igreja ou à sua instituição de caridade preferida.

Sempre que sentir necessidade de algo — independentemente de dinheiro, um sorriso ou amizade —, doe isso antes, que você receberá aos montes.

Isso também se verifica no ensino. Quanto mais ensina, mais você aprende. Ambos os pais de Robert são prova disso.

Seja generoso com o que tem, e certifique-se de ter prazer nisso, e não de plantar apenas pensando em colher.

Momento do hemisfério esquerdo: Use o autocontrole para pagar a si mesmo em primeiro lugar, a fim de priorizar o crescimento da sua coluna de ativos.

Momento do hemisfério direito: Mantenha sua mente aberta a novas ideias e maneiras de agir. Isso adiciona sinergia às suas ideias já acumuladas.

Momento subconsciente: Aproveite as razões emocionais profundas que o fazem desejar se tornar rico. Torne-as fortes. Vão ajudá-lo a superar os obstáculos na estrada para a riqueza.

O que Robert Quer Dizer

Agora é hora de refletir. Pergunte a si mesmo: "*O que* Robert quer dizer nesta citação?" E: "*Por que* ele diz isso?" Nesta seção, você não precisa concordar ou discordar dele. O objetivo é *entender* o que Robert está dizendo.

Lembre-se, esta seção de estudo é projetada para ser coadjuvante e de apoio. Duas cabeças pensam melhor do que uma. Se você não entende o que Robert está dizendo, não desista da lição. Peça ajuda. Aproveite o tempo para discutir cada citação até compreendê-las:

> "O ouro está por toda parte. A maioria das pessoas não foi treinada para vê-lo."
>
> "Sem uma razão forte ou um propósito, qualquer coisa na vida é difícil."
>
> "Financeiramente, com qualquer quantia de dinheiro que temos em nossas mãos, temos o poder de escolher nosso futuro como ricos, pobres ou classe média."
>
> "Noventa por cento da população compra aparelhos de televisão e somente uns dez por cento, livros de negócios."
>
> "Cada um de nós conhece alguém muito instruído, ou que se acredita esperto, mas cujo balanço patrimonial mostra outra coisa."
>
> "Observei que os meus amigos ricos falam de dinheiro. E não estou querendo dizer que se gabem. Eles se interessam pelo assunto."
>
> "Se estiver cansado do que está fazendo ou se não ganha o suficiente, basta mudar a fórmula que usa para ganhar dinheiro"

"Quem não tem força interior muitas vezes se torna vítima daqueles que a têm."

"Em muitas ocasiões perdi dinheiro, mas somente jogo com dinheiro que posso perder."

"O caminho mais fácil muitas vezes se torna o mais árido, e o caminho árduo, o mais aprazível."

Questões Adicionais

Agora é o momento de usar as histórias deste capítulo para entender o que Robert estava dizendo, e aplicá-las a você e sua vida. Faça a si mesmo as perguntas abaixo e as discuta com seu parceiro de estudos. Seja honesto consigo mesmo e com seu parceiro. Se não gostar das respostas que der, pergunte a si mesmo se está disposto a mudar e aceitar o desafio de transformar seus pensamentos e mentalidade:

1. Quais são as razões que o fazem querer enriquecer, seus "quero" e "não quero"? Robert as acharia fortes o suficiente?
2. Seus hábitos de consumo refletem a vida que deseja? Se não, como mudá-los?
3. O que você escolhe colocar em seus pensamentos a cada dia? Quando foi a última vez que foi a um seminário ou leu um livro de negócios (além deste)?
4. O que aprendeu dos seus amigos sobre finanças, de bom ou ruim?
5. Você diria que seu autocontrole é forte o bastante ou precisa de um bom treinamento?

6. Você tem um conselho de diretores — corretores ou outros profissionais a que paga bem por suas informações excelentes e habilidades de fazer dinheiro — na sua vida?
7. Você entendeu o conceito apresentado no passo 7? Se não, discuta-o com seu parceiro de estudos.
8. A última vez que adquiriu um supérfluo, como pagou por ele?
9. Quem é o seu herói financeiro? Como imita esta pessoa em suas ações?

NOTAS

Capítulo 9

AINDA QUER MAIS? AQUI ESTÃO ALGUMAS POSSIBILIDADES

Muitos podem não achar os meus dez passos suficientes. Eles os veem mais como filosofias do que como ações. Penso que entender a filosofia é tão importante quanto a ação. Há muita gente que quer fazer, em vez de pensar, e há os que pensam, mas não fazem. Eu diria que sou ambos. Adoro ideias e amo a ação.

Para os que querem um ponto de partida das coisas a se fazer, irei compartilhar, resumidamente, um pouco do que faço.

- *Pare de fazer o que está fazendo.* Em outras palavras, pare e avalie o que está e o que não está funcionando. A definição de insanidade é fazer a mesma coisa e esperar um resultado diferente. Pare de fazer o que não dá resultado e procure fazer algo novo.
- *Procure novas ideias.* Para novas ideias de investimento, vou às livrarias e procuro livros sobre assuntos diferentes e originais. Chamo-os de fórmulas. São livros que ensinam como aplicar de uma forma que não conheço.

  Por exemplo, em uma livraria, encontrei o livro *The 16% percent solution* ("A Solução dos 16%", em tradução livre), de Joel Moskowitz. Comprei e li o livro, e, na quinta-feira seguinte, fiz exatamente o que dizia. Passo a passo. Também fiz isso ao procurar pechinchas em imóveis nos escritórios de advogados e bancos. Muitas pessoas não agem ou se deixam convencer por qualquer pessoa a desistir da fórmula que estão estudando. Meu vizinho me disse por que os 16% não funcionariam. Não dei ouvidos, porque ele nunca tinha experimentado isso.

- *Encontre alguém que realizou o que você deseja.* Convide-o para almoçar e peça dicas, macetes de negócios. No caso dos títulos de dívidas de impostos prediais de 16%, fui à repartição de impostos municipais e procurei a funcionária que trabalhava na respectiva seção. Descobri que ela também aplicava nestes títulos. Imediatamente, a convidei para o almoço. Ela ficou encantada de me contar tudo o que sabia e como fazer. Depois do almoço ela passou a tarde me mostrando tudo. No dia seguinte, com seu auxílio, encontrei dois ótimos imóveis e desde então estou recebendo os juros de 16%. Levei um dia para ler o livro e outro para agir, uma hora para almoçar e um dia para fechar dois bons negócios.
- *Participe de cursos, leia e assista a palestras.* Procuro nos jornais cursos novos e interessantes. Muitos são de graça ou baratos. Também pago seminários caros sobre o que quero aprender. Sou rico e não preciso de um emprego devido ao que aprendi. Tenho amigos que não fizeram esses cursos e me dizem que estou perdendo dinheiro enquanto continuam no mesmo emprego.
- *Faça muitas ofertas.* Quando quero um imóvel, procuro muito, e em geral faço uma oferta por escrito. Se você não sabe exatamente quanto oferecer, eu também não. Isso é tarefa do corretor imobiliário. Eles fazem as ofertas. Eu procuro trabalhar o mínimo.

Uma amiga queria que eu lhe mostrasse como comprar apartamentos. Em um sábado, ela, seu corretor e eu visitamos seis edifícios. Quatro eram uma droga, mas dois, interessantes. Aconselhei que ela enviasse por escrito uma proposta para cada um deles, mas oferecendo metade do que os proprietários pediram. Ela e o corretor quase sofreram um infarto. Pensaram que não seria educado, que os proprietários poderiam se sentir ofendidos. Acho mesmo que o corretor não queria tanto trabalho assim, pois não fizeram nada e continuaram procurando um negócio melhor.

Não fizeram ofertas e a pessoa ainda está procurando o negócio certo pelo preço certo. Bom, você não saberá qual é o preço certo até que encontre outra parte que deseja fechar o negócio. A maioria dos vendedores pede muito. É raro que um vendedor peça um preço inferior ao valor do objeto de venda.

Moral da história: faça ofertas. As pessoas que não investem não têm ideia do que é tentar vender alguma coisa. Tive um imóvel que procurei vender durante meses. Teria ficado contente com qualquer proposta. Não estava preocupado com o quão baixo fosse o preço. Eles poderiam ter-me oferecido dez porcos e eu teria ficado feliz. Não pela oferta, mas porque alguém estava interessado. Eu teria feito uma contraproposta, talvez aceitasse uma criação de porcos. Mas é assim que o jogo funciona. O jogo de compra e venda é divertido. Não se esqueça disso. É divertido e é só um jogo. Faça ofertas. Alguém pode dizer sim.

Eu sempre faço ofertas com ressalvas. Em imóveis, faço ofertas com a ressalva de que está "sujeita à aprovação do sócio no negócio". Nunca especifico quem é o sócio no negócio. A maioria das pessoas não sabe que o sócio é o meu gato. Se eles aceitam a oferta e eu não estou disposto a fechar o negócio, ligo para casa e falo com o gato. Faço esta declaração absurda para ilustrar como o jogo é incrivelmente fácil e simples. Gente demais torna as coisas complicadas e demasiadamente sérias.

Descobrir uma boa oferta, o negócio e os investidores certos ou o que quer que seja é como namorar. Você precisa ir ao mercado e falar com um monte de gente, fazer um monte de ofertas, contrapropostas, negociar, rejeitar e aceitar. Conheço solteiros que ficam em casa e esperam que o telefone toque, mas é melhor ir ao mercado, mesmo que seja apenas o supermercado. Procurar, oferecer, rejeitar, negociar e aceitar são partes do processo de quase tudo na vida.

- *Corra, caminhe ou dirija por uma área específica durante dez minutos, uma vez por mês.* Eu encontrei alguns dos meus melhores investimentos imobiliários fazendo isso. Eu vou correr em um determinado bairro ao longo de um ano e observo as mudanças. Para que um negócio seja lucrativo são necessários dois elementos: pechincha e mudança. Há pechinchas aos montes, mas é a mudança que a transforma em uma oportunidade lucrativa. Assim, corro em uma área na qual gostaria de investir. É a repetição que me permite observar pequenas diferenças.

Observo avisos de venda de imóveis que estão lá há muito tempo. Isso significa que o vendedor estará mais disposto a negociar. Observo caminhões de mudança indo e vindo. Paro e converso com os motoristas. Falo com os entregadores de encomendas postais. É impressionante quanta informação eles têm sobre uma área. Descubro uma área ruim, especialmente aquelas em os moradores foram afugentados pelo noticiário. Às vezes, a percorro por um ano à espera de sinais de que algo está mudando para melhor. Falo com os varejistas, especialmente os novos, e descubro por que estão se mudando. Isso leva apenas alguns minutos por mês, e o faço enquanto me ocupo com outra atividade, como correr ou ir a uma loja.

- *Procure pechinchas em todos os mercados.* Os consumidores serão sempre pobres. Quando um supermercado faz uma promoção de, digamos, papel higiênico, o consumidor corre e faz estoque. Quando o mercado de ações faz uma promoção, muitas vezes chamada de crash ou correção, o consumidor foge. Quando o supermercado aumenta os preços, o consumidor compra em outro lugar. Quando o preço das ações sobe, o mesmo consumidor começa a comprá-las. Lembre-se sempre: os lucros são feitos na compra, não na venda.
- *Vá aos lugares certos.* Um vizinho comprou um apartamento por US$100 mil; comprei o apartamento contíguo ao seu por US$50 mil. Ele me disse que estava esperando que os preços subissem. Eu lhe mostrei que o lucro ocorre quando se compra e não quando se vende. Ele comprou um imóvel de uma corretora que não possuía imóveis próprios. Eu comprei o meu no departamento de execuções judiciais de um banco. Paguei US$500 por um curso que me ensinou a fazer isso.

Meu vizinho acreditava que pagar essa quantia por um curso sobre investimentos em imóveis era muito caro. Ele disse que não tinha dinheiro para isso, nem tempo, de modo que está esperando o preço do seu imóvel aumentar.

- *Primeiro ache quem queira comprar. Então, encontre quem deseja vender.* Um amigo estava querendo um terreno. Tinha o dinheiro, mas não tinha tempo. Descobri um terreno maior do que o desejado pelo meu amigo, reservei e liguei para ele, que decidiu ficar com uma parte do terreno. Então vendi para ele e o comprei. Assim, o restante do terreno me saiu de graça. Moral da história: compre o bolo e corte-o em fatias. Muitas pessoas buscam o que está dentro do seu orçamento, têm uma visão limitada. Compram apenas uma fatia do bolo e acabam pagando mais por menos. Pessoas que pensam pequeno perdem grandes oportunidades. Se quiser enriquecer, pense grande.
- *Pense grande.* Os varejistas gostam de dar descontos para grandes quantidades, simplesmente porque a maioria dos homens de negócios adora gente que gasta muito. Assim, mesmo se for pequeno, sempre é possível pensar grande. Quando a minha empresa precisou comprar computadores, liguei para vários amigos perguntando se eles também estariam dispostos a comprar. Então fomos a diversos vendedores e acabamos fechando um bom negócio porque estávamos comprando várias unidades. Já fiz o mesmo com ações. Pessoas pequenas permanecem pequenas porque pensam pequeno, agem sozinhas ou não fazem nada.
- *Aprenda com a história.* Todas as grandes empresas listadas na bolsa começaram como pequenos negócios. O coronel Sanders não ficou rico até ter perdido tudo, aos sessenta anos. Bill Gates era um dos homens mais ricos do mundo antes dos trinta.
- *Aja, a ação sempre vence a prostração.*

Estas são apenas algumas das coisas que fiz e continuo fazendo para reconhecer as oportunidades. As palavras importantes são "fiz" e "faço". Conforme repeti inúmeras vezes ao longo do livro, você precisa agir antes de poder receber as recompensas financeiras. Movimente-se!

SEÇÃO DE ESTUDO

CAPÍTULO 9

AINDA QUER MAIS?
AQUI ESTÃO ALGUMAS POSSIBILIDADES

CAPÍTULO 9

AINDA QUER MAIS? AQUI ESTÃO ALGUMAS POSSIBILIDADES

Resumo

Para os que querem um ponto de partida sobre o que fazer, aqui está, resumidamente, um pouco do que Robert faz.

- *Pare de fazer o que está fazendo.* Faça uma pausa para avaliar o que realmente funciona.
- *Procure novas ideias.* Vá a livrarias e procure livros sobre assuntos únicos e incomuns. O livro *The 16 Percent Solution*, de Joel Moskowitz, ensinou algo novo a Robert e o incentivou a agir.
- *Encontre alguém que realizou o que você deseja.* Chame-o para almoçar e peça dicas e artifícios de negociação.
- *Participe de cursos, leia e assista a palestras.* Robert procura cursos novos e interessantes nos jornais e na internet.
- *Faça muitas ofertas.* Você não sabe o preço certo até que tenha com o que comparar. Muitos vendedores pedem muito. É raro um vendedor que ofereça um preço abaixo do valor de mercado. É divertido, e só um jogo. Faça ofertas. Alguém pode aceitá-las. (E faça ofertas com ressalvas.)
- *Corra, caminhe ou dirija por uma área específica durante dez minutos, uma vez por mês.* Robert encontrou alguns dos seus melhores investimentos imobiliários assim. Corre em um determinado bairro ao longo de um ano e observa as mudanças. Para que um negócio seja lucrativo são necessários dois elementos: pechincha e mudança. Há pechinchas aos montes, mas é a mudança que as transforma em uma oportunidade lucrativa. Isso leva apenas alguns minutos por mês, e ele o faz enquanto se ocupa com outra atividade, como correr ou ir a uma loja.
- *Procure pechinchas em todos os mercados.* Os consumidores serão sempre pobres. Quando um supermercado faz uma promoção de, digamos, papel higiênico, o consumidor corre e faz estoque. Quando o mercado de

ações faz uma promoção, muitas vezes chamada de crash ou correção, o consumidor foge. Lembre-se sempre: os lucros são feitos na compra, não na venda.

- *Vá aos lugares certos.* Um vizinho comprou um apartamento por US$100 mil. Robert comprou o apartamento contíguo ao seu por US$50 mil. Ele lhe disse que estava esperando que os preços subissem. Robert lhe mostrou que o lucro ocorre quando se compra e não quando se vende. Ele comprou um imóvel de uma corretora que não possuía imóveis próprios. Robert comprou o seu no departamento de execuções judiciais de um banco, pagando US$500 por um curso que o ensinou a fazer isso.

O seu vizinho acreditava que pagar essa quantia por um curso sobre investimentos em imóveis era muito caro. Ele disse que não tinha dinheiro para isso, nem tempo, de modo que está esperando o preço do seu imóvel aumentar.

- *Primeiro ache quem queira comprar. Então, encontre quem deseja vender.* Compre o bolo e corte-o em fatias. Muitas pessoas buscam o que está dentro do seu orçamento, têm uma visão limitada. Compram apenas uma fatia do bolo e acabam pagando mais por menos. Pessoas que pensam pequeno perdem grandes oportunidades. Se quiser enriquecer, pense grande.
- *Pense grande.* Os varejistas gostam de dar descontos para grandes quantidades, simplesmente porque a maioria dos homens de negócios adora gente que gasta muito. Mesmo que seja pequeno, você pode se reunir a outros para realizar um bom negócio, porque você quer comprar várias unidades de um objeto determinado. Pessoas pequenas permanecem pequenas porque pensam pequeno, agem sozinhas ou não fazem nada.
- *Aprenda com a história.* Todas as grandes empresas listadas na bolsa começaram como pequenas empresas. O coronel Sanders não ficou rico até ter perdido tudo, aos sessenta anos. Bill Gates era um dos homens mais ricos do mundo antes dos trinta.
- *Aja, a ação sempre vence a prostração.* Você precisa agir antes de ser financeiramente recompensado. Movimente-se!

Questões Adicionais

Agora é o momento de usar as histórias deste capítulo para entender o que Robert estava dizendo, e aplicá-las a você e sua vida. Faça a si mesmo as perguntas abaixo e as discuta com o seu parceiro de estudos. Seja honesto consigo mesmo e com seu parceiro. Se não gostar das respostas que der, pergunte a si mesmo se está disposto a mudar e aceitar o desafio de transformar seus pensamentos e mentalidade:

1. Essa lista de coisas a fazer o inspira ou intimida?
2. Que ações da lista apresentada você está pronto para tomar?
3. Após ler a lista, quais itens em que ainda não tinha pensado ou que são altamente funcionais se destacam? Que medidas pode tomar para torná-los reais na sua vida?

NOTAS

IDEIAS FINAIS

Eu gostaria de compartilhar algumas ideias finais com você.

A principal razão que me fez escrever este livro, e também a razão pela qual ele é um best-seller desde 2000, foi a de partilhar percepções sobre empregar a inteligência financeira para resolver muitos dos problemas cotidianos. Sem treinamento financeiro, frequentemente recorremos a fórmulas padronizadas para levar a vida: como trabalhar com afinco, poupar, fazer empréstimos e pagar impostos demais. Hoje, mais do que nunca, precisamos de mais informação.

Recorrerei a uma história como exemplo de um problema financeiro com que se deparam tantas famílias em nossos dias. Como você pode proporcionar boa formação para seus filhos e se preparar para sua própria aposentadoria? Isso requer o uso da inteligência financeira em vez de trabalhar arduamente para atingir o mesmo objetivo.

Um amigo meu reclamava de como era difícil poupar para garantir o pagamento da faculdade dos seus filhos. Ele aplicava US$300 todo mês em um fundo mútuo e já tinha acumulado US$12 mil. Ele tinha doze anos para conseguir isso, pois o filho mais velho estava então com seis anos.

Na época, o mercado de imóveis de Phoenix estava péssimo. As pessoas estavam se desfazendo das suas casas. Sugeri ao meu colega que comprasse uma casa com parte do dinheiro acumulado no seu fundo mútuo. A ideia o deixou intrigado e começamos a discutir a possibilidade. Sua grande preocupação era que não tinha crédito no banco para comprar outra casa, já que estava muito endividado. Eu lhe assegurei de que havia outras formas de financiar imóveis, sem recorrer ao banco.

Durante duas semanas, procuramos uma casa que se encaixasse nos critérios que estabelecêramos. Havia muitas a escolher, então foi bastante divertido.

Finalmente, encontramos uma casa de três quartos e dois banheiros em um bom bairro. O proprietário tinha sido demitido da empresa e precisava vender naquele dia, pois ele e a família estavam de mudança para a Califórnia, onde outro emprego o aguardava. O proprietário queria US$102 mil, mas oferecemos apenas US$79 mil. Ele aceitou imediatamente e concordou em fazer o financiamento com 10% de entrada. Tudo o que meu amigo precisou desembolsar foram US$7.900. Assim que o antigo proprietário se mudou, meu amigo alugou a casa. Depois de pagar todas as despesas, incluindo o financiamento, meu amigo recebia US$125 mensais.

Seu plano era ficar com a casa por doze anos, acelerando o pagamento do financiamento com aqueles US$125 ao mês. Imaginamos que ao fim desse tempo a maior parte do financiamento estaria quitada e ele teria uns US$800 líquidos mensais na época em que o primeiro filho entrasse na faculdade. Se a casa se valorizasse, também seria possível vendê-la.

Três anos depois, o mercado de imóveis de Phoenix registrou uma súbita recuperação, e o inquilino que morava na casa e gostava muito dela lhe ofereceu US$156 mil. Novamente, meu amigo me perguntou o que eu achava, e o aconselhei a vendê-la, recorrendo ao mecanismo de diferimento de imposto da Seção 1.031.

De repente, ele tinha cerca de US$80 mil para fazer alguma coisa. Liguei para outro amigo, em Austin, no Texas, que pegou esse dinheiro e o aplicou em uma sociedade limitada de uma empresa que estava montando. Dentro de três meses, meu amigo passou a receber mensalmente cerca de US$1 mil, que ele imediatamente aplicava no fundo mútuo.

Dois anos depois, a pequena empresa foi vendida, meu amigo recebeu cerca de US$330 mil pela sua parte. Ele os reinvestiu em um novo projeto de uma amiga, rendendo agora cerca de US$3 mil mensais, que eram novamente aplicados no fundo mútuo. Agora ele está confiante de que seu objetivo será alcançado mais facilmente.

Bastaram os US$7.900 para começar e um pouco de inteligência financeira. Seus filhos poderão ter a instrução que desejam e ele poderá usar o ativo remanescente, mediante sua sociedade anônima, para financiar sua aposentadoria. Em decorrência de sua estratégia de investimento bem-sucedida, ele poderá se aposentar mais cedo.

Obrigado por ler este livro. Espero que lhe tenha oferecido algumas percepções quanto à utilização do poder de o dinheiro trabalhar para você. Hoje, precisamos de mais inteligência financeira simplesmente para sobreviver. A ideia de que é preciso dinheiro para ganhar dinheiro é o pensamento das pessoas sem sofisticação financeira. Não quer dizer que não sejam inteligentes. Elas simplesmente não aprenderam a ciência de ganhar dinheiro.

O dinheiro é apenas uma ideia. Se quer mais dinheiro, simplesmente mude sua forma de pensar. Toda pessoa que se fez por si própria começou com uma ideia pequena que transformou em algo grandioso. O mesmo ocorre com o investimento. São necessários apenas alguns dólares para começar e crescer até conseguir algo maior. Já encontrei muita gente que passa a vida buscando a oportunidade perfeita ou tentando acumular dinheiro para entrar em um grande negócio, mas isso me parece tolice. Vi muitos investidores sem sofisticação colocarem grandes poupanças em um negócio e perderem quase tudo rapidamente. Eles podem ter sido bons trabalhadores, mas não foram bons investidores.

Instrução e conhecimento sobre dinheiro são importantes. Comece cedo. Compre um livro. Participe de um seminário. Pratique. Comece em pequena escala. Transformei US$5 mil em dinheiro em um ativo de US$1 milhão que gerou um fluxo de caixa de US$5 mil mensais em menos de seis anos. Mas comecei a aprender desde garoto. Incentivo você a aprender, porque não é tão difícil assim. De fato, é até fácil, uma vez que se pega o jeito da coisa.

Penso que a minha mensagem tenha ficado clara. É o que está na sua mente que determina o que estará nas suas mãos. O dinheiro é só uma ideia. Há um livro de Napoleon Hill chamado *Quem Pensa Enriquece*. O título do livro não é *Quem Trabalha Arduamente Enriquece*. Aprenda a fazer o dinheiro trabalhar com afinco para você e sua vida será mais fácil e mais feliz. Nos dias de hoje, não procure segurança. Seja esperto.

As Três Rendas

No mundo da contabilidade, existem três tipos diferentes de renda:

1. Auferida
2. De portfólio
3. Passiva

Quando o meu pai pobre me dizia: "Vá para a escola, tire boas notas e ache um emprego seguro", recomendava que eu trabalhasse pela renda auferida. Meu pai rico, ao dizer: "Os ricos não trabalham por dinheiro. Fazem com que o dinheiro trabalhe para eles", se referia à renda passiva e à de portfólio. A renda passiva, em muitos casos, deriva de investimentos em imóveis. A renda de portfólio é proveniente de ativos de papel, tais como ações e títulos. Foi esse tipo de renda que tornou Bill Gates o homem mais rico do mundo, não a auferida.

O pai rico falava: "O segredo para se tornar rico é a habilidade de converter a renda auferida em passiva e de portfólio o mais rápido possível." Ele dizia: "Os impostos são maiores sobre a renda auferida. A passiva é a renda menos tributada. Esta é outra razão para fazê-lo querer que o dinheiro trabalhe arduamente para você. O governo tributa mais a renda pela qual trabalha arduamente do que a que seu dinheiro produz com afinco para você."

Em meu outro livro, *Independência Financeira*, explico os quatro diferentes tipos de pessoas que integram o mundo dos negócios. São E (Empregados), A (Autônomos ou proprietários de pequenas empresas), D (Donos de grandes negócios) e I (Investidores). Muitas pessoas vão para a escola aprender a se tornar E ou A. *Independência Financeira* fala sobre as diferenças cruciais desses quatro tipos e como as pessoas podem mudar de quadrante. Na verdade, a maior parte dos nossos produtos foram desenvolvidos para pessoas nos quadrantes D e I.

Em *O Guia de Investimentos*, outro livro da série *Pai Rico*, detalho a importância de se converter a renda auferida em passiva ou de portfólio. O pai rico dizia: "Tudo o que um investidor profissional faz é transformar a renda auferida em passiva e de portfólio. Se sabe o que está fazendo, investir não é arriscado. É algo corriqueiro."

20 Anos Atrás...

MISSÃO: EDUCAÇÃO FINANCEIRA

Novos livros da série Pai Rico de que você vai gostar:
O Negócio do Século XXI
Escola de Negócios
Profecias do Pai Rico

O Segredo para a Independência Financeira

O segredo para a independência financeira e a grande riqueza é a habilidade pessoal de converter a renda auferida em passiva ou de portfólio. O meu pai rico gastou muito tempo ensinando a Mike e a mim essa habilidade. Dominá-la foi o que tornou minha mulher, Kim, e eu financeiramente independentes, sem nunca precisar trabalhar novamente. Continuamos trabalhando por opção. Hoje, temos uma empresa de investimentos imobiliários para gerar renda passiva e participamos de colocações privadas e ofertas públicas iniciais (IPO) de ações para gerar renda de portfólio.

Também voltamos a trabalhar para construir uma empresa de educação financeira, para que possamos continuar a criar e publicar livros e jogos. Todos os nossos produtos educativos são criados para ensinar as mesmas habilidades que o pai rico me ensinou, de converter renda auferida em passiva e de portfólio.

Os jogos que criamos são importantes porque ensinam o que os livros não conseguem. Por exemplo, você nunca aprenderia a andar de bicicleta somente lendo um livro. Nossos jogos *CASHFLOW®* e o *CASHFLOW® for Kids*, versão para crianças, foram desenvolvidos para ensinar aos jogadores as habilidades básicas de investimento para converter renda auferida em passiva e de portfólio. Eles ensinam os princípios da contabilidade e da proficiência financeira. Estes jogos são os únicos produtos educativos no mundo que ensinam às pessoas todas essas habilidades simultaneamente.

Você pode jogar o* CASHFLOW® *clássico online em www.richdad.com, (conteúdo em inglês) e aprender a converter renda auferida em passiva ou de portfólio

---

O *CASHFLOW® 202* é a versão avançada do *CASHFLOW® 101*, e requer tanto o jogo anterior quanto o seu entendimento, antes de ser jogado. O *CASHFLOW® 101* e o *CASHFLOW® for Kids* ensinam os fundamentos básicos do investimento. O *CASHFLOW® 202* ensina os princípios do investimento técnico. O investimento técnico envolve estratégias avançadas de negócios, tais como venda a descoberto, opções de compra e venda e *straddles*[1]. Uma pessoa que entende estas técnicas avançadas é capaz de ganhar dinheiro tanto com o mercado em alta quanto em baixa. Como o meu pai rico dizia: "Um investidor de verdade faz dinheiro em um mercado em ascensão ou em queda. É por isso que ganha muito dinheiro." Uma das razões pelas quais eles fazem muito dinheiro é simplesmente porque têm mais autoconfiança. O pai rico falava: "Eles têm mais autoconfiança porque têm menos medo de perder." Em outras palavras, o investidor mediano não ganha tanto dinheiro porque tem medo de perder dinheiro. O investidor mediano não sabe como se proteger das perdas, e é isso o que o *CASHFLOW® 202* ensina.

Investidores medianos pensam que investir é arriscado porque não foram formalmente treinados para ser investidores profissionais. Como Warren Buffett, o investidor norte-americano mais rico, diz: "O risco vem de não saber o que está fazendo." Meus jogos de tabuleiro ensinam o básico do investimento fundamental e do investimento técnico enquanto diverte as pessoas.

Eventualmente, ouço alguém dizer: "Seus jogos educativos são caros", o que coloca a questão do retorno sobre investimento (ROI), ou do valor que retorna após se pagar o preço. Concordo com a cabeça e respondo: "Sim, podem ser caros, especialmente se comparados aos jogos de tabuleiro de entretenimento. Mas os meus jogos não são tão caros quanto uma formação universitária, trabalhar arduamente por toda uma vida por renda auferida, pagar impostos excessivos e então viver o terror de perder todo seu dinheiro nos mercados de investimento."

Quando alguém murmura hesitante sobre o preço, posso ouvir meu pai rico dizendo: "Se quiser ficar rico, deve saber por que tipo de renda trabalhar com afinco, como manter e protegê-la das perdas. Este é o segredo da grande riqueza." O pai rico também dizia: "Se não entender a diferença entre esses três tipos de renda e não aprender as habilidades de como adquirir e protegê-las, você provavelmente vai passar a vida toda ganhando menos do que poderia e trabalhando mais arduamente do que precisaria."

O meu pai pobre pensava que uma boa educação, um emprego digno e anos de trabalho árduo eram tudo de que você precisava para ser bem-sucedido. O meu pai rico também pensava que uma educação consistente era importante.

---

[1] Estratégia de operação no mercado financeiro que consiste em realizar um número igual de transações com as mesmas opções de compra e venda nas condições contratuais, como objeto, preço de exercício e prazo de vencimento. (N. E.)

Mas para ele era igualmente importante que Mike e eu soubéssemos as diferenças entre as três rendas e em qual investir os nossos esforços. Para ele, isso era a educação financeira básica. Conhecer as diferenças entre as três rendas e aprender as habilidades de investimento e de como obtê-las são a formação básica para qualquer um que se dedique a adquirir uma grande riqueza e alcançar sua independência financeira — um tipo especial de liberdade, que apenas uns poucos conhecerão. Como o pai rico afirmou na Lição #1: "Os ricos não trabalham por dinheiro. Sabem como fazê-lo trabalhar para eles."

O pai rico dizia: "A renda auferida é o dinheiro pelo qual você trabalha, enquanto a passiva e a de portfólio são o dinheiro trabalhando para você." Entender essa pequena diferença foi crucial na minha vida. Ou, como Robert Frost termina seu poema: "E foi o que fez toda a diferença."

Movimente-se!

Todos receberam dois grandes dons: sua mente e seu tempo. Cabe a você fazer o que quiser com ambos. Você, e só você, tem o poder de determinar o destino de cada centavo que chega às suas mãos. Gaste totalmente seu dinheiro, você escolheu ser pobre. Gaste-o com passivos, e fará parte da classe média. Invista-o em sua mente e aprenda a adquirir ativos, e estará escolhendo a riqueza como seu objetivo e seu futuro. A escolha é sua e apenas sua. A cada dia, a cada centavo, você decide ser rico, pobre ou de classe média.

Escolha dividir este conhecimento com os seus filhos e você os estará preparando para o mundo que os aguarda. Ninguém mais o fará.

Seu futuro e o dos seus filhos serão determinados pelas escolhas que você faz hoje, não amanhã.

Desejamos para você muita riqueza e muita felicidade com este fabuloso dom chamado vida.

— *Robert Kiyosaki*

SEÇÃO DE ESTUDO

IDEIAS FINAIS

IDEIAS FINAIS

Resumo

A principal razão que fez Robert escrever este livro foi a de partilhar percepções quanto à maneira como uma maior inteligência financeira pode ser empregada para resolver muitos dos problemas comuns da vida.

Ele mostra um exemplo de como um amigo, preocupado em economizar dinheiro suficiente para a educação universitária dos seus filhos, conseguiu transformar uma entrada de US$7.900 em uma casa, em Phoenix, em um projeto que poucos anos depois gerava US$3 mil de renda mensal. Precisou de um pouco de dinheiro para começar, e de inteligência financeira.

Educação e sabedoria financeiras são importantes. Comece cedo. Compre um livro. Frequente seminários. Pratique. Comece pequeno. O que está na sua mente determina o que estará nas suas mãos. O dinheiro é só uma ideia.

No mundo da contabilidade, existem três tipos de renda: auferida, de portfólio e passiva. A última, na maioria das vezes, deriva de imóveis e investimentos. A renda de portfólio é proveniente de ativos de papéis, como ações e títulos.

Os impostos são maiores sobre a renda auferida e menores sobre a passiva. Como o pai rico dizia: "O governo tributa mais a renda proveniente do trabalho árduo do que aquela vinda do dinheiro que trabalha para você."

Em outro livro de Robert, *Independência Financeira*, ele mostra os quatro diferentes tipos de pessoas que integram o mundo dos negócios — E (Empregados), A (Autônomos ou pequenos empresários), D (Donos de grandes negócios) e I (Investidores) — e como as pessoas podem mudar de quadrante.

Em *O Guia de Investimentos*, Robert esmiúça a importância de se converter renda auferida em passiva e de portfólio.

Os jogos de tabuleiro de Robert e Kim dão seguimento a esses ensinamentos, ensinando o que o livro não consegue. Os jogos *CASHFLOW®* e *CASHFLOW® for Kids*, versão para crianças, foram desenvolvidos para ensinar aos jogadores as habilidades básicas de investimento e a converter renda auferida em passiva e de portfólio. Eles também ensinam os fundamentos da contabilidade e da proficiência financeira.

O *CASHFLOW® 202* é a versão avançada do *CASHFLOW® 101*, e ensina os princípios do investimento técnico. Este tipo de investimento envolve estratégias avançadas de venda a descoberto, opções de compra e venda e *straddles*. Uma pessoa que entenda essas técnicas avançadas é capaz de ganhar dinheiro com o mercado em alta ou em queda.

Saber as diferenças entre os três tipos de renda e aprender as habilidades de investimento para adquiri-las são a formação básica para quem deseja uma grande riqueza e conquistar a independência financeira — um tipo especial de liberdade, a que somente alguns terão acesso.

Todos receberam dois grandes dons: sua mente e seu tempo. Cabe a você fazer o que quiser com ambos. Você, e só você, tem o poder de determinar o destino de cada centavo que chega às suas mãos. A cada dia, a cada centavo, você decide ser rico, pobre ou de classe média. Escolha dividir este conhecimento com seus filhos e você os estará preparando para o mundo que os aguarda.

Questões Adicionais

1. Qual é a primeira coisa que fará ao terminar este guia de estudos?
2. O que está esperando?

NOTAS

NOTAS

Sobre o Autor
Robert Kiyosaki

Mais conhecido como o autor de *Pai Rico, Pai Pobre* — apontado como o livro nº 1 de finanças pessoais de todos os tempos — Robert Kiyosaki revolucionou e mudou a maneira de pensar em dinheiro de dezenas de milhões de pessoas ao redor do mundo. Ele é um empreendedor, educador e investidor que acredita que o mundo precisa de mais empreendedores para criar empregos.

Com pontos de vista sobre dinheiro e investimento que normalmente contradizem a sabedoria convencional, Robert conquistou fama internacional por sua narrativa direta, irreverência e coragem e se tornou um defensor sincero e apaixonado da educação financeira.

Robert e Kim Kiyosaki são os fundadores da *Rich Dad*, uma empresa de educação financeira, e os criadores dos jogos *CASHFLOW*®. Em 2014, a empresa aproveitou o sucesso global dos jogos da *Rich Dad* para lançar uma nova versão revolucionária de jogos online e para celulares.

Robert tem sido considerado um visionário que tem o talento de simplificar conceitos complexos — ideias relacionadas a dinheiro, investimentos, finanças e economia — e tem compartilhado sua jornada pessoal rumo à independência financeira de uma forma que encanta o público de todas as idades e histórias de vida. Seus princípios fundamentais e mensagens — como "sua casa não é um ativo" e "invista para um fluxo de caixa" e "poupadores são perdedores" — despertaram uma enxurrada de críticas e zombaria... para depois invadir o cenário do mundo da economia ao longo da última década de forma perturbadora e profética.

Seu ponto de vista é de que o "velho" conselho — arrume um bom trabalho, poupe dinheiro, saia das dívidas, invista em longo prazo em uma carteira diversificada — se tornou obsoleto na acelerada Era da Informação. As mensagens e filosofias do pai rico desafiam o "status quo". Seus ensinamentos estimulam as pessoas a se tornarem financeiramente proficientes e a assumir um papel ativo para investir em seu futuro.

Autor de diversos livros, incluindo o sucesso internacional *Pai Rico, Pai Pobre*, Robert participa frequentemente de programas midiáticos ao redor do mundo — desde *CNN, BBC, Fox News, Al Jazeera, GBTV e PBS, a Larry King Live, Oprah, Peoples Daily, Sydney Morning Herald, The Doctors, Straits Times, Bloomberg, NPR, USA TODAY,* e centenas de outros — e seus livros frequentam o topo da lista dos mais vendidos há mais de uma década. Ele continua a ensinar e inspirar o público do mundo inteiro.

Para saber mais, visite www.seriepairico.com ou o site original, em inglês, acessando www.richdad.com

BÔNUS

SEÇÃO ESPECIAL

Nota do Editor

Novos Tempos

Houve muitas mudanças na economia e no cenário financeiro desde que *Pai Rico, Pai Pobre* foi publicado pela primeira vez, em 1997. Vinte anos atrás, Robert Kiyosaki desafiou a sabedoria convencional com sua afirmação ousada de que "sua casa não é um ativo". Seus pontos de vista controversos sobre dinheiro e investimentos foram recebidos com indignação e críticas.

Em 2002, em *Profecias do Pai Rico,* aconselhou que nos preparássemos para uma quebra do mercado financeiro. Em 2006, Robert uniu forças com Donald Trump para escrever *Nós Queremos que Você Fique Rico*, um livro inspirado pela preocupação de ambos com o encolhimento da classe média norte-americana.

Robert continua sendo um defensor apaixonado da importância e do poder da educação financeira. Hoje, na esteira do fiasco do financiamento de alto risco, do recorde nas retomadas de imóveis pelos bancos e do colapso econômico global que ainda nos rodeia, suas palavras não são só proféticas, mas esclarecedoras. Muitos céticos passaram a acreditar nisso.

Na preparação da reedição do livro *Independência Financeira*, Robert percebeu duas coisas: que sua mensagem e ensinamentos resistiram ao teste do tempo, e que o cenário de investimentos, o mundo em que os investidores operam, mudou drasticamente. Essas mudanças afetaram, e continuarão a afetar, aqueles que estão no quadrante I (Investidores) e alimentaram sua decisão de atualizar uma parte importante do livro *Independência Financeira* — Capítulo 5: Os Cinco Níveis de Investidores.

SUMÁRIO

Prefácio
QUAL É SEU OBJETIVO?

"O que você quer ser quando crescer?" Esta é uma pergunta que foi feita à maioria de nós.

Tinha muitos interesses quando era criança, e foi fácil de escolher. Se parecia empolgante e arrebatador, eu queria. Eu quis ser biólogo marinho, astronauta, marinheiro, oficial náutico, piloto e jogador de futebol.

Tive a sorte de alcançar três desses objetivos: oficial dos Fuzileiros Navais, oficial náutico e piloto.

Eu sabia que não queria me tornar professor, escritor ou contador. Não queria ser professor porque não gosto de escolas. Não queria ser escritor porque fui reprovado duas vezes em inglês. E desisti do meu MBA porque não suportava contabilidade.

Ironicamente, agora que cresci, me tornei tudo o que nunca pretendi. Embora não goste de escolas, hoje sou proprietário de uma empresa educacional. Leciono por todo o mundo porque amo ensinar. Mesmo tendo sido reprovado duas vezes em inglês porque não sabia escrever corretamente, hoje sou mais conhecido como escritor. Meu livro, *Rich Dad, Poor Dad*, ficou na lista de best-sellers do *New York Times* por mais de sete anos e é um dos três livros mais lidos nos Estados Unidos. Os únicos livros que estão na frente são *The Joy of Sex*, de Alex Comfort, e *The Road Less Travelled*, de Scott Peck. Acrescentando mais uma ironia, *Pai Rico, Pai Pobre* e o meu jogo de tabuleiro *CASHFLOW*® são sobre contabilidade, outro assunto com o qual que tive que lutar.

Mas o que isso tem a ver com a pergunta: "Qual é seu objetivo de vida?"

A resposta está na simples, mas profunda, afirmação de um monge vietnamita, Thich Nhat Hanh: "O caminho é o objetivo." Em outras palavras, o objetivo é encontrar o seu caminho. Não é sua profissão, quanto dinheiro faz, seus títulos ou seus sucessos e fracassos.

Encontrar o seu caminho significa descobrir sua missão na Terra. Qual é o propósito da sua vida? Por que essa dádiva chamada vida lhe foi dada? E qual o dom com que você a retribui?

Olhando para trás, sei que frequentar a escola não se tratava de encontrar o meu caminho na vida. Passei quatro anos na escola militar, estudando e treinando para ser um oficial náutico. Se tivesse construído uma carreira navegando para a *Standard Oil* em seus petroleiros, nunca teria encontrado o meu caminho. Se tivesse ficado nos Fuzileiros Navais ou ido voar em linhas aéreas comerciais, também nunca o teria achado.

Se tivesse permanecido como oficial náutico ou me tornado um piloto comercial, nunca teria me tornado um autor internacional de best-seller, sido convidado ao *Oprah*, escrito um livro com Donald Trump ou começado uma empresa global de educação que ensina empreendedorismo e investimentos em todo o mundo.

Encontre o Seu Caminho

Este livro, *Independência Financeira*, é importante porque trata de encontrar o seu caminho na vida. Como você sabe, muitas pessoas são programadas desde cedo na vida para "ir para a escola e arrumar um emprego". A escola ensina a encontrar um trabalho nos lados E ou A do quadrante. Não ensina a encontrar o seu caminho.

Percebi que existem pessoas que, no começo das suas vidas, não sabem exatamente o que farão. Crescem pensando que se tornarão médicos, advogados, músicos, golfistas ou atores. Todos ouvimos sobre crianças prodígio, com talentos excepcionais. Contudo, você pode notar, essas são profissões, não necessariamente caminhos.

Então, Como Alguém Encontra o Seu Caminho?

A minha resposta é: "Eu gostaria de saber. Se pudesse agitar minha varinha mágica para que você encontrasse magicamente o seu, eu o faria."

Como não tenho uma varinha mágica nem posso lhe dizer o que fazer, o melhor que posso fazer é lhe falar o que fiz. E o que fiz foi seguir a minha intuição, o meu coração e ter coragem. Por exemplo, em 1973, voltando da guerra, quando o meu pai pobre sugeriu que eu retornasse à escola, tirasse notas altas e trabalhasse para o governo, o meu cérebro ficou paralisado, o meu coração, pesado, e a minha determinação dizia: "De maneira alguma."

Quando ele sugeriu que eu conseguisse meu antigo emprego de volta na *Standard Oil* ou me tornasse piloto comercial, novamente, minha mente, meu coração e a minha determinação disseram não. Sabia que estava recusando navegar e voar, mesmo sendo boas profissões e que pagam muito bem.

Em 1973, aos 26 anos, eu tinha crescido. Tinha seguido o conselho dos meus pais e ido para a escola, recebido o meu diploma e tinha duas profissões: uma licença de oficial náutico e uma para voar. O problema era que aqueles eram empregos e sonhos de uma criança.

Aos 26, era maduro o bastante para saber que a educação é um processo. Por exemplo, quando queria ser um oficial náutico, fui para a escola de formação. E, quando quis aprender a voar, fui para a escola de voo, um processo de dois anos para formar pilotos. Estava cauteloso a respeito do meu processo educacional seguinte. Eu queria saber o que estava me tornando antes de começá-lo.

Escolas tradicionais tinham sido boas para mim. Eu tinha exercido as profissões dos meus sonhos de criança. Alcançar a vida adulta era confuso, porque não havia alguém dizendo: "Este é o caminho." Eu sabia o que eu *não* queria fazer, mas não sabia o que *queria*.

Seria bem simples se eu desejasse uma nova profissão. Se quisesse ser um médico, iria para a faculdade de medicina. Se desejasse ser um advogado, cursaria direito. Mas eu sabia que havia mais vida do que apenas ir para a universidade obter outro diploma de graduação.

Não percebi isso na época; mas, aos 26 anos, estava procurando o meu caminho, não a minha próxima profissão.

Uma Educação Diferente

Em 1973, meu último ano de atividade voando pelos Fuzileiros Navais, quando aterrissei perto de casa, no Havaí, sabia que queria seguir os passos do meu pai rico. Ainda na Marinha, me inscrevi em cursos de imóveis e negócios de final de semana, me preparando para virar um empresário nos quadrantes D e I.

Ao mesmo tempo, por recomendação do amigo de um amigo, ingressei em um curso de desenvolvimento pessoal, esperando encontrar quem eu realmente era. Um curso de desenvolvimento pessoal não segue um padrão convencional de educação porque eu não buscava créditos nas disciplinas. Eu não sabia o que aprenderia, assim como quando entrei no curso de imóveis. Tudo o que eu sabia era que havia chegado a hora de fazer um curso para me encontrar.

No meu primeiro final de semana de curso, a instrutora desenhou este diagrama simples no quadro-negro:

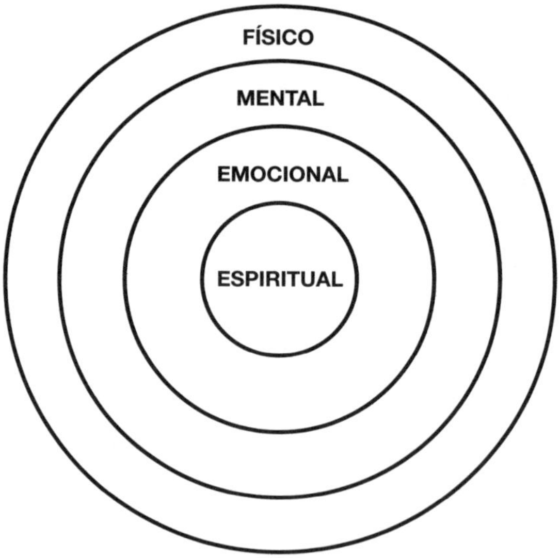

Com o diagrama completo, a instrutora se virou, e disse: "Para nos tornarmos um ser humano integral, precisamos de educação física, mental, emocional e espiritual."

Ao ouvir sua explicação, ficou claro para mim que a escola tradicional tratava prioritariamente de desenvolver mentalmente os alunos. É por isso que muitos estudantes que vão bem na escola não o fazem no mundo real, especialmente no mundo do dinheiro.

Conforme o curso avançava pelo final de semana, descobri por que eu não gostava de escolas. Percebi que amava aprender, mas odiava a instituição.

A educação clássica é um ótimo ambiente para alunos "A", mas não era o contexto para mim. O ensino tradicional destruía o meu espírito, tentando me motivar com a emoção do medo: de cometer erros, de falhar e de não encontrar um trabalho. Eles me programavam para ser um empregado nos quadrantes E ou A. Percebi que a educação convencional não é o lugar para a pessoa que deseja ser um empresário nos quadrantes D e I.

Pode ser por isso que muitos empresários nunca terminam a escola — como Thomas Edison, o fundador da General Electric; Henry Ford, da Ford Motor Company; Steve Jobs, da Apple; Bill Gates, da Microsoft; Walt Disney, da Disneyland e Mark Zuckerberg, do Facebook.

No decorrer do dia, conforme a instrutora se aprofundava naqueles quatro tipos de desenvolvimento pessoal, percebi que gastei a maior parte da minha vida em ambientes educacionais muito rígidos. Depois de quatro anos em uma academia militar masculina e de cinco como piloto da Marinha, eu estava extremamente forte em termos emocionais e espirituais. Como piloto da Marinha, era forte mental e fisicamente, mas só tinha desenvolvido o meu lado masculino. Não tinha um lado delicado, uma energia feminina. Afinal, fui treinado para ser um oficial dos Fuzileiros Navais, emocionalmente estável sob pressão, preparado para matar, e espiritualmente preparado para morrer pelo meu país.

Se já viu o filme *Top Gun — Ases Indomáveis*, estrelado por Tom Cruise, tem uma ideia do universo masculino e da bravata dos pilotos militares. Amo aquele universo. Eu estaria bem nele. Era uma realidade atualizada de cavaleiros e gladiadores. Não era para covardes.

No seminário, mergulhei nas minhas emoções e rapidamente atingi o meu espírito. Eu chorei muito, porque tinha muito pelo que chorar. Tinha feito e visto coisas que ninguém nunca deveria ser convidado a fazer. Durante o seminário, abracei um homem, algo que nunca tinha feito antes, nem com o meu pai.

No domingo à noite, estava difícil de deixar aquele workshop de desenvolvimento pessoal. O seminário fora um ambiente gentil, acolhedor e franco. Na segunda-feira de manhã, foi um choque ser cercado por pilotos egoístas, dedicados a voar, matar e morrer pelo seu país.

Depois daquele seminário do final de semana, eu sabia que era hora de mudanças. Sabia que me desenvolver emocional e espiritualmente como uma pessoa mais amável, gentil e compassiva era a coisa mais difícil que eu poderia fazer. Isso foi de encontro a todos os meus anos na academia militar e na escola de voo.

Nunca retornei para a educação tradicional novamente. Não desejava estudar para atingir determinadas graduações, boas notas, promoções ou diplomas de novo. A partir de então, se frequentasse um curso ou escola, seria para aprender e me tornar uma pessoa melhor. Não estava perseguindo graduações, notas ou diplomas.

Crescendo em uma família de professores, as suas notas, o ensino médio, a universidade em que se formou e as suas pós-graduações eram tudo. Como as medalhas e fitas no peito de um piloto da Marinha, pós-graduações e escolas renomadas eram o status e as listras que os educadores usavam nas suas mangas. Em suas mentes, as pessoas que não haviam terminado o ensino médio eram sujas, almas perdidas da vida. Os que tinham mestrado olhavam com superioridade para os que eram apenas bacharéis. Aqueles com titulação de PhD eram reverenciados. Aos 26 anos, eu sabia que nunca mais voltaria àquele mundo.

Nota do editor: em 2009, Robert recebeu um PhD honoris causa *em empreendedorismo, do prestigiado San Ignacio de Loyola, em Lima, no Peru. Os outros poucos recebedores deste prêmio são líderes políticos, como o ex-presidente da Espanha José Luis Rodríguez Zapatero.*

Encontrando o Meu Caminho

Sei o que alguns de vocês estão se perguntando agora: "Por que ele está gastando tanto tempo falando sobre cursos educacionais que fogem ao padrão?"

A razão é que esse primeiro seminário de desenvolvimento pessoal reavivou o meu amor pelo aprendizado, mas não aquele pregado pela escola. Assim que o seminário acabou, me tornei um viciado em seminários, indo a vários, descobrindo mais sobre a conexão entre *meu* corpo, *minha* mente, *minhas* emoções e *meu* espírito.

Quanto mais estudava, mais curioso ficava sobre a educação tradicional. Comecei a fazer perguntas como:

- Por que tantas crianças odeiam a escola?
- Por que tão poucas gostam?
- Por que há tantas pessoas altamente instruídas e malsucedidas no mundo real?
- A escola prepara você para o mundo real?
- Por que odeio escolas, mas amo ensinar?
- Por que a maioria dos professores é pobre?
- Por que as escolas nos ensinam tão pouco sobre dinheiro?

Estas perguntas me levaram a me tornar um estudante da educação fora dos muros sagrados do sistema escolar. Quanto mais estudava, mais entendia por que eu não gostava de escolas e por que elas não são úteis para a maioria dos seus alunos, mesmo aqueles nota "A".

A minha curiosidade tocou o meu espírito, e me tornei um empresário educacional. Se não fosse por essa curiosidade, talvez nunca tivesse me tornado escritor e desenvolvedor de jogos educativos. A minha educação espiritual me conduziu ao meu caminho na vida.

Parece que o nosso caminho não é encontrado na nossa mente. O nosso caminho está no nosso coração.

Isso significa que uma pessoa não consegue encontrar o seu caminho no ensino convencional. Tenho certeza de que muitas conseguem. Estou apenas dizendo que eu não o teria feito na escola tradicional.

Por que um Caminho É Importante?

Todos nós conhecemos pessoas que ganham muito dinheiro, mas odeiam seu trabalho. Também conhecemos muitas que ganham pouco, e também detestam o que fazem. E conhecemos, ainda, aquelas que só trabalham por dinheiro.

Um colega de classe da Academia de Marinha Militar também percebeu que não queria passar sua vida no mar. Em vez de navegar pelo resto da vida, ingressou na faculdade de direito após a formatura na academia militar, gastando três anos antes de se tornar advogado e virar um autônomo do quadrante A.

Morreu com cinquenta e poucos anos. Ele se tornou um advogado muito bem-sucedido, mas infeliz. Como eu, tinha duas profissões aos 26 anos. Embora odiasse ser advogado, seguiu a carreira porque tinha família, filhos, um financiamento imobiliário e contas a pagar.

Um ano antes de morrer, eu o encontrei em uma reunião da turma, em Nova York. Era um homem amargo. "Tudo o que faço é ir atrás de caras ricos como você. Não me pagam nada. Odeio o que faço e as pessoas para quem trabalho."

"Por que não faz outra coisa?", perguntei.

"Não posso parar de trabalhar. A minha primeira filha está entrando na faculdade."

Ele morreu de infarto antes que ela concluísse a graduação.

Ele ganhou muito dinheiro com seu treinamento profissional, mas era emocionalmente irritado, espiritualmente morto e logo seu corpo o acompanhou.

Sei que este é um exemplo extremo. Muitas pessoas não odeiam tanto o que fazem quanto o meu amigo. Porém, isso mostra o problema de quando uma pessoa está atada a uma profissão e não consegue encontrar seu caminho.

Para mim, essa é a deficiência da educação clássica. Milhões de pessoas saem da escola só para se tornar prisioneiras de trabalhos dos quais não gostam. Elas sabem que algo foi perdido nas suas vidas. Muitos são também pegos na armadilha financeira, ganhando somente o suficiente para sobreviver, querendo ganhar mais, mas sem saber como fazê-lo.

Sem a consciência dos outros quadrantes, muitas pessoas voltam para a escola e procuram novas profissões ou salários maiores nos quadrantes E ou A, ignorando o mundo dos quadrantes D e I.

Meu Motivo para Ser Professor

A razão principal por eu ter me tornado um professor do quadrante D era o desejo de possibilitar a educação financeira. Queria deixar essa educação acessível para qualquer um que deseje aprender, independentemente de quanto dinheiro tem ou de um boletim mediano. É por isso que a *Rich Dad* começou com o jogo *CASHFLOW*®. Este jogo pode ensinar em lugares no quais eu nunca poderia ir. A beleza do jogo é que ele foi desenvolvido para que pessoas ensinem pessoas. Não são necessários um professor ou uma sala de aula. O jogo *CASHFLOW*® já foi traduzido em mais de dezesseis idiomas, atingindo milhões de pessoas em todo o mundo.

Atualmente, a *Rich Dad* oferece cursos de educação financeira, bem como treinadores e mentores para auxiliar as pessoas a se tornar financeiramente proficientes. Os nossos programas são especialmente importantes para qualquer um que deseje evoluir dos quadrantes E e A para os D e I.

Não há garantia de que todos irão para os quadrantes D e I; contudo, saberão acessá-los, se quiserem.

Mudar Não É Fácil

Para mim, mudar de quadrantes não foi fácil. Foi um trabalho mentalmente árduo, principalmente das perspectivas emocional e espiritual. Tendo crescido em uma família de empregados altamente instruídos do quadrante E, eu carregava seus valores sobre educação, emprego seguro, benefícios e assistência governamental. De muitas maneiras, os valores da minha família dificultaram a minha transição. Tive que me livrar dos seus conselhos, preocupações e críticas sobre me tornar empresário e investidor. Alguns dos valores que tive que extirpar foram:

- "Mas você precisa de um emprego."
- "Você está assumindo muitos riscos."
- "E se você falhar?"
- "Apenas volte para a universidade e faça um mestrado."
- "Torne-se médico. Eles ganham muito dinheiro."
- "Os ricos são gananciosos."

- "Por que o dinheiro é tão importante para você?"
- "O dinheiro não vai torná-lo feliz."
- "Viva sempre abaixo das suas posses."
- "Busque segurança. Não siga seus sonhos."

Dieta e Exercícios

Menciono os desenvolvimentos emocional e espiritual porque são fundamentais para uma mudança de vida definitiva. Por exemplo, raramente funciona dizer a uma pessoa com excesso de peso: "Simplesmente coma menos e se exercite mais." Fazer dieta e exercícios pode ser mentalmente lógico, mas muitas pessoas acima do peso não comem porque estão famintas. Elas comem para alimentar o vazio emocional em suas almas. Quando uma pessoa inicia um programa de exercícios e dieta, está apenas trabalhando sua mente e seu corpo. Sem um desenvolvimento emocional e espiritual forte, aquela pessoa acima do peso pode seguir uma dieta por seis meses e perder muitos quilos, só para eles voltarem até em mais quantidade depois.

O mesmo é verdadeiro para a troca de quadrantes. Dizer a si mesmo: "Vou me tornar um empresário do quadrante D" é tão leviano quanto um fumante dizer: "Amanhã vou parar de fumar." Fumar é um vício físico causado por questões emocionais e espirituais. Sem um suporte emocional e espiritual, um fumante permanecerá viciado para sempre. O mesmo se aplica ao alcoolismo, à ninfomania e à oniomania. Muitos vícios são tentativas de encontrar a felicidade na alma das pessoas.

É por isso que a minha empresa oferece cursos para a mente e o corpo, mas também treinadores e mentores para auxiliar as transições emocionais e espirituais.

Algumas pessoas são capazes de seguir a jornada sozinhas, mas não sou uma delas. Sem um treinamento como o do meu pai rico e um arrimo como o da minha mulher, Kim, nunca teria conseguido. Muitas vezes eu quis largar tudo e desistir. Se não fosse pela Kim ou pelo meu pai rico, eu teria me resignado.

Por que Estudantes "A" Fracassam

Olhando para o diagrama novamente, é fácil perceber por que tantos estudantes "A" fracassam no mundo do dinheiro.

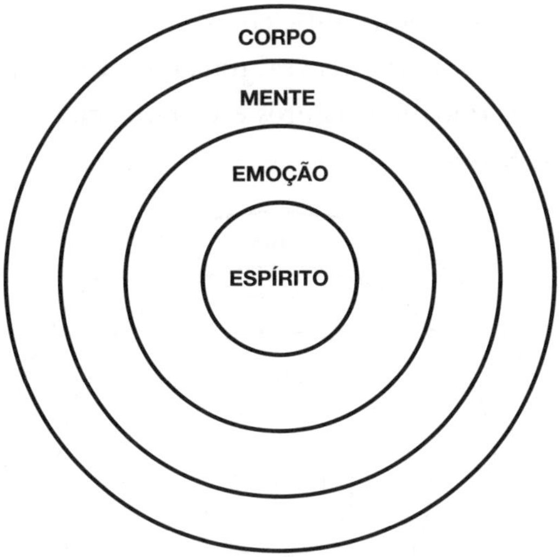

Uma pessoa pode ser altamente instruída do ponto de vista mental, mas se não for emocionalmente educada, seu medo vai frequentemente frear seu corpo para o que deve fazer. É por isso que muitos alunos "A" ficam presos em "paralisia analítica", estudando cada pequeno detalhe, mas engessados.

Essa "paralisia analítica" é causada pelo nosso sistema educacional, que pune os alunos que cometem erros. Se pensar sobre isso, estudantes "A" apenas são "A" porque quase não erram. O problema com essa trava emocional é que, no mundo real, as pessoas que agem são as que cometem mais erros e aprendem com eles a vencer o jogo da vida.

Veja os ex-presidentes Clinton e Bush. Clinton não admitia suas relações sexuais, e Bush, os erros que cometeu durante seu mandato. Errar é humano, mas mentir sobre seus atos é crime, conhecido como perjúrio.

Quando criticado por errar 1.014 vezes antes de criar a lâmpada elétrica, Thomas Edison disse: "Não falhei 1.014 vezes. Descobri com sucesso o que não deu certo em 1.014 ocasiões."

Em outras palavras, a razão para muitas pessoas falharem em alcançar o sucesso é que falham em errar vezes suficientes.

Observando o diagrama mais uma vez, uma das razões para que muitas pessoas se agarrem a seus trabalhos seguros é a lacuna na educação emocional. Elas deixam o medo reprimi-las.

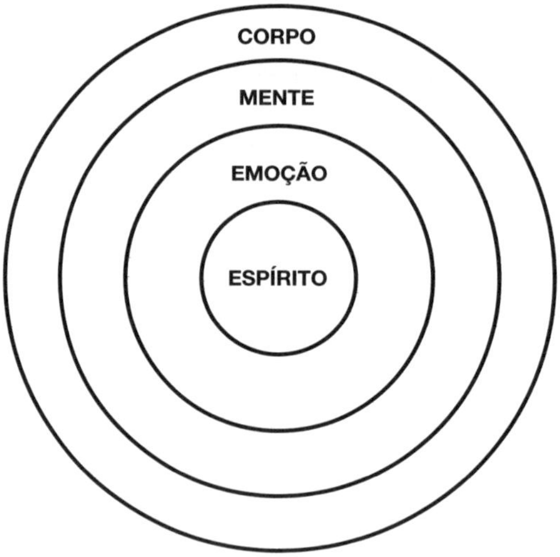

Uma das melhores coisas da escola militar e dos Fuzileiros Navais é que aquelas organizações gastavam muito tempo desenvolvendo os jovens espiritual, emocional, mental e fisicamente. Embora fosse uma educação difícil, era completa, nos preparando para um trabalho desagradável.

Criei o jogo *CASHFLOW*® porque educa a pessoa por inteiro. O jogo é uma ferramenta de ensino melhor do que ler ou escrever, simplesmente porque envolve o corpo, a mente, as emoções e o espírito do jogador.

Ele foi desenvolvido para jogadores errarem tanto quanto possível com o dinheiro do jogo, e, então, aprenderem com esses erros. Para mim, esta é a maneira mais humana de aprender sobre dinheiro.

O Objetivo É o Caminho

Hoje, existem centenas de clubes CASHFLOW pelo mundo. Esses clubes são importantes porque são uma luz no fim do túnel, uma estação de parada no caminho da vida. Ao ingressar em um clube CASHFLOW, conhecerá pessoas como você, comprometidas em realizar mudanças, não apenas falar sobre elas.

Ao contrário da escola, não se exige um passado acadêmico de sucesso. Tudo o que lhe é perguntado é sobre o sincero desejo de aprender e propiciar transformações. No jogo, você cometerá inúmeros erros em diferentes situações financeiras, e aprenderá com eles, usando o dinheiro do jogo.

Os clubes CASHFLOW não são para os que querem enriquecer rapidamente. Eles auxiliam em longo prazo as pessoas que querem mudar emocional, espiritual, física e financeiramente. Todos nos transformamos e evoluímos em diferentes níveis de velocidade; assim, você é incentivado a seguir seu ritmo.

Depois de jogar com outras pessoas algumas vezes, você terá uma ideia melhor de qual deverá ser seu próximo passo e de qual ativo das quatro classes (negócios, imóveis, ativos de papel ou commodities) é o melhor para você.

Resumo

Encontrar o caminho de alguém não é necessariamente fácil. Ainda hoje, não sei realmente se estou ou não no meu. Como você sabe, todos nos sentimos perdidos às vezes, e nem sempre é fácil encontrar o caminho de volta.

Se você sente que não está no quadrante ou no caminho adequado, eu o encorajo a ouvir seu coração para encontrá-lo. Você pode perceber que é hora de mudar se estiver fazendo afirmações como as seguintes:

- "Estou trabalhando com pessoas apáticas."
- "Amo o que faço, mas gostaria de ganhar mais dinheiro."
- "Mal posso esperar pelo final de semana."
- "Eu quero fazer do meu jeito."
- "Já é a hora de parar?"

A minha irmã é uma monja budista. Seu caminho é apoiar o Dalai Lama, uma escolha que não gera riquezas. Porém, embora ela receba pouco, não significa que seja uma monja pobre. Ela tem seu imóvel próprio, que aluga, e investe em ouro e prata. Sua força de espírito e sua mente financeiramente educada permitem que siga seu caminho, sem um voto de pobreza.

De muitas maneiras, era até bom que eu fosse rotulado de estúpido na escola. Embora emocionalmente dolorosa, essa dor possibilitou que eu encontrasse o meu caminho como professor. E, igual à minha irmã, a monja, não é porque sou professor que isso significa que devo ser pobre.

Repetindo o que Thich Nhat Hanh disse: "O objetivo é o caminho."

Introdução

EM QUE QUADRANTE VOCÊ ESTÁ?

O quadrante CASHFLOW®
é uma maneira de categorizar as pessoas
conforme sua fonte de renda.

Você é financeiramente independente? Se sua vida financeira chegou a um impasse, *Independência Financeira* foi escrito para você. Se quiser assumir o controle do que faz hoje para mudar seu destino financeiro, ele irá ajudá-lo a traçar esse caminho.

Este é o quadrante CASHFLOW. As letras em cada quadrante representam:

E de Empregado
A de Autônomo ou pequeno empresário
D de Dono de grandes empresas
I de Investidor

Cada um de nós se enquadra em pelo menos um dos quatro setores do quadrante CASHFLOW. A nossa posição é determinada pela procedência do nosso dinheiro. Muitos de nós são assalariados, enquanto outros trabalham por conta própria. Empregados e autônomos se encontram do lado esquerdo do quadrante CASHFLOW. O lado direito destina-se aos indivíduos cuja renda se origina das empresas ou dos investimentos que possuem.

O quadrante CASHFLOW é uma maneira de categorizar as pessoas conforme sua fonte de renda. Cada setor dentro do quadrante CASHFLOW é único, e as pessoas dentro de cada um deles compartilham características comuns. Os quadrantes vão ajudá-lo a descobrir onde está e a traçar um caminho para seguir no futuro, conforme escolhe a sua própria estrada para a independência financeira. Embora ela possa ser encontrada em todos os quatro quadrantes, as habilidades de um D ou I vão levá-lo a seus objetivos financeiros mais rapidamente. Um E de sucesso precisa se tornar um I bem-sucedido para garantir sua segurança financeira durante a aposentadoria.

O que Você Quer Ser Quando Crescer?

Este livro, sob vários aspectos, é a segunda parte do meu livro *Pai Rico, Pai Pobre*. Para os que não leram *Pai Rico, Pai Pobre*, ele discorre sobre as várias lições que os meus dois pais me ensinaram sobre dinheiro e escolhas na vida. Um deles era o meu verdadeiro pai, e o outro, o pai do meu melhor amigo. Um deles era altamente instruído, enquanto o outro tinha saído da escola no ensino médio. Um era pobre; o outro, rico.

O Conselho do Pai Pobre

Conforme eu crescia, o meu pai instruído, porém pobre, sempre me aconselhava: "Vá à escola, tire boas notas e encontre um emprego seguro." Ele recomendava um estilo de vida que se assemelhasse a este:

O pai pobre aconselhava que eu me tornasse um E — empregado — com uma renda alta ou um A — autônomo —, como médico, advogado ou contador. Meu pai pobre se preocupava bastante com um salário estável, benefícios e a segurança de um emprego formal. Por isso, ele era um funcionário bem-remunerado do governo: era secretário de educação do estado do Havaí.

O Conselho do Pai Rico

Meu pai de poucas letras, mas rico, dava conselhos muito diferentes. Ele dizia: "Vá à escola, se forme, monte seu negócio e se torne um investidor bem-sucedido." Ele estava recomendando um estilo de vida que se assemelhava a este:

Este livro é sobre o processo mental, emocional e educacional que eu vivenciei ao seguir os conselhos do meu pai rico.

A Quem Este Livro Se Destina?

Este livro foi escrito para pessoas que estão dispostas a mudar de quadrante, especialmente as que atualmente estão nas categorias E e A, e que pretendem passar para D ou I. Este livro é para pessoas que estão prontas para ultrapassar a barreira da segurança de um emprego e começar a buscar a segurança financeira. Esse não é um caminho fácil de se seguir; mas, no final da estrada, a independência financeira faz a viagem valer a pena.

Quando eu estava com doze anos, meu pai rico me contou uma história simples, que me guiou para a fortuna e a liberdade financeira. Era sua maneira de explicar a diferença entre o lado esquerdo do quadrante CASHFLOW, os quadrantes E e A, e o direito, os quadrantes D e I. A história era assim:

"Era uma vez um vilarejo. Um lugar excelente para se viver, exceto por um problema. Só tinha água quando chovia. Para resolver esse problema de uma vez por todas, os anciãos do vilarejo decidiram organizar uma concorrência para contratar a entrega de água no vilarejo diariamente. Duas pessoas se ofereceram para realizar a tarefa e os anciãos deram a ambas a concessão do serviço. Eles acreditavam que a competição garantiria preços baixos e a oferta de fornecimento de uma reserva de água."

"O primeiro dos dois concorrentes que ganhou a concessão, Ed, imediatamente comprou dois baldes de aço galvanizado e começou a correr de lá para cá até o lago, que ficava a 1,6km de distância. Imediatamente, começou a ganhar dinheiro, pois corria da manhã à noite pegando água do lago com seus dois baldes. Ele os esvaziava no enorme tanque de concreto que o vilarejo havia construído. Todas as manhãs, tinha que acordar antes dos demais, para se assegurar de que haveria água suficiente quando eles quisessem. O trabalho era árduo, mas ele estava feliz por ganhar dinheiro e ter conseguido um dos dois contratos de exclusividade para seu negócio."

"O segundo concorrente vencedor, Bill, desapareceu por um tempo. Ele não foi visto durante meses, o que alegrou Ed, pois não havia concorrência."

"Em vez de comprar dois baldes para competir com Ed, Bill elaborou um plano de negócios, montou uma empresa, encontrou quatro investidores, contratou um presidente para realizar o trabalho e voltou seis meses mais tarde com uma equipe de construção. Um ano depois, seu pessoal tinha construído um enorme aqueduto de aço inoxidável de grande volume, que ligava o vilarejo ao lago."

"Na cerimônia de inauguração, Bill anunciou que sua água era mais limpa que a de Ed. Ele sabia que havia reclamações sobre sujeira encontrada na água de Ed. Bill anunciou também que poderia abastecer o vilarejo com água durante 24 horas por dia, sete dias por semana. Ed só podia entregar água em dias úteis, porque não trabalhava aos finais de semana. Então, Bill anunciou que cobraria por esse serviço altamente especializado e pela água, cuja qualidade era mais confiável, 75% menos do que Ed cobrava. O vilarejo, então, aplaudiu e imediatamente correu para a torneira no fim da tubulação construída por Bill."

"Para competir, Ed baixou suas taxas em 75%, comprou mais dois baldes, colocou tampas neles e passou a buscar quatro baldes em cada viagem. Para prestar melhores serviços, contratou seus dois filhos para ajudá-lo no turno da noite e nos fins de semana. Quando seus filhos foram para a faculdade, ele disse: 'Voltem logo para casa, pois um dia esse negócio pertencerá a vocês.'"

"Por alguma razão, seus dois filhos nunca voltaram. Eventualmente, Ed teve problemas com empregados e sindicatos. O sindicato pedia maiores salários, mais benefícios, e queria que seus empregados buscassem apenas um balde por vez."

"Enquanto isso, Bill percebeu que, se aquele vilarejo precisava de água, os outros também deveriam precisar. Ele reformulou seu plano de negócios e partiu para vender seu sistema de entrega rápida de água potável, em larga escala e a preços baixos em outros vilarejos mundo afora. Ele ganhava apenas um centavo por balde de água entregue, mas entregava bilhões de baldes, e todo aquele dinheiro desaguava em sua conta bancária. Bill desenvolveu um aqueduto para entregar dinheiro a si mesmo, da mesma forma que a água era entregue aos vilarejos."

"Bill viveu feliz da vida pelo restante dos seus dias; Ed trabalhou arduamente o resto da sua vida e sempre teve problemas financeiros. Fim."

Essa história sobre Bill e Ed me orientou durante anos. Ela me ajudou a tomar decisões. Frequentemente, me perguntava:

"Será que estou construindo um aqueduto ou apanhando baldes de água?"

"Estou fazendo um trabalho pesado ou usando a cabeça?"

As respostas dessas perguntas me tornaram financeiramente independente.

E é disso que o livro trata. Do que é preciso para se tornar um D e um I. Destina-se a pessoas que estão cansadas de apanhar baldes e prontas para construir aquedutos para o dinheiro escorrer para dentro, e não para fora, dos seus bolsos.

Este Livro Se Divide em Três Partes

Parte 1 A primeira parte fala sobre as diferenças fundamentais entre as pessoas nos quatro quadrantes. E sobre por que algumas delas ficam gravitando em alguns quadrantes e frequentemente ficam estagnadas, sem perceber. Vai ajudá-lo a identificar seu quadrante hoje e em qual deseja estar daqui a cinco anos.

Parte 2 A segunda parte fala sobre mudanças pessoais. É sobre quem você deve ser, e não sobre como agir.

Parte 3 A terceira parte define sete passos que deve seguir em direção ao lado direito do quadrante CASHFLOW. Compartilho mais alguns segredos do meu pai rico sobre as habilidades necessárias para ser um D ou I bem-sucedido. Vou ajudá-lo a escolher seu próprio caminho para a independência financeira.

Em *Independência Financeira*, continuo a enfatizar a importância da inteligência financeira. Se quiser atuar no lado direito do quadrante, os lados D e I, é preciso ser mais esperto do que se escolher ficar no lado esquerdo, como um E ou A. Para ser um D ou I, você precisa ser capaz de controlar a direção que seu fluxo de caixa está tomando.

Este livro foi escrito para pessoas que estão prontas para deixar para trás a segurança de um emprego e começar a construir seu próprio aqueduto para obter a independência financeira.

Estamos na Era da Informação, e ela oferece mais oportunidades do que nunca para a realização financeira. As pessoas capacitadas para ser D e I é que vão identificar e agarrar as oportunidades. Para ser bem-sucedido na Era da Informação, você precisa entender os quatro quadrantes. Infelizmente, as nossas escolas ainda têm a mentalidade da Era Industrial, preparando os alunos apenas para o lado esquerdo do quadrante CASHFLOW.

Se está em busca de novas respostas para entrar na Era da Informação, então este livro foi escrito para você. Ele não contém todas as respostas, mas nele compartilho experiências pessoais e instrutivas, à medida que viajo dos lados E e A para os D e I.

Meu Contexto...

As seis pessoas com quem passo a maior parte do meu tempo:

Nome ______________________________ Quadrante _________

Nome ______________________________ Quadrante _________

Nome ______________________________ Quadrante _________

Nome ______________________________ Quadrante _________

Nome ______________________________ Quadrante _________

Nome ______________________________ Quadrante _________

GLOSSÁRIO

1.031: Jargão usado para a Seção 1.031 do Internal Revenue Code (IRC), que permite a um vendedor adiar o pagamento de impostos sobre imóveis vendidos visando ganho de capital através de uma troca por imóveis mais caros.

401(k): Um plano de aposentadoria norte-americano desenvolvido pela *Employee Retirement Income Security Act* (ERISA — "Lei de Segurança da Aposentadoria dos Empregados", em tradução livre), de 1974, quando as empresas perceberam que não conseguiriam prover assistência médica para os aposentados.

APTIDÃO FINANCEIRA: O que faz com o dinheiro que ganha, como impede que as pessoas o tirem de você, como o conserva e como faz com que ele trabalhe arduamente para você.

ATIVO: Algo que põe dinheiro "no seu bolso" com o mínimo de trabalho.

BALANÇO PATRIMONIAL: A parte de baixo do diagrama da demonstração financeira, assim chamada porque supõe-se que seus ativos e passivos estejam balanceados.

CAPITAL SOCIAL: O capital levantado por uma empresa pela distribuição de ações.

DEMONSTRAÇÃO FINANCEIRA OU DE LUCROS E PERDAS: Mede renda e despesas — dinheiro que entra e que sai. Uma declaração da sua renda, despesas, ativos e passivos. É seu "boletim" depois que sai da escola, que o gerente do seu banco precisa avaliar antes de lhe conceder um empréstimo.

EMPRESÁRIO/EMPREENDEDOR: Alguém que cria um sistema para oferecer produtos ou serviços visando a obtenção de lucro. Os empresários e empreendedores se dispõem a aceitar um nível de risco ao buscar oportunidades, e são peças-chave na sociedade capitalista.

FLUXO DE CAIXA: O dinheiro que entra (como renda) e que sai (como despesas). É sua direção que determina se algo é renda, despesa, ativo ou passivo. O fluxo de caixa conta a história.

FUNDOS MÚTUOS: Uma variedade de ações, títulos ou seguros agrupados, gerida por uma empresa de investimentos e adquirida por investidores individuais através de ações. As ações não possuem valor de propriedade direta nas empresas.

PASSIVO: Algo que tira dinheiro "do seu bolso".

PREVIDÊNCIA SOCIAL: Programa de bem-estar ou segurança social, geralmente financiado por deduções automáticas da folha de pagamento, para subsidiar pessoas em idade avançada ou deficientes.

PROFICIÊNCIA FINANCEIRA: A habilidade de ler e compreender as demonstrações financeiras, que lhe permite identificar os pontos fortes e fracos de qualquer negócio.

QI FINANCEIRO: Inteligência financeira que resulta da educação financeira. Pessoas com alto QI financeiro aprendem a usar o dinheiro de outras pessoas para enriquecer.

REGRA DE OURO: Quem tem o ouro faz as regras.

RENDA: O dinheiro que é recebido como resultado de atividades laborativas de um indivíduo ou empresa.

ROI: Retorno sobre investimento.

SOCIEDADE ANÔNIMA: É apenas um documento que cria uma instituição, como um corpo legal sem alma. Não é um grande edifício, uma fábrica ou um grupo de pessoas. Os ricos protegem sua riqueza por meio delas.

STOP: Uma parada ou "stop", é simplesmente um comando de computador que vende automaticamente suas ações se o preço delas começa a cair, ajudando a minimizar suas perdas e a maximizar alguns lucros.

TÍTULOS: Uma dívida em que o emitente autorizado é obrigado a reembolsar aos detentores dos dividendos o valor acrescido de juros em uma data posterior, denominada maturidade.